mare

Günther Wessel

ALFRED WEGENER

UNIVERSALGELEHRTER, POLARREISENDER, ENTDECKER

mare

Die Arbeit an diesem Buch wurde durch das Stipendienprogramm »Neustart Kultur« gefördert.

NEU START KULTUR | Die Beauftragte der Bundesregierung für Kultur und Medien | VG WORT

Abbildung Frontispiz:
Alfred Wegener (li.) und Rasmus Villumsen vor dem Abmarsch von »Eismitte« zur Westküste Grönlands, 1. November 1930.

2. Auflage 2025

Pickhuben 2, 20457 Hamburg
Lektorat Claudia Jürgens, Berlin
Karten Peter Palm, Berlin
Typografie Iris Farnschläder / mareverlag
Schrift Stempel Garamond
Druck und Bindung CPI books GmbH, Germany
ISBN 978-3-86648-692-8

FSC www.fsc.org MIX Papier | Fördert gute Waldnutzung FSC® C083411

www.mare.de

Kontaktadresse nach EU-Sicherheitsverordnung:
produktsicherheit@mare.de

INHALT

Anhang

PROLOG

30. Oktober 1930: Nach einer 40-tägigen Schlittenreise treffen Alfred Wegener, Rasmus Villumsen und Fritz Loewe in »Eismitte« ein, wo sich Ernst Sorge und Johannes Georgi in einer Höhle tief im Firn eingegraben haben. 400 Kilometer haben sie sich von der grönländischen Westküste aus vorwärtsgequält. 400 Kilometer bei Gegenwind und Minustemperaturen von bis zu 50 Grad Celsius.

Fritz Loewes Zehen, Hacken und Finger sind blau gefroren. Er wird gleich ausgezogen, auf eine Koje in einen trockenen, warmen Schlafsack gepackt und von Georgi und Sorge abwechselnd massiert. »Georgi und ich staunten immer wieder über die kaum glaubliche Leistung, bei Temperaturen von unter minus 50 Grad gegen den Wind mit Hundeschlitten zu reisen. Und daß Loewe das sogar die letzten vier Tage noch mit erfrorenen Zehen durchgehalten hat«[1], schrieb Ernst Sorge später. »Es machte auf uns fast einen übernatürlichen Eindruck, daß Wegener so frisch, froh und gesund aussah wie nach einem Spaziergang. Wegeners Energie war durch die vierzigtägige harte Schlittenreise nicht erschöpft, im Gegenteil: Sie war erst richtig angefacht worden. Er hielt jetzt sozusagen nichts mehr für unmöglich. Er freute sich, daß wir uns entschlossen hatten, in ›Eismitte‹ zu überwintern. Den Ausfall dieser Station im Expeditionsplan hätte er nie verschmerzt.«

Wegener lässt sich berichten, fragt die meteorologischen Daten ab und die Messungen der Firnschichten und notiert alles in seinem Tagebuch. Fünf Menschen sitzen in der Firnhöhle. Kuschelig kommt es den Neuankömmlingen vor, kuschelig bei minus 5 Grad, denn wärmer wird es in der Höhle nie. Sie sind aufgedreht, glücklich, essen und trinken Kaffee. Und schmieden Pläne für das kommende Jahr: War eigentlich im Expeditionsplan nur eine Grönlanddurchquerung in direkter Linie zum Scoresby-Sund geplant, will Wegener nun eine weitere zur Ammassalik-Insel weiter südlich durchführen.

Die fünf besprechen das weitere Vorgehen, und sie beschließen, dass Wegener und Rasmus Villumsen allein zurück zur Küste fahren sollen. Zwei Ruhenächte gönnen sie sich. Sie sind optimistisch. Es ist etwas wärmer geworden – nur noch minus 39 Grad, und die Hunde sind ausgeruht. Das Eis scheint gut befahrbar, und der Wind bläst aus der richtigen Richtung. Von Osten, er soll sie sozusagen zur Küste schieben. Am 1. November 1930 brechen sie auf. Es ist Alfred Wegeners fünfzigster Geburtstag.

Sie werden nie an der Weststation ankommen.

EIN FORSCHER MIT EINER GROSSEN SEHNSUCHT

»Man entdeckt keine neuen Weltteile,
ohne den Mut zu haben, alle Küsten aus
den Augen zu verlieren.«[1]

André Gide, *Die Falschmünzer*

Zwei Zentimeter. Um so viel haben sich Nordamerika und Europa im letzten Jahr ungefähr voneinander entfernt. Der Atlantik ist somit gewachsen. Sechs Zentimeter sind sich Los Angeles und San Francisco näher gekommen, und auch der indische Subkontinent hat sich weiter nach Norden bewegt und dabei den Himalaja noch etwas höher geschoben.

Die Plattentektonik – die Bewegung der Kontinentalplatten auf dem Oberen Erdmantel – verändert das Antlitz der Erde. Kontinente verschieben sich, Gebirge werden aufgetürmt und vergehen, Meere wachsen oder schrumpfen, Meeresströmungen verschieben sich, und das schon seit Hunderten von Millionen Jahren. Es wird auch immer so weitergehen – jedenfalls solange unser Planet existiert.

Das Wissen darum verdanken wir einem Forscher, der am 1. November 1880 in Berlin geboren wurde, dort und im nördlichen Brandenburg aufwuchs, in Berlin, Heidelberg und Innsbruck studierte, später an Hochschulen in Marburg, Hamburg und Graz forschte und im November 1930 bei einer Grönlandexpedition starb – Alfred Wegener war Meteorologe, Polar- und Geowissenschaftler. Nach ihm sind ein Asteroid, ein Mondkrater und ein Marskrater benannt. Auf Grönland gibt es die Wegener-Halbinsel, die Wegener-Inseln und den Alfred-Wegener-Berg, in der Antarktis tragen ein Gebirgszug, ein Berg, ein Tiefseegraben und eine ganze Region seinen Namen. Zudem einige Schulen, ein paar Straßen sowie eines der bekanntesten Forschungsinstitute Deutschlands, das Alfred-Wegener-Institut in Bremerhaven, dessen Leiterin, die Meeresbiologin Antje Boetius, den Namensgeber als einen »ganz erstaunlichen Forscher«[2] charakterisiert. Er habe schon früh eine Hypothese für das Erdsystem formuliert, mit der man erklären konnte, was eigentlich unsere Erde ist und wie sie sich verhält. »Alfred Wegener hatte entdeckt, dass die Kontinente so aussehen, als hätten sie einmal wie Puzzlestücke alle zusammengepasst und einen Mega-, einen Superkontinent gebildet. So kam er auf die Idee der Kontinentaldrift, einer dynamischen Bewegung der Erdoberfläche.«

Wegener war ein erstaunlich vielseitiger Forscher. Von Hause aus Meteorologe, befasste er sich – getrieben von einer nicht enden wollenden Neugierde – mit Klimaveränderungen, Geologie, Paläontologie, Glaziologie, Botanik und Zoologie, auch um Belege für seine Theorie der Kontinentalverschiebung zu finden. Er begriff unseren Planeten als ein einziges Ökosystem, in dem die verschiedenen Faktoren wie Atmosphäre, Land, Wasser, Eis zusammenhängen und sich gegenseitig bedingen. Er war ein Universalgelehrter, einer der ganz großen Ideengeber der Geowissenschaften und der Erdsystemwissenschaften, der als Wissenschaftler dafür stand, die Erde als Ganzes zu betrachten. Er wollte das System Erde verstehen, jenseits der engen Grenzen der eigenen Wissenschaftsdisziplin. Dafür führte er Polarexpeditionen durch, stieg mit dem Ballon auf und durchquerte Grönland auf Skiern. Ein aufregendes theoretisches und praktisches Forscherleben.

Wegeners Polarexpeditionen lassen sich nicht ohne den Kontext der Zeit verstehen. Polarforschung, auch mit dem Ziel, endlich die Pole zu erreichen, war ab dem letzten Viertel des 19. Jahrhunderts populär. Wegener war sieben Jahre alt, als Fridtjof Nansen erstmalig Grönland durchquerte, und elf, als Robert Edwin Peary das ebenfalls gelang. Er zählte dreizehn Jahre, als Nansen seine *Fram*-Expedition startete, und sechzehn, als diese glücklich beendet wurde. Diese Unternehmungen wurden von Medien begleitet und die Berichte der Polarhelden von einem begeisterten Publikum gelesen – sie erlebten hohe Auflagen, und auch Wegener wird viele von ihnen gekannt haben.

Diese Expeditionen lassen sich in drei Kategorien einteilen: Es gab frühe Versuche, die Passagen im Nordmeer nach Asien und einen möglichen Weg zum Nordpol zu finden, oft mit untauglichen Mitteln, voller Pathos und voll heroischen Einsatzes; es gab den Wettlauf zum Nordpol, der vor allem zwischen Robert Edwin Peary und Frederick Albert Cook ausgetragen wurde und der Pearys Lebensthema war; und es gab die eher wissenschaftliche, nicht von Konkurrenzdenken getriebene Polarforschung, die vor allem nach dem vermeintlichen Erreichen des Pols und dem Ende der Rekordjagd einsetzte.

Auch Wegener selbst war alles andere als ein Schreibtischwissenschaftler – ihn lockte das Abenteuer, ihn prägte die Freude daran, sich zu messen, auch mit der Natur. Warum sonst wäre Wegener wie viele andere Forscher wieder in die Polarregionen zurückgekehrt, obwohl er auf Grönland bei seinem ersten Aufenthalt erleben musste, wie Expeditionspartner erfroren und verschollen und er selbst bei seinem zweiten Aufenthalt fast sein Leben gelassen hätte?

»Die Natur muß gefühlt werden; wer nur sieht und abstrahiert, kann ein Menschenalter [...] Pflanzen und Tiere zergliedern, er wird die Natur zu beschreiben glauben, ihr selbst aber ewig fremd sein«[3], schrieb Alexander von Humboldt in einem Brief an Goethe vom 3. Januar 1810. Das könnte ein Motiv sein, die Strapazen einer Polarreise auf sich zu nehmen. Ein anderes nannte der Radrennfahrer Marcel Kittel, der sich über die Tour de France äußerte: »Das Leiden ist hart, aber das Ankommen ist schön.«[4] Ein drittes schließlich lässt der amerikanische Schriftsteller James Salter die Hauptfigur seines Romans *In der Wand*, einen Bergsteiger, formulieren: »Man ist auf alles vorbereitet. Wenn man mit dem Fuß abrutscht, hat man noch seine Hand. Man versucht nie etwas, wenn man nicht sicher ist, daß man es schafft. Es ist eine Frage der inneren Einstellung. Man muß daran glauben, daß man nie abstürzen wird.«[5] Der feste Glaube daran also, dass man selbst nicht scheitern wird, egal, wie viele andere vor einem gescheitert sind.

Wegener gab in seinen Polarreisen auch einer Vision, einer Sehnsucht nach. Einer Sehnsucht voller Ambivalenzen, einer Sehnsucht, die auch Fridtjof Nansen verspürt hatte, der in den Schlusssätzen seines Expeditionsberichtes *In Nacht und Eis* über seine Polarfahrt 1893 bis 1896 schrieb: »Das Eis und die langen Mondnächte mit ihrer Qual erschienen mir wie ein ferner Traum aus einer anderen Welt, ein Traum, der entstanden und dahingeschwunden war. Aber welchen Wert hätte das Leben ohne seine Träume?«[6]

EINE JUGEND ZWISCHEN STADT UND LAND

Ich, Alfred Lothar Wegener, evangelischer Confession, bin am 1. November 1880 zu Berlin als Sohn des Predigers und Direktors des Schindlerschen Waisenhauses, Dr. Richard Wegener, geboren.«[1] So beginnt der selbst verfasste Lebenslauf, den Alfred Wegener 1904 seiner Doktorarbeit beifügte: geboren in der Friedrichsgracht 57 auf der Fischerinsel, dem südlichen Teil der Spreeinsel in der Berliner Mitte, also unweit vom Schloss, vom Berliner Dom und von der Allee Unter den Linden, wo sich die preußischen Könige ihre Prachtbauten hatten errichten lassen; hineingeboren in eine Zeit und eine Stadt, die sich im dauernden Umbruch befanden.

Die Industrialisierung ließ Berlin wachsen, und zwar in atemberaubendem Tempo. Allein in den Jahren 1871 bis 1873 zogen 400000 Menschen neu in die Stadt – die meisten im Alter von zwanzig bis dreißig Jahren. Überall strebten Schornsteine und Werkhallen in die Höhe. Berlin war einer der wichtigsten Industriestandorte Deutschlands mit Unternehmen wie Borsig oder den beiden Elektrogiganten Siemens & Halske und AEG. Diese suchten Arbeitskräfte und warben sie überall im Deutschen Reich und in benachbarten Ländern an.

Hauptstandort der Schwerindustrie war zunächst der nördliche Stadtrand vor dem Oranienburger Tor, beiderseits der heutigen Chausseestraße, der im Volksmund wegen der vielen Fabrikschlote »Feuerland« getauft wurde. Borsig kaufte in Oberschlesien eigene Erz- und Kohlegruben an und eröffnete 1850 ein großes Eisen- und Gussstahlwerk in Moabit, das damals noch nicht zu Berlin gehörte.

1877 lebten bereits eine Million Menschen in der Metropole, womit sich die Bevölkerungszahl innerhalb von nicht einmal zwanzig Jahren verdoppelt hatte. Weitere fünfundzwanzig Jahre später war die Zwei-Millionen-Marke geknackt. Die meisten Menschen waren zugezogen, nur zwei von fünf Berlinern auch in der Stadt geboren. Es entstanden neue Siedlungen, fabriknah in den Außenbezirken, welche die städtebauliche Struktur Berlins weiter veränderten; die Stadt wuchs, die Orte und Gemeinden im Umland ebenso. Schon ab 1862 gab es eine einheitliche Stadtplanung. Sie sah Villenkolonien und Arbeiterviertel vor, ganze Viertel wurden von Kaufleuten und Grundbesitzern am Reißbrett entworfen und auch mit öffentlichen Verkehrsmitteln erschlossen. Ab 1881 fuhr die erste elektrische Straßenbahn der Welt ab Lichterfelde Richtung Stadtzentrum. Pferdeomnibusse verbanden die Stadtteile miteinander; Plätze auf dem oberen Deck waren billig, die wettergeschützten im Innenraum deutlich teurer. Die S-Bahn wurde als Hochbahn gebaut – überall wurde gehämmert und gemauert, und das Stadtbild änderte sich Tag für Tag.

Ab den 1880er-Jahren entstanden die für Berlin typischen großen Häuserblocks mit einheitlichen Traufhöhen und vielen engen, hintereinanderliegenden Hinterhöfen, die nach der Berliner Bauordnung nur eine Länge und Breite von je 5,34 Metern haben mussten – groß genug, dass der von Pferden gezogene Spritzenwagen der Feuerwehr darin wenden konnte. Im Vorderhaus waren die Wohnungen oft groß und repräsentativ, im Hinterhaus versteckten sich enge und dunkle Küchen und Kammern. Mitte der 1890er-Jahre lebte fast die Hälfte der Bevölkerung in Wohnungen mit nur einem beheizbaren Zimmer, das gleichzeitig als Küche, Wohn- und Schlafstube diente. Die Gemeinschaftstoilette auf halber Treppe oder im Hof wurde oft von mehr als vierzig Personen benutzt. Wieder andere wohnten für wenig Geld frisch gebaute Wohnungen »trocken«. Denn Neubauten mussten etwa drei Monate lang austrocknen, bevor sie wirklich bezugsfertig waren. Das »Trockenwohnen« verkürzte die Frist, ruinierte aber die Gesundheit der dort Lebenden.

Die Stadt war eng, man klebte aufeinander. Privatsphäre existierte nicht. »1873 zählte man 55,83 Bewohner pro Grundstück. Es miteinander auszuhalten und halbwegs friedlich aneinander vorbeizukommen, erforderte Stresskompetenz, Reaktionsschnelligkeit, Konfliktvermeidungsroutinen. Schlagfertigkeit, Schnoddrigkeit, die Mischung aus demonstrativer Unbeeindruckbarkeit und bloß verbaler Aggression, gehörten dazu.«[2] In den Höfen, eher Lichtschächte als Luftschneisen, fand sich die typische Mischung der Gründerzeit: kleine Handwerks- und Industriebetriebe, auch ein Schlachter, ein wenig Viehzucht oder eine Gerberei. Es rauchte und rußte dort nicht nur im Winter, da der Hauptenergieträger für neu gegründete Chemie- und Textilfabriken oder auch Papiermühlen Braunkohle war, und es stank nach Abwasser und Tierhaltung im Sommer. Die Stadt blühte wirtschaftlich – die Berliner Luft war zumindest in den Innenstadtquartieren schauderhaft.

»Man kann einen Menschen mit einer Wohnung geradeso gut töten wie mit einer Axt«[3], schrieb der sozialdemokratische Abgeordnete Albert Südekum 1908 in seinem Buch *Großstädtisches Wohnungselend* – ein Elend, von dem andere wiederum profitierten. Berlin war Boomtown, Unter den Linden und am Kurfürstendamm ließ sich prächtig flanieren. »Berlin ist Spekulation, ungesunde Tempobeschleunigung, die Stadt schießt hinein ins Auswärts, sie kommt nicht gütig oder werbend«, so der Wirtschaftswissenschaftler Alfons Goldschmidt. »Sie reißt Landstücke an sich, sie pfropft ihre Häßlichkeiten hinein.«[4]

In diesen wachsenden und sich täglich verändernden Moloch wurde Alfred Wegener hineingeboren. Als jüngstes von fünf Geschwistern hatte er zwei Schwestern, nämlich Tony (geboren 1873) und Käte (1879), und zwei Brüder, nämlich Willi (1874) und Kurt (1878). Sein Vater Richard Wegener war ein evangelischer Theologe und promovierter Altphilologe, der ziemlich genau auch dem klassischen Ideal eines Bildungsbürgers entsprach und von 1874 bis 1904 das Schindlersche Waisenhaus leitete, eine private Stiftung für Söhne von Beamten, Pastoren und Lehrern, die als gepflegte und vergleichsweise liberale Institution galt. Die Zöglinge waren gleichzeitig Schüler am Gymnasium zum Grauen Kloster, wo Richard Wegener selbst unterrichtete. Überaus preußisch korrekt, bestand er darauf, dass seine Kinder eine andere Schule besuchten. Er wollte nicht im Geringsten den Anschein erwecken, sie zu bevorzugen. Daher heißt es im Lebenslauf zur Dissertation weiter: »Ich genoß den Unterricht des Köllnischen Gymnasiums zu Berlin, welches ich Michaelis 1899 mit dem Zeugnis der Reife verließ, um mich an der Friedrich-Wilhelms-Universität zu Berlin dem Studium der Mathematik und Naturwissenschaften, insbesondere der Astronomie, zu widmen.«[5]

Als »fortschrittlichen Pädagogen, Theologen und Dichter«[6] bezeichnet Peter Böthig, der in Rheinsberg das Kurt-Tucholsky-Literaturmuseum leitet, den – so der offizielle Titel – »Herrn Doktor und Hofgerichtsprediger Richard Wegener, Oberlehrer zum Grauen Kloster und Direktor des Schindlerschen Waisenhauses«.

Das Tucholsky-Museum besitzt eine Außenstelle – das winzige Alfred-Wegener-Museum in Zechlinerhütte, das heute zu Rheinsberg gehört. »Richard Wegener hatte früh schon die Idee, mit den Kindern auch in die Natur zu wollen, raus aus dem stickigen und schmutzigen Berlin«, so Peter Böthig. Zumal er selbst, wie auch seine Frau Anna Wegener, geborene Schwarz, aus eher ländlicher Umgebung stammte und weil er vielleicht ahnte, dass die Großstadtluft zum frühen Tod seiner Tochter Käthe – sie starb als Fünfjährige nach kurzer Krankheit im Jahr 1884[7] – beigetragen hatte.

So nutzte die Familie die Chance, als das ehemalige Direktorenhaus der Glashütte in Zechlinerhütte samt Park und Wiesen verkauft wurde. Die Hütte war wenige Jahre zuvor stillgelegt worden. Es war das Geburtshaus von Anna Wegener, das die Familie 1886 erwarb – als Refugium auf dem Lande, als Rückzugsort. Seen und lange Lindenalleen, sanfte Hügel und Wälder mit Buchen, Birken und Nadelbäumen statt der explodierenden Stadt, die sich jeden Tag und viel zu schnell veränderte.

Die Sommer verbrachte die Familie dort, die Ferien, die Wochenenden. Peter Böthig spricht davon, dass Zechlinerhütte inmitten der Hügel- und Seenlandschaft Brandenburgs für Alfred und den zwei Jahre älteren Kurt sehr prägend war. Vor allem, weil hier ihre naturwissenschaftlichen Interessen erwachten: »Sie haben hier als Kinder segeln gelernt, später Herbarien angelegt und die Natur beobachtet. Wenn man segelt, muss man zum Beispiel die Wolken beachten und den Wind, also Wetterphänomene, und diese ganzen Interessen wurden quasi hier gelegt.« Lange Wanderungen führten die Brüder in die Wälder. Sie zeichneten Karten, sammelten Steine und Insekten. Alfred »brachte Blindschleichen und Frösche heim und erreichte mit viel Beharrlichkeit und Überredungskunst, daß er sich ein Terrarium anlegen durfte und

Schachteln für seine Raupen erhielt, aus denen er sich Schmetterlinge für seine Sammlung zog«[8], so schilderte es Else Wegener in der Biografie ihres Mannes.

Doch das Interesse der Brüder wandelte sich, von der beobachtenden Biologie zur Physik und Chemie: »Der Vater schenkte ihnen eine Elektrisiermaschine und ein Chemiebuch, und sie erbettelten sich von der Mutter einen unbenutzten Raum neben der Waschküche. Da wurde dann drauflos experimentiert.«

Die »Wissenschaft erreichte in populärer Gestalt erstmals ein breiteres Publikum«[9], konstatiert der Historiker Jürgen Osterhammel für diese Zeit. Ihm zufolge erhielt sie im allgemeinen Bewusstsein eine neue Bedeutung – und zwar als Symbol und Ursache des Fortschritts. Denn sie war die Grundlage und Bedingung für technische Neuerungen. »Niemals zuvor waren die Verbindungen zwischen der Gelehrtenstube und der Werkstatt so eng gewesen. Charakteristische Repräsentanten der Zeit waren weniger die reinen Theoretiker als wissenschaftlich geschulte Erfinder und Ingenieure, die manchmal auch als Unternehmer ihre eigenen Entdeckungen wirtschaftlich umsetzten. Werner (von) Siemens (1816–1892), der schon in den 1840er-Jahren seine ersten Erfindungen gemacht und 1847 seine eigene Firma gegründet hatte und der zu einem der Begründer der Elektrotechnik wurde, verkörperte diesen neuen Typ besonders gut.« Hochschulen bauten immer stärker die angewandten Naturwissenschaften aus – neben den klassischen Fächern wie Theologie, Jura, Medizin und Altertumswissenschaften.

Als Alfred Wegener 1899 Abitur machte, entschloss er sich – wie sein Bruder Kurt zuvor –, ein Studium der Naturwissenschaften aufzunehmen: »Mathematik und Naturwissenschaften, insbesondere Astronomie«, wie es im zitierten Lebenslauf heißt. Ob der Vater enttäuscht war, dass keiner seiner Söhne sich der

Theologie und der Altphilologie widmete, ist nicht überliefert. Der älteste Sohn Willi, der sich am ehesten eine solche Laufbahn hatte vorstellen können, war 1892 achtzehnjährig an einer zu spät erkannten Blinddarmentzündung gestorben. Die Entscheidung für die Naturwissenschaft war jedenfalls ein Bruch mit der Denktradition der Familie. Denn der Vater war mehr an klassischer literarischer Bildung und an religiösen Fragen interessiert, und er hatte auch darauf bestanden, dass die Söhne eine humanistische Ausbildung genossen statt einer eher technischen. Und zwar aus dem Verständnis heraus, dass das Studium von Philosophie, klassischer und theologischer Literatur charakterbildend sei.

Zudem hatte die Familie bislang – so kann man es vielleicht zugespitzt sagen – Antworten auf die meisten Fragen des Lebens in der Religion, in der Bibel und der klassischen Literatur gesucht. Die Popularisierung der Wissenschaft ließ insgesamt Weltbilder aufeinanderprallen: »Um die Mitte des 19. Jahrhunderts lieferten die Wissenschaften eine umfassende Welterklärung, die den Lehren der christlichen Kirchen in vielen Punkten widersprach. Wer als ›Positivist‹ die Wahrheit in beobachtbaren ›Tatsachen‹ und beweisbaren Naturgesetzen suchte, hatte leichtes Spiel mit Geschichten aus der Bibel, die sich dieser Nachweisbarkeit entzogen«[10], so noch einmal der Historiker Jürgen Osterhammel. Zusätzlich hatte Charles Darwins Werk *Die Entstehung der Arten durch natürliche Zuchtwahl* 1859 religiöse Weltbilder erschüttert: Seine Theorie der Evolution begründete Flora und Fauna der Erde und somit auch die Existenz des Menschen rein naturalistisch. Für Gott blieb dabei kein Raum – was auch den Menschen, der sich als Ebenbild desselben sah, natürlich kränken musste. Wissenschaft oder Religion schienen die Alternativen zu sein.

Kurt und Alfred Wegener verschrieben sich zunächst der Wissenschaft und somit den Erscheinungen der materiellen Welt –

beide später auch mit fast religiösem Eifer. Beobachten, was existiert, wissen wollen, warum und wie, das war eben auch der Zeit geschuldet, in der Wissenschaft immer stärker in das Leben der Menschen eingriff. Und so verband sich vielleicht die Naturliebe auf dem Land in Zechlinerhütte, die Suche nach der Erklärung der Erscheinungen der Natur, mit dem Großstadtleben in Berlin. Denn dort machte die Elektrizität die Nacht zum Tage, dort schienen natürliche Rhythmen aufgehoben – eine vermeintliche Emanzipation von der Natur durch die Erkenntnis der Naturgesetze und ihre Beherrschung.

Alfred Wegener beendete die Schule – übrigens wie sein Bruder Kurt in allen Fächern als Bester seiner Klasse – und verschrieb sich der Erkenntnis. Die Hinwendung zur Natur und zur Naturwissenschaft schien ihm dafür das geeignete Mittel.

STUDIUM UND ERSTE FORSCHUNG

Berlin war der naheliegende und beste Studienort für Alfred Wegener. Er brauchte das Elternhaus nicht zu verlassen und konnte sich der Physik und Meteorologie widmen, besser als in vielen anderen Universitätsstädten. »In der Wissenschaft pulsiert das Leben«, schrieb der dänische Literaturwissenschaftler Georg Brandes über die Friedrich-Wilhelms-Universität und die Forschungsinstitute der Hauptstadt. »In keiner europäischen Stadt wird kühner, vorurteilsfreier, umfassender gedacht als in Berlin von den hellsten und sachkundigsten Köpfen. An der Berliner Universität werden Vorlesungen gehalten, die an der Sorbonne oder am Collège de France undenkbar wären; von London wollen wir gar nicht erst reden.«[1]

Und dennoch verließ Alfred Wegener nach dem ersten Semester die Stadt und zog nach Heidelberg. Nicht die Wissenschaft war der Grund, vermutet seine spätere Frau in ihrer Biografie Wegeners: »Zuerst tobte er sich nach der strengen Zucht im Elternhaus während eines Semesters in Heidelberg gründlich aus.«[2] Sie vermutet, dass er, »der in der Prima viele Abende mit seinem Physiklehrer zusammen auf dem Dach der Schule am Fernrohr gesessen und Sterne beobachtet hatte, in Heidelberg nicht ein einziges Mal Zeit [fand], die Sternwarte auf dem Königsstuhl zu besuchen«.

Attraktiver waren wohl die Abende bei einer Studentenverbindung, der er beitrat. Die Mitgliedschaft in einer solchen Verbindung gehörte im 19. und Anfang des 20. Jahrhunderts allgemein zum männlichen bürgerlichen Studentenleben dazu. Sie diente zur Entwicklung von »männlichen Bindungen, die sich in Initiationsritualen, Sport, organisierten nicht-tödlichen Aggressionen, Gesang und Bierkonsum ausdrückten«[3] – Lebensbünde aufgrund von Status. Wegener soll mehr Zeit auf dem Fechtboden als in der Vorlesung verbracht haben – es war eine nicht näher bezeichnete farbentragende, schlagende Verbindung, bei der mit Säbeln gefochten wurde. Offensichtlich gut geschützt, denn Wegeners Gesicht zeigt auf Fotos keine Narben.

Im Verbindungshaus traf man sich zum rituellen Biertrinken aus Halb- und Literhumpen, die auch mal auf einen Zug geleert werden mussten, und zog danach angetrunken und singend durch die Stadt. Was nicht jedem gefiel, und so handelte sich Alfred Wegener am 3. Juli 1900 eine »Strafverfügung« ein: »Der Angezeigte Alfred Wegener, Student, Heinr. Ingrimmstr. 5, ist beschuldigt, daß er in der Nacht vom 2./3. ds. Mts. um 3 Uhr groben Unfug und Ruhestörung dadurch verübte, daß er mit umgehängtem weißen Tuch durch die Hauptstraße nach dem Marktplatz zog und dabei durch überlautes Schreien ungebührlicherweise ruhestörenden Lärm erregte. Auf Grund des § 360 n. R. wird gegen ihn eine Geldstrafe von 5,– Mark festgesetzt. Auch hat er die Kosten zu tragen. An Stelle der Geldstrafe tritt im Falle der Unbeibringlichkeit eine Haftstrafe von 2 Tagen.« Unterzeichnet ist die Strafverfügung von »Schutzmann Eiermann«.[4]

Ein Semester Heidelberg. Immerhin stand auch der Besuch von Veranstaltungen über »Elemente der Meteorologie«, der »Allgemeinen Astronomie«, der »Differential- und Integralrechnung« und der »Experimentalphysik« im Studienbuch. Dann wieder

Berlin: Vorlesungen bei Max Planck über die »Theorie der Wärme, einschl. Thermochemie« und über die »Geschichte der griechischen Astronomie« sowie über die »Theorie der Zeitmessung« bei Wilhelm Foerster. Es folgte ein kurzes Zwischenspiel mit einem weiteren Semester in Innsbruck, wo auch sein Bruder studierte. Die beiden unternahmen unzählige Wanderungen in den Stubaier und Ötztaler Alpen und bestiegen den Ortler in Südtirol. Es war hochalpines Bergsteigen ohne Führer in einer Zeit, in der Wege weder markiert noch mit festen Drahtseilen oder auch nur Stiften gesichert waren. Leichtsinn oder tiefes Vertrauen in die eigenen Fähigkeiten?

Zurück in Berlin, absolvierte Wegener den einjährigen Militärdienst und setzte dann sein Studium fort. Interessanterweise hörte er nicht nur Mathematik und Astronomie oder andere Naturwissenschaften. Unter den aufgelisteten akademischen Lehrern in seinem Lebenslauf zur Dissertation finden sich auch Wilhelm Dilthey und Friedrich Paulsen, zwei Philosophen, die ihn sehr beeinflussten. Bei beiden hörte er Vorlesungen zur Geschichte der Philosophie, je »in ihrem Zusammenhang mit der Cultur«. Paulsen war mehr Pädagoge – er war ein früher Verfechter der Reformpädagogik – und philosophischer Lehrer, Wilhelm Dilthey hingegen war Mitbegründer der sogenannten Lebensphilosophie, einer Strömung, die sich Ende des 19. Jahrhunderts auch als Gegenbewegung zur reinen Rationalität der deskriptiven Naturwissenschaften und der modernen Wirtschaft verstand. Für Dilthey ist das Leben Ausgangspunkt der Philosophie. Er kritisierte wie alle Lebensphilosophen ein Denken, das sich rein auf die Rationalität bezieht und dabei die Dimensionen des Wollens und Fühlens vernachlässigt. Denn erst wenn Philosophie auch darauf zugreift, ist es ihr möglich, die Wirklichkeit komplett zu durchdringen. Die Prozesse oder Ereignisse oder Vorgänge der und Planetenkonstellationen, beruhten aber auf dem geozentrischen Weltbild des Ptolemäus und dem julianischen Kalender. Ihre Genauigkeit ließ zu wünschen übrig. Wie Johannes Kepler die Ergebnisse des Astronomen Tycho Brahe aufgrund seiner neuen himmelsmechanischen Erkenntnisse in den Rudolfinischen Tafeln umrechnete, so formulierte Wegener die Alfonsinischen Tafeln um – unter Gebrauch des sehr komplizierten Sexagesimalsystems, das die Zahl sechzig als Basis benutzt und verwendet wird, um Winkel und geografische Längen und Breiten anzugeben. Ein Grad hat sechzig Winkelminuten, und eine Minute hat sechzig Sekunden. Wegener gelang die Umrechnung wohl mit Bravour, denn »Sagacitatis et industriae specimen laudabile« – »eine scharfsinnige und fleißige Probe, die lobenswert ist« – heißt es in der Beurteilung seiner Dissertation.

Trotz allen Lobes blieb Wegeners erste astronomische Arbeit, die eine rein rechnerische war, »seine einzige wirklich astronomische«[6], wie der Geowissenschaftler Martin Schwarzbach über die Dissertation schrieb. Alle späteren Veröffentlichungen in der Astronomie hätten immer wieder benachbarte akademische Gebiete mit einbezogen – was für eine umfassende wissenschaftliche Neugierde und ein kreatives vernetztes Denken spricht.

Vielleicht war ihm die Astronomie zu wenig und gleichzeitig zu viel: »In der Astronomie ist alles im Wesentlichen schon bearbeitet, nur speziell mathematische Begabung und besondere Einrichtungen auf Sternwarten können zu neuen Erkenntnissen führen«, schrieb Wegener einem Studienfreund. Zu viel Schreibtischwissenschaft, zu viel »verdünnter Saft von Vernunft«, zu wenig Leben – Diltheys Lebensphilosophie und der Wunsch, umfassend zu verstehen, lassen hier wohl grüßen. Und es folgte ein weiterer, sehr wichtiger Satz: »Zudem bietet die Astronomie keine Gelegenheit zu körperlicher Betätigung.«[7]

1904, als Alfred noch an seiner Doktorarbeit saß, hatte sein Bruder Kurt eine Stelle als technischer Assistent an dem neu eingerichteten Königlich Preußischen Aeronautischen Observatorium in Lindenberg, auf halber Strecke zwischen Berlin und Cottbus, angetreten. Auch Alfred heuerte dort zum 1. Januar 1905 als technischer Assistent an. »Ihn reizten das Studium der Physik der Wolken und die Erforschung der höheren Luftschichten mit Drachen und Fesselballons, vor allem aber die Freiballonfahrten, die zum Programm des Instituts gehörten«[8], wie Else Wegener später schrieb.

Lindenberg war einer der wenigen Orte in Europa, wo man die oberen Luftschichten untersuchte – mit Drachen und Ballons, die man an langen Drahtseilen aufsteigen ließ, um mithilfe von mechanischen Apparaturen, die an ihnen befestigt waren, den Luftdruck und die Temperatur in 3000 bis 5000 Meter Höhe zu messen. Denn so konnte man nicht nur Bodenwetterkarten zeichnen, sondern auch solche für die Höhe, was wichtig war, weil sich Luftströmungen dort oft anders verhalten als in Bodennähe – das Wissen darüber war beispielsweise für die Zeppelinfahrer wichtig. »Es war damals neu, die erdfernere Atmosphäre zu erforschen. Man wusste nichts darüber«, sagt Peter Böthig im Alfred-Wegener-Museum in Zechlinerhütte. »Also hat man Ballons aufsteigen lassen; sowohl unbemannte Pilot-Ballons, die bis auf zehn Kilometer Höhe gestiegen sind, als auch bemannte Ballons.«

Die bemannte Ballonfahrt war die Königsdisziplin der Meteorologie. Der Physiker Arthur Berson erreichte schon am 4. Dezember 1894 allein die Höhe von 9155 Metern und maß dort minus 47 Grad Celsius. Am 31. Juli 1901 stieg er dann gemeinsam mit dem Meteorologen Reinhard Süring noch höher auf. Ungefährlich war das trotz Sauerstoffgeräten nicht. »Berson hatte noch eine Höhe von 10500 Metern abgelesen, der Ventilzug verbrauchte den Rest seiner Kräfte, dann fiel er in eine lange, schwere Ohnmacht«[9], notierte Süring später in seinem Bericht. Weitere Probleme gab es aber glücklicherweise nicht, die beiden landeten sicher in Briesen, einem Nest nahe Cottbus. Aber Sürings Fazit klang etwas verhalten, als hätte er sich gefreut, wieder festen Boden unter den Füßen zu spüren: »Durch diese wissenschaftlichen Hochfahrten ist die Atmosphäre bis zu 10000 Meter recht eingehend erforscht worden. Eine der Hauptaufgaben unserer Hochfahrten war, die Richtigkeit der Daten von unbemannten Registrierballonen bestätigt zu wissen.«

Wegener lernte zunächst, wie man Drachen und Registrierballone einsetzte, und unternahm am 11. Mai 1905 ebenfalls mit Arthur Berson seine erste Ballonfahrt. Sie starteten in Reinickendorf, stiegen auf 5761 Meter auf und landeten zehn Stunden später in der Nähe von Gleiwitz. Sie maßen Temperatur und Luftdruck, nahmen aber auch erstmals astronomische Positionsbestimmungen vom Ballon aus vor – deren mittlere Abweichung nur zehn bis fünfzehn Kilometer betrug. Drei Wochen nach der ersten folgte seine zweite Fahrt, die er selbst ausführlich beschrieb. Gemeinsam mit seinem Kollegen Hans Gerdien wollte er eine Sonnenfinsternis beobachten. »Der Ballon schoß nach dem Loslassen sofort auf 1000 Meter hinauf, schwamm hier eine Zeitlang dicht über den Wolken. In 1300–1400 Meter schwammen wir zwischen zwei Wolkenschichten, sahen aber wiederholt die Sonne, so daß ich um 12 Uhr eine Sonnenhöhe messen und wir die zunehmende Verfinsterung beobachten konnten. Nur von Zeit zu Zeit sahen wir über den Korbrand hinab und betrachteten das Wolkenmeer.«[10]

Bis auf 6048 Meter trieb es die beiden hinauf, und sie maßen Temperaturen von minus 23,8 Grad Celsius. Nach sieben Stunden Fahrt landeten sie knappe 500 Kilometer von Reinickendorf entfernt bei Nowe Miasto, etwa fünfzig Kilometer nördlich von Warschau. Die Landung bei heftigem Wind war dann nicht ganz so idyllisch, berichtete Hans Gerdien: »Nach äußerst heftigem Aufprall überschlug sich der Korb, beim erneuten Anrucken des Ballons gewahrte ich, daß mein Gefährte nicht mehr im Korbe war. Nur noch wenige Sekunden dauerte die Schleiffahrt, dann hörte ich ein lautes Klatschen und Prasseln – der Ballon war zwischen zwei nebeneinander auf freiem Feld stehenden Bäumen festgeraten. Ich kletterte mit Mühe aus dem Korb und sah zu meiner Freude meinen Gefährten, Herrn Dr. A. Wegener, anscheinend unverletzt heranlaufen.«[11]

»Ich dachte nur daran, mich festzuhalten, sah einen Augenblick alles drunter und drüber gehen und merkte dann, daß ich über die Erde geschleift wurde«, schrieb Wegener selbst über die Landung. »Mein steifer Halskragen hatte sich wie ein Pflug in die Erde gegraben, und mein Kopf war voll Erde. Nachdem ich mich, nicht ganz ohne Mühe, vom Erdboden erhoben hatte, zog ich zunächst mit Befriedigung meine Stiefel wieder an und stellte mich G. vor. Er hatte sich das Knie angeschlagen, und später stellte sich auch eine Zerrung der linken Schulter heraus. Er überreichte mir meine Hausschlüssel, bald fand ich auch den zweiten, ebenso meinen Hut.«[12]

Die wichtigste und längste Ballonfahrt unternahm Alfred Wegener dann mit seinem Bruder Kurt. Die beiden hatten sich zu einer Wettfahrt angemeldet, die am 5. April 1906 in Reinickendorf startete. Das Ziel: möglichst lange in der Luft zu bleiben. Um 9 Uhr ging es los. Sie hatten achtunddreißig Sack Ballast in ihrem offenen Korb und nur wenig Proviant, erzählt Peter Böthig vom Alfred-Wegener-Museum: »Zwei Tafeln Schokolade, eine Orange und eine Flasche Wasser. Und sie hatten außerdem vergessen, ihre äußeren Welt existieren unabhängig vom Bewusstsein des einzelnen Menschen.

Für Dilthey ist Leben eine Einheit. Erkennen, Vorstellen, Bewerten, Fühlen, Handeln und Wollen besitzen immer eine Beziehung zur Außenwelt. Ein rein verstandesmäßig erkennendes und agierendes Wesen existiert nicht. Etwas polemisch formulierte Dilthey es so: »In den Adern des erkennenden Subjekts, das Locke, Hume und Kant konstruierten, rinnt nicht wirkliches Blut, sondern der verdünnte Saft von Vernunft als bloßer Denktätigkeit.«[5]

Nur ein ganzheitliches Denken, das eben auch Wollen und Fühlen einschließt, ist in der Lage, das Leben überhaupt zu verstehen. Es ist somit eine Abkehr vom reinen Intellekt, die für Alfred Wegener vielleicht aufgrund seiner Herkunft verlockend war und die seinen starken Impetus, die Welt in Gänze wahrzunehmen, unterstützte. Aber nicht nur im Sinne eines darstellenden Wissenschaftlers, sondern selbst handelnd, messend und probierend, um eine eigene Anschauung zu gewinnen – all das, was man später in Wegeners wissenschaftlicher Tätigkeit wiederfinden kann.

Wegener arbeitete parallel zum Studium an der Volkssternwarte Urania, die einer seiner Lehrer, nämlich Wilhelm Foerster, begründet hatte. Dieser war auch einer der Gutachter von Wegeners Dissertation, die er 1904 vorlegte: *Die Alfonsinischen Tafeln für den Gebrauch des modernen Rechners.*

Die Alfonsinischen Tafeln stammen aus dem 13. Jahrhundert und wurden im Auftrag von König Alfons von Kastilien verfasst. Sie sind ein Tabellenwerk zur Berechnung der Lage – oder in der Seefahrer- und Astronomensprache »Örter« – von Sonne, Mond und den damals fünf bekannten Planeten. Sie dienten Seefahrern zur Berechnung der Auf- und Untergangszeiten von Gestirnen

Mäntel mitzunehmen.« Andere Quellen sprechen von vier Koteletts, zwei Flaschen Wasser, zwei Apfelsinen und zwei Pfund Schokolade.

Die Brüder saßen und standen im Weidenkorb, trieben langsam nach Nordwesten, überflogen Wittstock, fotografierten, erreichten mittags die Ostsee bei Wismar, schauten aufs Wasser, passierten Fehmarn, flogen am Abend über Horsens an der jütländischen Küste und trieben frierend in der Nacht weiter nach Norden. Mal übers Meer, mal über Land. In den frühen Morgenstunden führte sie der Wind auf das Kattegat hinaus, später dann nach Süden über Fünen, bevor er sie nach Westen trieb. Ängstlich und vor Kälte zitternd, blickten die Brüder auf den Horizont; die Nordsee war in Sicht, und sie bereiteten die Landung vor. Doch dann drehte der Wind erneut, und sie fuhren weiter nach Süden. Die Norddeutsche Tiefebene. Am Ende der zweiten Nacht hatten sie Göttingen erreicht. Sie trieben noch ein Weilchen weiter, doch Kälte, Müdigkeit und Hunger forderten schließlich die Landung. Im Museum in Zechlinerhütte hängt das Telegramm an der Wand, das Alfred Wegener nach dieser Ballonfahrt an seinen Vorgesetzten Richard Assmann in Lindenberg schickte: »Heute halb zwei Uhr glatt gelandet bei Laufach nahe Aschaffenburg nach 52-stündiger Fahrt über Aalborg auf Jütland, ca. 3000 Meter, minus 16 Grad. Wegener.«

Für Alfred Wegener war es die dritte, für seinen Bruder Kurt die fünfte Ballonfahrt. Den beiden gelang es, den bis dahin gültigen Weltrekord des berühmten Ballonfahrers Graf Henry de La Vaulx um siebzehn Stunden zu übertreffen – ihre meteorologischen Kenntnisse waren da bestimmt hilfreich. Der Ballonfahrerausweis der Fédération Aéronautique Internationale, der ebenfalls in Zechlinerhütte zu bewundern ist, wurde Alfred Wegener allerdings erst 1911, fünf Jahre nach der Rekordfahrt, ausgestellt.

Die Ballonfahrten durchbrachen die Routine, die sich in Lindenberg bald schon eingestellt hatte. An der Wetterstation war jedem klar, dass »Lindenberg nicht der Ort wäre, an dem größere neue Entdeckungen gemacht würden. Es wäre vielmehr der Ort, wo diese ausgearbeitet und bewiesen würden«[13], so der US-amerikanische Wissenschaftshistoriker Mott T. Greene.

Zu wenig für Alfred Wegener: Lindenberg war schön, die Messung von Wetterdaten mithilfe von Drachen oder Ballons war hochinteressant und spannend, aber die Sehnsüchte reichten weiter.

Zufällig fiel ihm Anfang 1906 ein Artikel in die Hände, der von einer Veranstaltung in der Kopenhagener Konzerthalle am 17. Oktober 1905 berichtete. Ludvig Mylius-Erichsen sprach über seine zweijährige Expeditionsreise an die Westküste Grönlands. Wegener war fasziniert, vor allem, so berichtet die Wissenschaftshistorikerin und Meteorologin Cornelia Lüdecke im Gespräch[14], von der Idee, mithilfe von Drachen oder Ballons Wetteraufzeichnungen in Polargebieten durchzuführen. Wenige Wochen später hielt Mylius-Erichsen einen Vortrag bei der Wiener Geographischen Gesellschaft, in dem er über das Hochgefühl des Entdeckens sprach: »Der Glückliche, welcher nur ein einziges Mal auch nur ein Zipfelchen des Vorhangs über unbekannten Ländern und Meeren, neuen Küsten, neuen Lebens zu lüften half, wird stärker als andere die Anziehung unbekannter Gebiete fühlen. Und wenn er in sich einen unwiderstehlichen Drang spürt und sich im Besitz der allenfalls nötigen Fähigkeiten glaubt, der Forschung Pionierarbeit leisten zu können, ja dann wird er voller Hoffnung und Vertrauen seinen ganzen Einsatz bieten: ein Paar arbeitswilliger Hände, zwei offene Augen und all die einem jungen Mann eigene Kraft und Ausdauer.«[15]

Sätze voller Begeisterung, voller Leben, voller Erkenntnisdrang. Sätze, die Alfred Wegener wahrscheinlich elektrisierten. Denn es gab, glaubt man seinen Zeitgenossen, eine frühe Faszination für die Polarwelt bei Alfred Wegener. »Da müssen wir durch«, soll er seinem Freund und Kommilitonen Walter Wundt nach dessen Erinnerung gesagt und auf das Zentrum Grönlands gezeigt haben. »Dieses ›wir‹ war wörtlich gemeint. Denn obwohl damals keinerlei Aussicht für die Ausführung des Planes bestand, suchte er nach einem künftigen Weggenossen.«[16]

Und zwar schon fünf lange Jahre, bevor Alfred Wegener von Ludvig Mylius-Erichsens Plänen erfuhr, eine weitere Grönlandreise zu unternehmen.

GESCHICHTE DER POLARFORSCHUNG – DIE »HEROISCHE« EPOCHE

»Das Erste ist die Lust am Kampf und Ruhm, denn das ist die menschliche Art, dorthin sich zu begeben, wo große Gefahr zu erwarten ist, und sich dadurch berühmt zu machen. Das Zweite ist die Wißbegierde, denn das liegt gleichfalls in der Natur des Menschen, die Dinge zu erkunden und zu untersuchen, von denen ihm erzählt wird, und zu erfahren, ob sie so sind, wie ihm gesagt wurde, oder nicht. Das Dritte ist die Aussicht des Gewinns, denn überall suchen die Menschen nach Gut, wenn sie hören, daß sich irgendwo Aussicht auf Gewinn darbietet, mag auch andererseits große Gefahr damit verbunden sein.«

Aus dem altnorwegischen Königsspiegel, 13. Jahrhundert[1]

Lassen Sie uns, meine Herren, beschließen, dass eine deutsche Nordfahrt sofort ausgerüstet und noch in diesem Jahre ausgeführt werde.«[2] So lautete der Appell, den August Petermann am 23. Juli 1865 an die Teilnehmer der ersten Versammlung Deutscher Meister und Freunde der Erdkunde richtete.

August Petermanns Worte fielen auf fruchtbaren Boden. Petermann war schließlich nicht irgendwer: Er hatte zehn Jahre zuvor, 1855, die *Mittheilungen aus Justus Perthes' Geographischer Anstalt über wichtige neue Erforschungen auf dem Gesammtgebiete der Geographie von Dr. A. Petermann* gegründet, die später unter dem kürzeren Titel *Petermanns Geographische Mitteilungen* berühmt wurden und die wichtigste Fachzeitschrift für Geografie waren. In ihnen wurden alle wichtigen geografischen Erkenntnisse der Zeit veröffentlicht, und wer in ihr publizieren konnte, galt etwas in der Fachwelt. Zudem war Petermann als Kartograf hochgeschätzt. Und er vertrat eine faszinierende Hypothese: Das Nordpolarmeer sei eisfrei und der Nordpol daher einfach per Schiff zu erreichen. Man brauche nur dem Golfstrom zu folgen, vielleicht einen Packeisgürtel zu durchbrechen, aber danach sei der Weg frei. Diese Idee ließ die Zahl der Expeditionen in den Norden wieder wachsen.

Die ersten organisierten Polarfahrten hatten ein ganz bestimmtes Ziel gehabt: die Suche nach einer Passage durch oder entlang der Küste Nordamerikas vom Atlantik zum Pazifik – die Nordwestpassage. Oder wahlweise entlang der Nordküste Eurasiens – die Nordostpassage. Denn da Portugal den Seeweg von Europa vorbei an der Südspitze Afrikas bis nach Indien und China für sich beanspruchte und Spanien den um Südamerika herum, suchten Länder wie Frankreich, England und die Niederlande eine nördliche Passage, um ihren Handel mit Gewürzen und anderen Kostbarkeiten aus Asien zu sichern.

So segelte 1497 der Venezianer Giovanni Caboto, auch als John Cabot bekannt, an die Küste von Labrador; er war von König Heinrich VII. von England ausgeschickt worden. Sein Sohn erkundete 1508/09 ebenfalls im Auftrag der britischen Krone die später so genannte Hudson Bay; die riesige Bucht erschien ihm als die perfekte Passage. Der Engländer Martin Frobisher gelangte 1578 zu der nach ihm benannten Frobisher-Bucht, und John Davis verschlug es noch weiter nach Norden: 1587 erreichte er das heutige Upernavik an der grönländischen Westküste. Sein Ziel, zum 80. Breitengrad zu gelangen, musste er wegen der Eismassen bei 73° Nord aufgeben. Henry Hudson schließlich segelte 1610 in die später nach ihm benannte Hudson Bay hinein, in dem festen Glauben, die ersehnte Durchfahrt gefunden zu haben und im Pazifik zu sein. Monatelang erkundete er die Bucht, und im Winter fror sein Schiff *Discovery* dort im Packeis ein. Als er im Frühjahr 1611 die Arbeit fortsetzen wollte, meuterten Teile der Besatzung und setzten Hudson, seinen Sohn und sieben weitere Besatzungsmitglieder am 22. Juni 1611 in einem kleinen Boot aus. Von ihnen wurde nie mehr eine Spur gefunden. Danach wurde die Suche nach der Nordwestpassage zunächst aufgegeben.

Nach der Nordostpassage, dem Seeweg im Nordpolarmeer entlang der nördlichen Küsten Eurasiens, wurde zunächst nur halbherzig gesucht. Denn schon im 16. Jahrhundert scheiterten englische und niederländische Seefahrer wie Hugh Willoughby und Willem Barents, die versuchten, sie zu durchsegeln, im Packeis. Zum ersten Mal mussten Europäer in der Arktis überwintern. 1733 bis 1743 erforschte Vitus Bering die sibirische Nordküste und die Beringstraße, Alaska, die Aleuten und die Kurilen.

Eine weitere Variante eines Seewegs von Europa nach Asien hatte bereits 1527 der Engländer Richard Thorne, der in Spanien lebte, vorgeschlagen: eine direkte Route über den Nordpol. Die Polarmeere seien im Sommer sehr sicher, »weil dort ›eine ständige Helligkeit des Tages ohne die Dunkelheit der Nacht‹ herrsche. Das sei ›eine große Annehmlichkeit für die Navigatoren, weil sie jederzeit um sich blicken und sowohl sichere Stellen als auch Gefahren erkennen können‹.«[3]

Im frühen 19. Jahrhundert erwachte wieder der polare Ehrgeiz. Mit zwei Zielen: der erneuten Suche nach der Nordwestpassage und dem Erreichen des Nordpols. »Der Nordpol ist die einzige Sache auf der Welt, über die wir nichts wissen, und dieser Mangel an jeglicher Kenntnis sollte als Ansporn dienen, um jenen Schandfleck der Unkenntnis von diesem aufgeklärten Zeitalter abzuwaschen.«[4] Das schrieb John Barrow 1846, und er selbst hatte als Sekretär der Admiralität, Fellow der Royal Society und Mitbegründer der 1830 ins Leben gerufenen Royal Geographical Society vorher schon einiges dafür getan, das Wissen über die Polargebiete zu vergrößern.

Das war in der Tat gering, und es kursierten die wildesten Theorien: Sehr populär war die These der hohlen Erde, die vom Amerikaner John Cleves Symmes jr. verfochten wurde. An den Polen befänden sich die Eingänge, an denen sich ein schiffbares Meer in das Erdinnere ergieße und den Zugang in sieben aufeinanderfolgende Welten, die wie Kugeln ineinanderlägen, biete. Die meisten Wissenschaftler verlachten ihn, aber seine Theorie war dennoch so populär, dass sich 1822 im amerikanischen Senat fünfundzwanzig Abgeordnete fanden, die eine Expedition zum Nordpol befürworteten, um Symmes' Theorie der hohlen Erde vor Ort überprüfen zu lassen.

Wissenschaftlich abgesicherter erschien die Theorie vom eisfreien Nordpolarmeer. Schon im 16. Jahrhundert hatten einzelne Seefahrer daran geglaubt. Dafür sprachen zwei Beobachtungen: Zum einen drifteten Eisschollen nach Süden, zum anderen lagerte sich das Meereis an Landmassen wie Grönland oder anderen arktischen Inseln an oder bildete sich dort. Da man den Pol im offenen Meer vermutete, schloss man, dass es eisfrei sein müsse.

Ein offenes Polarmeer übte eine große Faszination auf Seefahrer, Marineangehörige und Kolonialbeamte aus. Es verhieß die Nordwestpassage und einen Zugang zum Pol. Und beide Ziele wurden zunächst von britischen Seefahrern verfolgt.

Das hatte Gründe: Die englische Flotte brauchte eine neue Aufgabe. Sie war in den Jahren der Wirtschaftsblockade über das Vereinigte Königreich und dessen Kolonien unter Napoleon von 1806 bis 1813 ständig vergrößert worden. Nach dem Ende der Kontinentalsperre besaß England eine gigantische Marine, viel zu groß für Friedenszeiten. Was sollte man mit den ganzen Matrosen und Offizieren anfangen? Die Matrosen wurde man schnell los; sie wurden einfach entlassen. Mit den Offizieren konnte man so nicht verfahren. Sie wurden also zunächst auf Halbsold gesetzt.

John Barrow fand die Lösung für die herumsitzenden Seehelden. Er schlug vor, dass Commander John Ross Anfang 1818 mit den beiden Schiffen *Isabella* und *Alexander* zur Suche nach der Nordwestpassage aufbrechen sollte. Der segelte in der Baffin Bay weit nach Norden, erkannte aber nicht, dass der Smith- und der Lancastersund Meeresstraßen sind; er hielt sie für ausgedehnte Buchten und fuhr deshalb nicht weit in sie hinein. Eine andere Expedition mit ebenfalls zwei Schiffen machte sich im selben Jahr auf die Suche nach dem eisfreien Nordpol. Vor Spitzbergen trafen diese aber schon auf Packeis, und heftige Stürme ließen sie fast kentern.

Doch Barrow zweifelte nicht am offenen Polarmeer: 1827 schickte er eine neue Expedition los, diesmal unter der Führung von William Edward Parry. Der war schon mit John Ross unterwegs gewesen. Da Barrow aber zumindest zugestand, dass das offene Polarmeer jenseits eines Packeisgürtels lag, rüstete er Parry mit Schlittenbooten aus, die man über die Eisschollen ziehen konnte, bis man an das versprochene offene Meer gelangte. So schleppten Parry und seine Männer irgendwann ihre Boote durch die Eiswüste, bis sie dann bei 82° 45' N merkten, dass sie nicht weiter nach Norden kamen. Das Eis driftete schneller südwärts, als sie ihre Boote nordwärts wuchten konnten, und vom versprochenen offenen Ozean war immer noch nichts zu sehen.

England wurde trotzdem immer mehr zur Polarentdeckernation. Den Höhe- und gleichzeitig Tiefpunkt der Polarfahrten stellte dann die dritte Reise John Franklins dar. Ihr Ziel war dasselbe wie bei dessen ersten beiden Reisen: die Suche nach der Nordwestpassage. Sie startete 1845, und Franklin schien der ideale Kommandant für ein solches Unternehmen zu sein. Er war polarerprobt und wusste schwierige Situationen zu handhaben, wie sich bei seiner katastrophal verlaufenen Expedition 1819–1822 gezeigt hatte, bei der die Männer von der Hudson Bay nordwärts übers Land bis zum Polarmeer gelaufen waren. »Ein arktischer Alptraum: Von Hunger und schrecklichen Erfrierungen bis zu einem mordlüsternen frankokanadischen Führer blieb den Männern nichts erspart. Der Kanadier aß sogar Menschenfleisch. Doch der stoische Franklin hatte Ruhe bewahrt.«[5] Er brachte sich und neun seiner neunzehn Männer heil nach Hause; sie waren unterwegs gezwungen, Flechten und Ähnliches zu essen, um zu überleben, und sie versuchten auch, ihre Lederstiefel zu verzehren. Franklins Spitzname in der Marine lautete daher: Der Mann, der seine Schuhe aß. Aber er war hoch angesehen und galt als derjenige, der die Durchfahrt finden würde.

Zudem schien seine Expedition hervorragend ausgestattet. Die Schiffe *Erebus* und *Terror* waren antarktiserprobt – sie sollten mit ihren starken Motoren also auch für die Nordpolarwelt taugen. An Bord war alles, was das englische Gentlemanherz erfreute: silbernes Tafelbesteck, feines Porzellan, eine Bibliothek mit mehr als tausend Bänden, eine Drehorgel, vermutlich auch ein paar gute Weine und angeblich Proviant für sieben Jahre, obwohl niemand mit einer solch langen Fahrt rechnete. Immerhin gab es mit Wolle gefütterte Winteruniformen. Und Fleisch in bleiverlöteten Dosen, was damals als der ultimative Fortschritt galt, sich aber als verhängnisvoll herausstellte: Man vermutet heute, dass Franklin und seine Männer bald unter einer Bleivergiftung litten.

Im Frühjahr 1845 ging die Reise los, im Juli desselben Jahres wurden die *Erebus* und die *Terror* letztmalig in der Baffin Bay von englischen Walfangbooten gesichtet. Danach verlor sich jede Spur, obwohl vor allem auf Drängen von Franklins Frau, die die Öffentlichkeit für sich zu nutzen wusste, zahlreiche Rettungsexpeditionen ausgesandt wurden. Zeitweise waren fünfzehn Rettungsmannschaften gleichzeitig unterwegs. Sie suchten in der Baffin Bay, in der Beringstraße oder auch auf dem kanadischen Festland, wobei einige dieser Trupps selbst gerettet werden mussten. England befand sich im Arktis-und-Franklin-Fieber, immer wieder gab es neue Gerüchte, wo er und seine Mannschaft sich aufhielten.

Am Ende fand man einige Skelette, und man vermutet heute, dass Franklins Schiffe vor der King-William-Insel westlich der kanadischen Boothia-Halbinsel für mehr als anderthalb Jahre im Eis eingeschlossen waren. Die Besatzung litt an Hunger und Skorbut, und später gefundene Knochenreste lassen annehmen, dass man am Ende sogar dem Kannibalismus verfiel. Die letzten Überlebenden hatten dann wohl versucht, nach Süden zum kanadischen Festland zu marschieren. Nach und nach waren sie dabei vermutlich an Skorbut und Hunger gestorben.

Die Suchexpeditionen, die von der britischen Regierung und auch vom US-amerikanischen Reeder Henry Grinnell finanziert wurden, trugen viel zur Vermessung der kanadischen Arktis bei. Sie fanden Franklin zwar nicht, aber Robert McClure, der am 26. Oktober 1850 in den Viscount-Melville-Sund einfuhr, entdeckte so das letzte fehlende Teilstück der gesuchten Nordwestpassage. Doch dies war komplett nutzlos, da sie wegen des Packeises nicht durchschiffbar war. Und einige der Suchenden fahndeten in Wirklichkeit nicht nach Franklin, sondern nach etwas anderem: einem Zugang zum Nordpol. So der britische Fregattenkapitän Edward Inglefield, der 1852 erst in die Baffin Bay und dann weiter nach Norden in den Smithsund einfuhr – auch wenn Franklin sicher niemals dorthin gelangt war. Bei 78° 28' N erzwang das Eis seine Rückkehr, aber Inglefield brachte eine erstaunliche Nachricht mit: Er war im Smithsund auf offenes Wasser gestoßen.

Da war sie wieder – die Vorstellung vom offenen Polarmeer, in Kombination mit einem anderen Menschheitsziel: dem Nordpol. Die Idee wurde unterstützt von der Expedition, die der US-Amerikaner Elisha Kent Kane ab Mai 1853 anführte. Kane und seine Begleiter, darunter der Schiffsarzt Isaac Israel Hayes, überwinterten in der Nares-Straße im Nordwesten Grönlands und unternahmen Schlittenfahrten in den Norden. Kane erkundete Nordgrönland, während Hayes den mittleren Teil der Ellesmere-Insel erforschte. Die beiden Expeditionsteilnehmer William Morton und Hans Hendrik trafen bei 81° 22' N auf den Kennedy-Kanal, den sie eisfrei vorfanden: »Soweit ich ausmachen konnte, war das Meer offen, mit einer Dünung, die von Norden kam«[6], so William Morton. Kane und Hayes betrachteten das als Bestätigung für ein offenes Polarmeer und glaubten, den Zugang gefunden zu haben. Hayes schrieb später: »Hier mag es genügen, wenn ich sage, daß alles darauf hinwies, daß ich an den Ufern des Polarbeckens stand [...], daß der kleine Eisrand, der die Küste umfaßte, im stetigen Zerfallen begriffen war, und innerhalb eines Monats das ganze Meer ebenso frei von Eis sein werde, wie ich das Nord-Wasser der Baffinbucht gesehen hatte.«[7] Andere Seefahrer wie der schwedisch-russische Entdecker Mathias von Hedenström vermuteten die Einfahrt hingegen im Norden Sibiriens.

Größter Verfechter der Idee vom eisfreien Polarmeer war allerdings August Petermann, der von 1847 bis 1854 zur Zeit der Hochphase der Franklin-Suche in London lebte. »Es ist eine wohlbekannte Tatsache, daß im Norden der sibirischen Küste ein Meer existiert, das zu allen Jahreszeiten offen ist«, schrieb er 1852 in einem Brief an die britische Admiralität, den er gleichzeitig der Presse zuspielte. »Es besteht kein Zweifel, daß ein ebensolches offenes Meer auch auf der amerikanischen Seite existiert; es ist sehr wahrscheinlich, daß diese beiden offenen Meere einen großen, schiffbaren Arktischen Ozean bilden.«[8] »Wohlbekannte Tatsache« und »kein Zweifel« – Petermann wusste schon, wie man unbewiesene Behauptungen rhetorisch absichert.

Petermann hatte Regalmeter von Arktisliteratur gelesen und überall Stellen gefunden, die seine Thesen zu bestätigen schienen. Bei Willem Barents, der im 16. Jahrhundert auf Nowaja Semlja überwintern musste: »Es war schönes Wetter, der mäßige Wind kam aus Westen, und das Meer war offen.«[9] Oder bei Ferdinand von Wrangel, der zwischen 1820 und 1824 an der sibirischen Arktisküste unterwegs war und schrieb: »Wir betrachteten den großen unermeßlichen Ozean, der sich vor unseren Augen ausdehnte.«[10]

So entwickelte August Petermann klare Vorstellungen davon, wie der eisfreie Ozean am Nordpol aussah und wie man am besten dorthin gelangte: Es gäbe eine arktische Strömung, die sich von der sibirischen Küste aus in den Atlantik ergieße und die im Sommer das Meer zwischen Nowaja Semlja und Grönland mit Eis blockiere. Im Westen von Spitzbergen reiche diese kalte Strömung weit über Island nach Süden, im Osten treffe sie aber auf den warmen Golfstrom. Deshalb seien dort auch fast nie Eisberge zu finden. Auslöser der kalten Strömung seien die großen Flüsse Sibiriens. Da diese aber im Winter zufrieren, fehle der Meeresströmung ihr Antrieb, und dem warmen Golfstrom stelle sich nichts entgegen. Ungehindert fließe er weiter nach Norden – et voilà: Die Passage zum Pol sei frei.

»Ohne Kenntnis des Nordpols bleibt alles geographische Wissen lückenhaft und unzusammenhängend und entbehrt des Schlußsteins in seiner Grundlage« – mit viel Pathos warb August Petermann daher am 23. Juli 1865 auf der ersten Versammlung Deutscher Meister und Freunde der Erdkunde für ein Nordpolprojekt. »Die gründliche und wissenschaftliche Explorirung der arktischen Central-Region würde für alle Zweige der Geographie, Hydrographie, Meteorologie, des Magnetismus, der Zoologie, Botanik und Ethnographie wichtige Resultate liefern.«[11]

Es gab verhaltene und begeisternde Reaktionen auf Petermanns Vorschlag. Der preußische Korvettenkapitän Reinhold Werner charterte sofort in London einen Dampfer, die *Queen of the Isles*, und verpflichtete, da er keinen Urlaub bekam, Kapitän Hagemann, der am 31. August 1865, fünf Wochen nach Petermanns Vortrag, in Hamburg auslief. Die *Queen of the Isles* kam nicht weit: bis Otterndorf, etwa zehn Kilometer vor Cuxhaven, dort stoppte sie ein Maschinenschaden. »Englisch Maschinerie oder Machination hat dieses schöne Unternehmen vereitelt«[12], schrieb Petermann später in den *Geographischen Mitteilungen*, unverhohlen einen Sabotageakt vermutend, da die Engländer fürchteten, dass die Deutschen ihnen am Nordpol zuvorkommen könnten.

Zwei weitere Fahrten folgten rasch. Die Deutsche Nordpol-Expedition von 1868, später als Erste Deutsche Nordpol-Expedition bekannt, wurde von Kapitän Carl Koldewey geleitet. Er segelte am 24. Mai mit zwölf Mann Besatzung auf der *Grönland* in Bergen, Norwegen, los. Der Versuch, zur grönländischen Küste zu gelangen, scheiterte am Nebel und am Eis, das Schiff irrte im Polarmeer umher, nahm schließlich Kurs auf Spitzbergen, und nach etwas über vier Monaten lief die *Grönland* am 10. Oktober 1868 in Bremerhaven ein. Viel war nicht erreicht worden, auch kein eisfreies Meer gesichtet, aber die Expedition wurde dennoch als Erfolg gefeiert – auch weil man nur so das Geld für eine weitere zusammenbekommen konnte.

Das floss, nachdem Koldewey und Petermann kräftig die nationale Werbetrommel gerührt hatten: »Es gilt, deutscher Forschung neue Gebiete zu eröffnen«, so Koldewey, »es gilt zu zeigen, daß deutsche Seeleute gleich tüchtig, gleich kühn, gleich ausdauernd sind wie ihre Berufsgenossen anderer Nationalitäten.«[13] Firmen wetteiferten darum, den Arktisfahrern die beste Ausrüstung zu liefern, und auch Privatpersonen spendeten reichlich. Koldewey und Petermann ließen sich von dem Geld ein eigenes Schiff bauen – die *Germania*, ein eisengepanzertes schwarzes Ungetüm, das jedem Packeis standhalten sollte. Als Begleitschiff kam die halb so große *Hansa* hinzu.

Petermann und Koldewey verkrachten sich jedoch vor der Abfahrt. Petermann, der von den Ergebnissen der Vorjahresexpedition der *Grönland* immer noch enttäuscht war, sich verzweifelt an seine Theorie klammerte und einen Erfolg brauchte, schickte kurz vor der Abreise Koldewey einen Brief. Darin hieß es: »Die Lösung einer großen Aufgabe, die 300 Jahre beschäftigt hat, und die mancher Admiral und Kapitän in allen Ländern der Erde mit Heldenmuth und Todesverachtung als ehrenvolles Lebensziel erfassen würde, wird Ihnen auf einem Präsentierteller entgegen getragen.« Was sich am Schreibtisch in Gotha leicht behaupten ließ. Und er schrieb sich weiter um Kopf und Kragen, Koldewey die Schuld am Scheitern der Vorjahresexpedition zuschiebend: »Für große Aufgaben muß groß aufgefaßt werden. Sie sind gewiß ein guter tüchtiger Seemann. Aber das genügt nicht. Für solche Aufgaben muß man ein ganzer Mann, ein großer Charakter sein, man muß Charakterfestigkeit, moralischen Muth, Seelenstärke haben! Ich traue Ihnen das Beste und Größte zu; aber dann müssen Sie auch viel mehr leisten und erstreben, als im vorigen Jahr. Bloß zweimal versuchen, war gar nichts. Mit dieser geringen Ausdauer würden Sie auch diesmal nichts erreichen, das sage ich ihnen voraus.« Zum Schluss folgten noch ein paar kurze Drohungen: »Lassen Sie keinen Augenblick die Sache aus den Augen. Ich bin sehr geduldig, aber ich lasse nicht immer mit mir spielen. Ich lasse noch viel weniger mit einer solchen Sache spielen. Ich bin wahrhaftig Ihr Freund. Aber ich bin auch der Freund der Sache, wenn Sie diese im Stich ließen, würde ich Ihr Feind. Mit dem Gewicht der ganzen Nation hinter mir würde ich die Sache richten, streng, schonungslos, rücksichtslos, unerbittlich.«[14] Koldewey schickte eine kurze Antwort per Telegramm: »Den nach Inhalt unnöthigen nach Form verfehlten Brief von 14 Juni erhalten. Expedition besser in allem ausgerüstet als ein Newyorker Postschiff und dampfen in 2 Stunden nach See. Adieu Koldewey.«[15]

Der spätere Kaiser Wilhelm II. schaute zu, als die *Germania* und die *Hansa* am 15. Juni 1869 von Bremerhaven aus losdampften. Bis zur Sichtweite der Küste Grönlands verlief die Reise unproblematisch. Doch dann versperrten erneut Nebel und Packeis den Weg. Koldewey ließ Signale setzen, dass die *Hansa* beidrehen solle – doch deren Kapitän Hegemann verstand sie wohl falsch: Er steuerte weiter auf die grönländische Küste zu, und das Schiff verschwand im Nebel. Das weitere Schicksal der *Hansa* liest sich wie eines aus dem Musterbuch arktischer Epen: Einfrieren im Packeis, Verlassen des Schiffs, Aufbau einer Hütte auf der Eisscholle, Zerstörung der *Hansa* im Presseis, Drift auf der Eisscholle langsam nach Süden, Überwinterung auf dem Eis, schließlich Nutzung der Beiboote, als die Scholle immer weiter zerbrach. Hegemann schrieb später: »Noch einen letzten dankbaren Blick warfen wir auf unsere getreue Scholle. Unter zahllosen Gefahren und Drangsalen hatte sie uns aus Regionen des Schreckens und des Todes 200 Tage hindurch bis hierher getragen, wo wir, wirtlicheren Breiten entgegen[sehend] und von frischem Mut erfüllt, auf baldige Rettung hoffen durften.«[16] Am 13. Juni 1870 erreichte die Besatzung der *Hansa* die Herrnhuter Missionsstation Friedrichstal (heute Narsarmijit) an der Südspitze Grönlands.

Koldewey hingegen konnte mit der *Germania* das Eis durchbrechen und landete schließlich am 5. August 1869 bei 74° 18' N an der Ostküste Grönlands. Doch vom eisfreien Nordpolarmeer war hier nichts zu sehen – im Gegenteil: Packeis versperrte den weiteren Weg, auch im Winter und im kommenden Frühjahr. Koldeweys Mannschaft erkundete die Küste Grönlands, und Julius Payer, ein österreichischer Offizier, der mit an Bord war, erreichte am 15. April 1870 den nördlichsten Punkt: 77° 1' N. Er hisste die deutsche und die österreichische Flagge und notierte in seinem Tagebuch: »Glühend strahlten die endlosen Schneefelder im rosiggelben Schein, über die der Wind mit dichten Schneeschleiern, im Farbeneffect durch die Beleuchtung der tiefstehenden Sonne einer wallenden Bessermerflut vergleichbar, dicht über die diamantsprühende Bahn hinwegjagte und die langen blauen Schatten der durch die Schneemassen brechenden Männer in ihren ungleichzeitigen heftigen Bewegungen ineinander stieß.«[17]

Im August 1870 gab das Eis die *Germania*, die inzwischen auch einen Motorschaden erlitten hatte, endlich frei, und die Expedition dampfte nach Hause. Am 10. September 1870 lief das Schiff in die Wesermündung ein. Petermann handelte wie angekündigt. Seine Theorie konnte nicht falsch sein, Koldewey war einfach nicht ehrgeizig genug gewesen. Doch schlug sich die Öffentlichkeit langsam auf Koldeweys Seite. Der schrieb in der *Zeitschrift für Seewesen*: »Ich gestehe, daß ich selbst, durch die Darstellungsweise in *Petermann's Geogr. Mitthlg.* verleitet, es für möglich erachtet habe, einer Küste folgend, zu Schiff weit in die arktische Centralregion einzudringen und allenfalls den Pol erreichen zu können.« Aber die Theorie sei das eine, die Wirklichkeit etwas anderes: »Ein Winter in Ostgrönland und die sorgfältigsten Beobachtungen dieser gewaltigen Eismassen haben mich und auch meine sämmtlichen Gefährten gründlich von dieser Idee geheilt.«[18]

Andere waren noch lange nicht geheilt. Julius Payer, der an Bord der *Germania* gewesen war, tat sich in seiner Heimat mit Carl Weyprecht zusammen. Sie starteten mit dem Segen des Kaisers Franz Joseph I. auf der *Admiral Tegethoff* die große Österreichisch-Ungarische Nordpolexpedition. Nördlich von Spitzbergen fror das Schiff am 20. August 1872 ein und driftete langsam nach Norden. Ein Winter verging, ein Jahr war vorüber, ein weiterer Winter stand vor der Tür, und die Stimmung war schlecht, da passierte endlich etwas: Land kam in Sicht – Franz-Josef-Land, eine Inselgruppe im Nordpolarmeer auf etwa 80° 40' N. Doch die *Tegethoff* steckte immer noch im Eis fest. Weyprecht befahl im Mai 1874, das Schiff aufzugeben und über die Eisfelder – die Rettungsboote im Schlepptau – nach Süden zu marschieren. 700 Kilometer trennten sie von Nowaja Semlja – 700 Kilometer mit drei Booten, die mit je 1800 Kilogramm Material beladen waren. Die Männer schleppten sie übers Eis, versanken knietief darin, mussten sich ihren Weg freischlagen, und nach zwei Monaten hatten sie es, da das Eis stetig nordwärts driftete, erst fünfzehn Kilometer nach Süden geschafft. Die Tagebücher von Weyprecht lassen die Verzweiflung erahnen: »Jeder verlorene Tag ist nicht ein Nagel, sondern ein ganzes Brett an unserem Sarge. Das Schlittenziehen über die Eisfelder ist nur zum Augenauswischen; denn die paar Meilen, die wir dadurch gewinnen, sind ganz ohne Wichtigkeit für unseren Zweck. Die leichteste Brise treibt uns ja doch in beliebiger Richtung mehr als die anstrengendste Tagesarbeit. Ich mache zu allem ein gleichgültiges Gesicht, aber ich sehe sehr wohl ein, daß wir verloren sind, wenn sich die Umstände nicht gänzlich ändern.«[19] Man dachte an Selbstmord.

Doch glücklicherweise änderten sich die Umstände. Der Sommer 1874 war im Polarmeer mild, und am 15. August trafen sie auf offenes Wasser. Sie ruderten sofort los. »Mit unermeßlicher Befriedigung sahen wir den weißen Saum des Eises nach und nach zur Linie werden und endlich verschwinden«[20], schrieb Julius Payer. Vor Nowaja Semlja wurden sie von russischen Walfängern gerettet.

Weyprecht und Payer kehrten nie wieder in die Arktis zurück.

Obwohl Petermanns These vom eisfreien Polarmeer vielleicht nicht als komplett widerlegt, aber zumindest als höchst unwahrscheinlich angesehen werden musste, gab es mindestens noch eine Entdeckerfahrt, die sich explizit darauf bezog – der Mensch glaubt vielleicht, was er glauben möchte, ist das Ziel attraktiv genug. James Gordon Bennett jr. – Erbe des Gründers des *New York Herald*, jener Zeitung, die dadurch berühmt geworden war, dass sie Henry Morton Stanleys Suche nach David Livingstone (»Dr. Livingstone, I presume?«) beauftragt und finanziert hatte – brauchte einen neuen Scoop. Der Nordpol sollte es werden, und er kannte Petermanns Thesen. Nur dass weder der Smithsund noch der Golfstrom den Zugang bilden sollten, sondern die Beringstraße. Und er finanzierte die Fahrt der *Jeannette* unter George Washington DeLong, die am 8. Juli 1879 aus San Francisco auslief. Am 29. August passierte DeLong die Beringstraße, aber am 5. September fror die *Jeannette* in der Nähe der Herald-Insel im Packeis ein und schlug bald darauf leck. Zwei Jahre driftete das Schiff durch das Eis und sank schließlich am 13. Juni

1881 etwa 800 Kilometer nördlich des Lenadeltas. DeLong und seine Besatzung retteten sich zunächst auf die Neusibirischen Inseln, doch am Ende starben DeLong und ein Großteil seiner Männer an Hunger und Erschöpfung im Lenadelta.

Die Expedition DeLongs war nicht nur deshalb wichtig, weil sie endgültig den Mythos vom eisfreien Polarmeer ad acta legte: Was ältere Reisende als eisfreies Meer bezeichnet hatten, waren lediglich sogenannte Polynja gewesen, große, relativ beständige offene Wasserflächen, die auch durchaus mehrere Tausend Quadratkilometer messen können und durch Windeinwirkung, Gezeiten oder aufsteigendes warmes Meerwasser entstehen. Wichtig war sie auch, weil 1884 Überreste der *Jeannette* an der Ostküste Grönlands gefunden wurden – die Eisdrift hatte einige Kleidungsstücke dorthin transportiert.

Und diese Funde brachten einen anderen Polarforscher auf eine Idee: Fridtjof Nansen. Doch bevor er diese weiterverfolgte, machte er zunächst mit einer anderen Tour auf sich aufmerksam: Er leitete eine Expedition, die erstmals Grönland durchquerte. Zu sechst machten sie sich am 10. August 1888 an der Ostküste der Insel auf den Weg, auf Skiern und mit Schlitten, und erreichten am 3. Oktober Godhavn (Qeqertarsuaq). In zweierlei Hinsicht war Nansens Expedition ertragreich: Zum einen bewies er, dass das Innere Grönlands komplett mit Eis bedeckt ist und dass das Eis in der Inselmitte bis auf etwa 3000 Meter ansteigt, zum anderen setzte er auf eine neue Technik bei der Arktiseroberung: eine eher sportliche. Statt einer Riesenexpedition wählte er eine kleine, gut ausgebildete Gruppe, und er ließ Kleidung, Schlafsäcke und Kochutensilien für die Reise nach eigenen Entwürfen anfertigen. Eine kluge Wahl, ließ doch »im Gegensatz zu einigen anderen Expeditionen die von Dr. Nansen nur angenehme Erinnerungen zurück«[21], wie die Londoner *Times* schrieb.

Angesichts des Funds einiger Kleidungsstücke der *Jeannette* fragte Nansen sich nun: Konnte man die dadurch bewiesene Ost-West-Drift im gefrorenen Polarmeer nicht ausnutzen? Und ein Schiff bauen, das dem Eis widerstand? Die Lösung präsentierte ein findiger Schiffsbauer namens Colin Archer, der bis Oktober 1892 das Expeditionsschiff *Fram* entwarf. Es besaß eine besondere Rumpfkonstruktion: einen scharfen Bug und ein ebensolches Heck und einen Rumpf, der wie ein längs halbiertes Ei gerundet war. So sollte das Schiff nirgends vom Eis gepackt werden können, sondern bei steigendem Eisdruck von diesem langsam nach oben gehoben werden. Nansen plante, sich einfach mit der *Fram* in das Packeis zu begeben und dann per Eisdrift den Nordpol zu erreichen.

Nansens Plan funktionierte: Die *Fram* lief am 24. Juni 1893 in Kristiania (heute Oslo) aus. Zwölf Mann waren an Bord, dazu Lebensmittel für fünf Jahre und eine Bibliothek mit 600 Bänden. Das Schiff trieb langsam vorwärts, und als Nansen bei 84° N dachte, er wäre nah genug am Pol, und die Norddrift der *Fram* zum Erliegen gekommen war, versuchten er und Fredrik Hjalmar Johansen ab dem 14. März 1895, den nördlichsten Punkt der Erde auf Skiern zu erreichen. Bei 86° 10' N, etwa 420 Kilometer vom Pol entfernt, mussten sie umkehren. Sie überwinterten in einer Steinhütte auf Franz-Josef-Land und wurden 1896 von einem britischen Forschungsschiff gerettet. Am 9. September 1896 lief die *Fram* wieder in Kristiania ein. Sie wurde noch bis 1914 für Expeditionen genutzt und 1935 ausgemustert. Heute ist sie im nach ihr benannten Museum in Oslo zu besichtigen.

Mit Nansens *Fram* kam die heroische Expeditionsphase der Polarforschung langsam an ihr Ende, auch wenn es später noch einige Reisen gab, die daran anknüpften: so zum Beispiel die des Schweden Salomon August Andrée, der 1897 den Fesselballon

Adler bauen ließ und versuchte, sich von Spitzbergen aus zum Nordpol treiben zu lassen. Etwa 800 Kilometer vor dem Pol mussten Andrée und seine beiden Gefährten notlanden. Und erfroren.

Heroisch war diese Phase, weil in ihr die Polargebiete als die letzten weißen Flecken auf der Landkarte erforscht wurden. Wer wollte nicht die Männer bewundern, die sich aufmachten, diese einsamen, kalten und unwirtlichen Gebiete aufzusuchen und ihr Leben dafür einzusetzen, um sie zu erkunden. Die Arktis war die Folie, vor der ein heroisches europäisches oder nordamerikanisches Selbst entworfen wurde. Der Polarforscher wurde zum Leitbild von Männlichkeit. Diese Phase war aber gleichzeitig auch die Ära, in der vor allem Engländer, aber ebenso einzelne Mitteleuropäer oft unzureichend vorbereitet auf Expeditionsfahrt gingen, auch aus Selbstüberschätzung und kultureller Ignoranz: Was konnte beispielsweise besser sein als die Kleidung, die man zu Hause trug, als wollgefütterte Uniformen? Schließlich hatte so die britische Marine ein Weltreich erobert. Man nutzte Zelte, die immer wieder unter der Schneelast brachen, keine Schlitten oder keine Schlittenhunde, besaß die falschen Stiefel und Schlafsäcke, die Feuchtigkeit zogen, oder gar Decken und ernährte sich unangepasst: Die Weigerung, rohes Robbenfleisch oder rohen Fisch zu essen, führte zu Skorbut. Viele Reisen verliefen daher nach demselben Muster: Schon bald verloren die Entdecker ihr ursprüngliches Ziel aus den Augen – es ging stattdessen nur noch darum, in der Eiswüste zu überleben.

Der kanadische Abenteurer Vilhjálmur Stefánsson, Nachfahre isländischer Einwanderer, unternahm Anfang des 20. Jahrhunderts mehrere Expeditionen in die Arktis und erforschte die Muster, nach denen sich viele Entdecker verhalten hatten: Die Palette reichte vom völligen Ignorieren der bestehenden Verhältnisse in der Arktis bis zur völligen Akzeptanz, vom Versuch, mit »besserwisserischer«, »zivilisierter« Ignoranz die Arktis erobern zu wollen, bis zur Annahme der überlegenen angepassten Lebensform der Inuit, wie es Fridtjof Nansen, Roald Amundsen oder Robert E. Peary taten. Nach Stefánsson war es eine Frage der Einstellung, ob man in den Polargebieten überlebte: »In ihre letzten Winkel [kann man] schnell und mühelos eindringen, wenn die polaren Regionen erst einmal als freundlich gesinnt und fruchtbar verstanden werden.«[22]

Angepasst an die Verhältnisse, war Heldentum nicht mehr notwendig – Zähigkeit und Durchhaltevermögen reichten durchaus aus. Was aber nicht heißt, dass diejenigen, die besser vorbereitet waren, unbedingt gefeit davor gewesen wären, in der Arktis unterzugehen. Zu wenig wusste man noch über die Region.

ERSTE POLARFAHRT, 1906–1908

> »Das neue Land da oben ist für uns, die es fanden, mehr geworden als ein Untersuchungsobjekt, mehr als eine neue Linie auf der Weltkarte. An seinen Küsten hatten wir mehr als zwei Jahre unser Heim; es ist jetzt eine Gegend, die wir kennen und die wir schätzen. Wir werden uns immer zu ihm zurücksehnen.«[1]
>
> Achton Friis, 1910

Als Alfred Wegener von Ludvig Mylius-Erichsens Plänen erfuhr, eine weitere Grönlandreise zu unternehmen, wurde ihm klar: Das war die Chance, auf die er – ohne es zu wissen – gewartet hatte. Er musste als Wissenschaftler dabei sein. Mit beeindruckender Hartnäckigkeit peilte er das Ziel an. Beharrlichkeit war eine seiner ausgeprägten Tugenden – wie er sich um die Teilnahme an der Expedition bemühte, zeigt das deutlich.

Am 1. November 1905, seinem fünfundzwanzigsten Geburtstag, schrieb er einen ersten Brief: an Adam Paulsen, den damaligen Direktor des Dänischen Meteorologischen Instituts. Vielleicht, weil er sich Hilfestellung erhoffte, vielleicht aber auch, weil er nicht wusste, wie er Mylius-Erichsen erreichen konnte. Sehr offen formulierte er, dass er an der Expedition unbedingt teilnehmen wolle, stellte sich kurz vor, schrieb, dass er fähig sei, astronomische Ortsbestimmungen durchzuführen, und fügte hinzu: »Ich [bin] ein eifriger Alpinist und [habe] zusammen mit meinem Bruder eine große Zahl von Gletschertouren ohne Führer gemacht. Im Skilaufen habe ich im vorigen Winter auf dem Brocken meine ersten Versuche gemacht.«[2] Er wusste, körperliche Fitness war gefragt.

Höchstwahrscheinlich leitete Paulsen den Brief an Mylius-Erichsen weiter, doch der reagierte nicht. Wegener blieb aber hartnäckig. Zwei Wochen später, am 14. November, schrieb er direkt an Mylius-Erichsen – inzwischen hatte er wohl dessen Adresse herausgefunden: »Hochgeehrter Herr! Ich habe gelesen, daß Sie im kommenden Sommer eine Grönlandexpedition unternehmen wollen, und gestatte mir die Anfrage, ob und unter welchen Bedingungen ich mich als Teilnehmer anschließen könnte.« Es folgte wieder die kurze Vorstellung seiner beruflichen und alpinen Erfahrungen, dazu die ehrliche und gleichzeitig unbeirrte Selbsteinschätzung, dass er Geologie zwar nicht studiert, sich aber privat so viel damit beschäftigt habe, »daß ich darin glaube nützlich sein zu können«. Und vielleicht als Lockmittel schrieb er noch: »Sollte sich auf Ihrer Expedition Gelegenheit zu Drachenaufstiegen ergeben, so glaube ich wohl, eine Ausrüstung hierfür zusammenbringen zu können.«[3]

Zwei Briefe, keine Reaktion. Doch Wegener ließ sich nicht entmutigen. Im Gegenteil: Im Dezember 1905 reiste er für einige Tage nach Kopenhagen, um dort persönlich bei Mylius-Erichsen vorzusprechen. Er war nicht angekündigt. Der Versuch hatte schon fast etwas Verzweifeltes. Und war erfolglos, wie man einer kurzen Notiz entnehmen kann, die Wegener am 18. Dezember 1905 aus seinem Kopenhagener Hotel an Mylius-Erichsen schrieb: »Hochverehrter Herr! Leider traf ich Sie heute in Ihrer Wohnung nicht an, und da Sie, wie mir mitgeteilt wurde, erst am

Freitag von Ihrer Reise nach Norwegen zurückkommen werden, so werde ich keine Gelegenheit haben, Sie persönlich zu sprechen. Herr Prof. Paulsen hat mir aber mitgeteilt, daß an Ihrer Expedition nur Dänen teilnehmen sollten. Ich muß hiernach annehmen, daß für mich keine Aussicht vorhanden ist, die Expedition mitzumachen. Sollten Sie dennoch auf mich reflektieren, so darf ich wohl auf baldige Nachricht rechnen. Mit vorzüglicher Hochachtung, Ihr sehr ergebener Dr. A. Wegener«.[4]

Obwohl sich diese Mitteilung schon resignativ anhört, verfasste Wegener am zweiten Weihnachtstag 1905 erneut einen Brief an Mylius-Erichsen. Es war die vierte Anfrage, die ohne Antwort blieb. Langsam machte sich Enttäuschung in ihm breit – sollte er in Lindenberg bleiben müssen? Das Briefeschreiben stellte er nun ein – bis er am 23. März 1906 die *Tägliche Rundschau*, eine Berliner Tageszeitung, durchblätterte: Eine kurze Meldung behandelte die geplante Expeditionsreise von Mylius-Erichsen. Deren Finanzierung sei nun gesichert. Und dann las Wegener einen Satz, der ihn mehr als verblüffte: »Neben den dänischen Teilnehmern der Expedition ist es wahrscheinlich, das Dr. A. Wegener aus Deutschland als Physiker und Meteorologe und Dr. Baron von Fircks aus Rußland als Geologe teilnehmen werden: allerdings sind die Verhandlungen mit diesen beiden Wissenschaftlern noch nicht abgeschlossen.«[5]

Wegener schrieb sofort an Adam Paulsen. Was dann passierte, lässt sich nicht genau rekonstruieren: Ob Wegener wieder nach Kopenhagen reiste und dort Mylius-Erichsen traf oder ob dieser bereits einen Brief an Wegener geschrieben hatte[6], jedenfalls wurde Wegener als Meteorologe für die Expedition verpflichtet. Mylius-Erichsen hatte ursprünglich eine komplett dänische Expedition ausrichten wollen, aber wohl keinen geeigneten weiteren Wissenschaftler gefunden. Wegener hingegen hatte überzeugend über Monate hinweg sein Interesse bekundet. So war er am Ende der einzige nichtdänische Teilnehmer.

Der Zeitplan war eng: Am 27. oder 28. März 1906 erhielt Wegener die Zusage, im Juni 1906 sollte es losgehen. Er schrieb am 30. März an seinen Vorgesetzten, den »Herrn Direktor des kgl. Aeronautischen Observatoriums, Geheimrat Prof. Dr. Aßmann.

Ew. Hochwohlgeboren erlaube ich mir ganz gehorsamst davon in Kenntnis zu setzen, daß ich mich zur Teilnahme an der Dänischen Polarexpedition unter Herrn Mylius Erichsen nach Nordost-Grönland als Meteorologe und Physiker verpflichtet habe. Mir ist der Auftrag geworden, außer meteorologischen, erdmagnetischen, luftelektrischen und astronomischen Arbeiten namentlich für die Erforschung der höheren Luftschichten mittels Drachen und Ballons einen Dienst einzurichten, wobei mir die am kgl. Aeronautischen Observatorium gesammelten Erfahrungen von großem Nutzen sein dürften.

Die Expedition wird bereits Ende Juni dieses Jahres von Kopenhagen aufbrechen, und brauche ich daher die ganze noch zur Verfügung stehende Zeit auf das dringendste zur Vorbereitung des mir erst vor wenigen Tagen übertragenen umfangreichen Programms.

Da die Expedition voraussichtlich im Herbst 1908 zurückkehren wird und ich den lebhaften Wunsch habe, danach wieder meine Tätigkeit am Aeronautischen Observatorium aufzunehmen, so bitte ich ergebenst bei dem Herrn Minister meine Beurlaubung v. April d. J. bis zum 1. Januar 1909 befürworten zu wollen.

Sollte es nicht angängig sein, mich für die ganze Zeit zu beurlauben, so bitte ich meine Entlassung aus dem Aeronautischen Observatorium schon zum 15. April d. J. in die Wege leiten zu wollen. Dr. A. Wegener«.[7]

Der Beurlaubung wurde schnell entsprochen. In weiteren Briefen bat Wegener das Kriegsministerium um die Leihgabe von 200 Stahlflaschen aus den Beständen des Königlichen Luftschifferbataillons zum Transport von Wasserstoff, um auf Grönland Ballonaufstiege durchführen zu können, und die deutsche Südpolarexpedition um die Zusendung ihrer Eisbohrer. Die Selbstverständlichkeit, mit der Wegener bei Institutionen und anderen Wissenschaftlern um Unterstützung bat, mag verblüffen, doch war er, weil er in seiner Zeit in Lindenberg schon einige Aufsätze über Erscheinungen der oberen Luftschichten veröffentlicht hatte, in der Fachwelt kein Unbekannter mehr. Der Wissenschaftshistorikerin Cornelia Lüdecke zufolge hatte Wegener sich vorgenommen, Ballon- und Drachenaufstiege in Grönland zu testen und zu prüfen, welches Material sich dafür am besten eignete. Man nutzte bis dahin Gummi oder Goldschlägerhaut, die aus der äußersten Hautschicht von Schafs-, Schweine- oder Rinderblinddärmen hergestellt wurde. Die Därme wurden gewaschen, die oberste Hautschicht wurde abgezogen. Die Häutchen wurden danach über eine Form gespannt, getrocknet, mit Alaunwasser gewaschen und schließlich mit Eiweiß überzogen, das als Kleber diente. Das Material war besonders leicht, reißfest und gasdicht.

»Hochverehrter Herr Professor!«, schrieb Wegener am 28. März 1906 an Wladimir Köppen, den Leiter der Meteorologischen Abteilung und Drachenstation der Seewarte Hamburg und Groß Borstel. Es war erneut eine Bitte um Hilfe. Er berichtete, dass er beabsichtige, auf Grönland Drachen- und Ballonaufstiege auszuführen. »Ich erlaube mir daher die Anfrage, ob Sie geneigt wären, mir einige Drachen Ihres Systems gegen eine billige Bezahlung zu überlassen oder neu zu bauen. In Betreff des Baus einer Drachenwinde sowie über das ganze Arbeitsprogramm hoffe ich mir Ihren Rat noch persönlich einholen zu können.«

Es war ein Brief mit Folgen, denn der hochverehrte Professor reagierte prompt und lud Wegener ein. Ob dieser damals schon auf die Tochter Köppens traf, Else, mit der er sich 1911 verlobte und die er 1913 heiratete, ist ungewiss. Else Wegener erwähnt in ihrer Biografie über ihren Mann erst 1908 ein Zusammentreffen. Zumindest zwischen Alfred Wegener und Wladimir Köppen entstand jedenfalls sofort eine Freundschaft.

»*24. Juni 1906.* Die Abfahrt aus Kopenhagen fand unter nicht endenwollendem Jubel der Zuschauer statt. Ob man auch so jubeln wird, wenn wir zurückkommen? Meine Eltern standen in dem dichten Menschenknäuel auf der Langelinje. Gesehen habe ich sie nicht mehr«[8] – so lautete Alfred Wegeners erster Tagebucheintrag zu seiner ersten Grönlandreise. Er teilte die Kajüte mit Johan Peter Koch, dem Kartografen der Expedition. Der sprach gut Deutsch, Wegener hingegen kein Dänisch, er lernte es aber leidlich während der Reise. Und diese Reise sollte nicht die einzige gemeinsame der beiden bleiben.

Insgesamt waren zunächst fünfundzwanzig Menschen an Bord, zwölf Wissenschaftler und dreizehn Seeleute, das Maschinen- und Küchenpersonal eingeschlossen. Später kamen noch drei Inuit dazu, die sich um die Schlittenhunde kümmerten. Alle Teilnehmer der Fahrt erhielten das gleiche Gehalt – und Ludvig Mylius-Erichsen hatte dafür eine gute Begründung: »Keiner kann entbehrt werden, und alle setzen ihr Leben aufs Spiel, und mehr kann kein Mensch geben.«[9] Er hatte schon im Vorfeld die Teilnehmer auch auf psychologische Probleme vorbereitet: »Man kann sich keine schmerzlichere Tortur denken als die, mehrmals eine viermonatige Polarnacht zu erleben, in der totale Finsternis herrscht, die Kälte bis minus 50 Grad Celsius steigt und die physische Arbeitskraft erlahmt. Man bedenke nur, was es heißt, Jahre hindurch von der zivilisierten Welt abgeschnitten zu sein, von der Anregung neuer Gesprächsstoffe, von Telegrammen, Zeitungen, Briefen und was sonst noch in der zivilisierten Welt den täglichen Impuls gibt.«[10]

Ziel der Expedition war die Erkundung und Kartierung der Ostküste Grönlands von etwa 75° nördlicher Breite bis zur Nordspitze der Insel auf etwa 83° 30' N, also ungefähr vom Kap Bismarck, wohin Carl Koldewey mit Julius von Payer 1870 bereits gelangt war, bis zum Kap Clarence Wyckoff, das Robert Peary 1903 erreicht hatte. Denn immer noch klafften riesengroße weiße Flecken auf der Landkarte. Mit der *Danmark*, einem umgebauten norwegischen Robbenfänger, wollte man so weit wie möglich nach Norden fahren. Dort sollte eine Station eingerichtet werden, von wo Schlittenreisen weiter nach Norden und ins Innere Grönlands geplant waren. Vor Ort sollten meteorologische, hydrologische, geologische, biologische und ethnologische Forschungen vorgenommen werden – das gesamte Programm der Wissenschaft, denn Dänemark war daran interessiert, Grönland wirtschaftlich zu erschließen.

»Ein schweigsamer Mann mit dem liebenswürdigsten Lächeln auf dem Antlitz kommt mehrmals am Tage aufs Oberdeck und liest sonderbare Instrumente ab, die in einem Schrank dicht bei der Leiter zum Deck stehen«[11], schrieb Achton Friis, einer der beiden Maler der Expedition, der nicht nur beeindruckende Skizzen von der Expedition lieferte, sondern auch einen sehr lebendigen Reisebericht verfasste. »Es ist Dr. Wegener aus Berlin, unser Meteorologe. Wenn man auf dem Oberdeck steht und ihn die Leiter heraufkommen sieht, erblickt man zuerst über der Luke einen Hut – wohl das Eigentümlichste, was man sich denken kann. Ich weiß nicht, was das Wunderlichste daran ist, seine Form oder seine grüne Farbe. Wenn man das Gesicht sieht, das dem Hut folgt, dann will man nicht glauben, daß Dr. Wegener ein Mann ist, der unten im Laderaum Sprengstoff genug liegen hat, um 50 Walfängerboote unseres Typs im Laufe weniger Sekunden zum Meeresboden hinab zu senden. Ich denke an seine hundert großen Eisenbehälter mit komprimiertem Wasserstoff, der zur Füllung seiner Ballone dienen soll, wenn wir einmal an Land gekommen sind.« Friis zeichnete auch ein Porträt des Meteorologen: Wegener, seine gebogene Pfeife im Mund, schaut ernst und selbstbewusst, aber auch leicht lächelnd den Betrachter an. So als wisse er: Ihm wird auf dieser Expedition einiges gelingen.

Am 25. Juli 1906 passierte das Schiff den Polarkreis, »ganz ohne Feierlichkeiten«, wie Wegener notierte. Es wurde langsam kühler, und drei Tage später bekam er zu seiner Freude einen Rentierpelz. Doch diese Freude kühlte merklich ab, als Koch erwähnte, er hätte vermutlich einige Hundert Läuse mit empfangen. »Wir haben dann das corpus delicti gleich unter ärztlicher Hilfe mit Insektenpulver eingepudert.«[12]

Die polare Eiswelt schlug Wegener in ihren Bann. Er stand tagelang an der Reling, schaute auf den morgendlichen Nebel über dem Meer, sah kleine Inseln, träumte und maß dann doch die Temperatur des Wassers, der Luft und die Feuchtigkeit. Am 31. Juli notierte er in sein Tagebuch: »Gestern haben wir das erste Treibeis gesehen! Es sind farbenprächtige Bilder, diese wunderlichen Schmelzfiguren! Ich war überrascht über die Schönheit.«[13] Und einige Tage später: »Der Blick bei schönem Wetter über das Eis ist wirklich über alle Maßen schön. Nichts als Farbenglimmer! Das blaue Wasser, das saubere, weiße Eis, die gelbrote Sonne, die hellgrünen Eisfüße unter Wasser – zauberhaft. Auf dem Eise kommen alle Farbtöne vor. Wir sahen eine Scholle, die durch die Sonne intensiv violett gefärbt war.«[14]

Mitte August erreichte die *Danmark* dann das Gebiet, in dem die Expedition ihr Winterquartier aufschlagen sollte: die Dovebucht auf etwa 77° N, die sich südlich an Germanialand anschließt. Diese Landzunge wurde von Inuit früh besiedelt, später aber aufgegeben. Die ersten Europäer kamen 1870 mit der Zweiten Deutschen Nordpolar-Expedition unter Koldewey und Payer. Sie schlugen sich vom Winterhafen des Expeditionsschiffs *Germania* bei der Sabine-Insel fast 280 Kilometer nach Norden durch. Nach ihrem Schiff benannte Mylius-Erichsen nun die Landzunge.

Die Fahrt durch den der Küste vorgelagerten Eisstrom war schwierig. Mächtiges Treibeis versperrte immer wieder den Weg, doch schließlich wurde Kap Bismarck erreicht. Es ging noch ein bisschen weiter nördlich, doch dann wurde die Eisdecke zu fest – Johan Peter Koch und ein paar andere verließen mit Hundeschlitten das Schiff, um an Land und auch schon weiter nördlich Depots für spätere Ausfahrten anzulegen.

Am 15. August 1906 dampfte die *Danmark*, immer wieder die Wassertiefe auslotend, langsam und vorsichtig in die kleine Bucht westlich von Kap Bismarck hinein. Dort sollte für die nächsten zwei Jahre ihre Basis sein. Später wurde der Ort »Danmarkshavn« getauft.

Aus vorgefertigten Teilen bauten die Expeditionsteilnehmer ihr Winterhaus auf, die ironisch so genannte Villa. Zwei Winter verbrachten Wegener, Johan Peter Koch, der Botaniker Andreas Lundager und der zweite Maler der Expedition Aage Bertelsen in diesem Holzschuppen. Die anderen wohnten derweil auf dem Schiff. Die beiden Trupps konnten sich durch eine Telefonleitung verständigen.

Wegener brachte sein wissenschaftliches Instrumentarium an Land und begann schon am 17. August mit seinen systematischen Wetteraufzeichnungen. »Gestern packte ich die zwei Ballonkisten aus«, schreibt er am 25. August. »Die Ballons kleben furchtbar, sind aber glücklicherweise noch nicht verdorben. Den einen habe ich gleich aufgeblasen, wobei er aber natürlich eine Menge Unrat auf sich geladen hat. Man kann sich eine noch so schöne Unterlage machen, dann laufen ein paar Hunde darüber, und alles liegt wieder voller Sand und Steine.«[15]

Am 1. September stieg der erste Drachen auf. Doch die Winde wechselten unversehens die Richtung, und bald musste Wegener ihn wieder einholen. Am 22. September gelang nach vielen Bastelarbeiten der erste Ballonaufstieg. Denn zunächst musste Wegener mit anderen die verklebten Ballonhäute auseinanderpellen. »Wir haben stundenlang daran gearbeitet, und das Ende vom Lied war, daß einer ein Loch hineinriß. Das mußte nun geflickt werden. Gummi saß nicht auf dem spiegelglatt gefrorenen Firnis, und so mußte ich nähen, im Freien bei sieben Grad Kälte immerhin ein eigenes Vergnügen.«[16]

Trotz aller Schwierigkeiten gelang es Wegener immer wieder, Ballone und Drachen aufsteigen zu lassen. Als »sensationell« bezeichnet die Wissenschaftshistorikerin Cornelia Lüdecke seine Arbeit: »Insgesamt hat er 125 sogenannte Hochaufstiege machen können.« Es waren 99 Aufstiege mit Ballonen und 26 mit Drachen. Die Ballone erreichten eine Höhe von 3100 Metern, die Drachen eine von 2400 Metern. »Es zeigte sich unter anderem, daß die Luft bis zur Höhe von 300 m stets, im Sommer wie im Winter, nach oben wärmer wird und die normale Abnahme der Temperatur erst oberhalb dieser Höhe beginnt«[17], hielt Wegener fest. Ballone und Drachen mussten meist mit einer Handwinde wieder eingeholt werden – eine mühsame Tätigkeit. Wegener hatte extra ein halbes Automobil mit in die Arktis gebracht, um dessen Motor als Windenantrieb zu nutzen; er erwies sich allerdings als unbrauchbar. Frustrationstoleranz war gefragt. »Welche Geduld dazu gehört, diese Unternehmungen bei so ungünstigen Witterungsverhältnissen wie hier und zu fast allen Jahreszeiten fort-

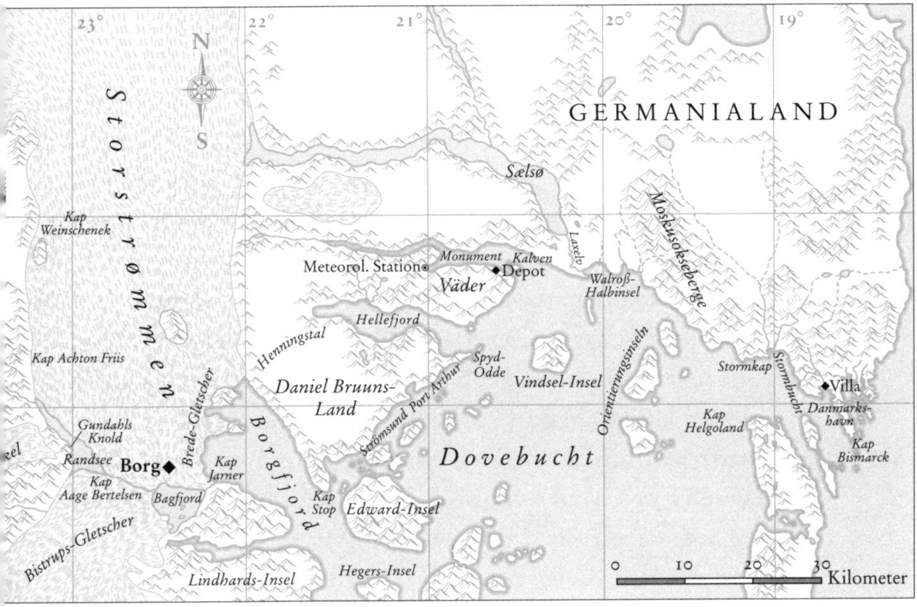

Germanialand. Im Osten Danmarkshavn mit der Villa.

zusetzen, davon kann man sich nur eine Vorstellung machen, wenn man Wegeners Observationsjournale durchblättert, in denen er auch alle Havarien aufgeführt hat«[18], schrieb Achton Friis später.

Denn nicht alle Ballon- und Drachenaufstiege waren erfolgreich – mal blieb das Uhrwerk der Registriertrommeln, auf denen sich die Papierstreifen zur Aufzeichnung der Messwerte befanden, stehen, mal machte der Treibschnee die Aufzeichnungen unleserlich. Einmal zerfetzte auch ein Sturm die Hütte, in der die Drachen gelagert waren, und zerstörte diese, verschüttete die Gebäude und die Gerätschaften. Die Natur und die nicht angepasste Technik türmten Hindernisse auf, und Wegeners Drachen- und Ballonaufstiege blieben vielleicht auch deswegen für mehr als ein Vierteljahrhundert die einzigen, die in der Arktis durchgeführt wurden.

Es wurde immer kälter, die wenigen Vögel waren schon längst nach Süden gezogen, und eine Schneedecke verhüllte die Erde und ließ Land- und Wasserfläche miteinander verschwimmen. Auch der Horizont war an manchen Tagen nicht mehr zu erkennen, eine graue Masse aus Himmel, Schnee, Wasser und Land schloss die Männer ein. Ende Oktober 1906 unternahm Wegener mit Mylius-Erichsen seine erste Schlittenreise, und am 2. November schrieb er in sein Tagebuch: »Wir haben gestern und heute – wohl zum letzten Male – eine Spur von Sonne gesehen.«[19]

Polarnacht hieß nicht, sich einzuigeln, und trotz der Dunkelheit brach eine Gruppe von sechs Männern Mitte November nach Süden auf – Ziel war die Insel Shannon, um dort an einer vorher festgelegten Stelle Post und Expeditionsberichte zu hinterlegen und nachzusehen, wie der Stand alter Lebensmitteldepots dort wäre. An der Südspitze der Insel trennte sich die Gruppe, und Wegener, Koch und der Zweite Maat der *Danmark*, Gustav Thostrup, reisten weiter nach Süden. Es war eine gefährliche Fahrt: Kochs Schlitten brach in ein Eisloch und drohte zu versinken, das Eis, auf dem sich die drei befanden, barst immer wieder, aber sie konnten sich schließlich auf festen Boden retten. Am nächsten Tag mussten sie feststellen, dass der Weg nach Süden durch Eislöcher versperrt war – nach einem Umweg von fünfzig Kilometern erreichten sie schließlich ihren Bestimmungsort Germania-Hafen im Südosten der Insel, wo mehr als fünfunddreißig Jahre zuvor die Koldewey-Payer-Expedition überwintert hatte.

Sie versuchten sich einzurichten, litten unter Kälte und Feuchtigkeit, und Wegener führte erdmagnetische Messungen durch – er wollte seine Ergebnisse später mit denen Koldeweys vom Winter 1869/70 vergleichen. Dann ging es zurück nach Danmarkshavn, wo sie am 6. Dezember 1906 ankamen. In fünf Tagen bewältigten sie die 315 Kilometer lange Strecke mit ihren Hundeschlitten, am letzten Tag schafften sie allein 83 Kilometer. »Wolken verdeckten den Mond und schufen eine phantastische Beleuchtung«, schrieb Wegener später. »Koch traf den Nagel auf den Kopf, als er sagte, er hätte sich nicht gewundert, wenn er Feuer aus den Mäulern der Hunde hätte sprühen sehen. Wie Gespenster glitten die anderen Schlitten, in der Dunkelheit nur mit Mühe erkennbar, lautlos vor einem dahin.«[20]

Knapp zwei Jahre war Wegener mit den Dänen unterwegs, und zweimal überwinterte die Expedition im Norden Grönlands. Die Winter setzten der gesamten Mannschaft zu. »Alle Arbeit draußen im Dunkeln ist unangenehm, weil man nichts sieht«[21], schrieb Wegener am 15. Dezember 1906 in sein Tagebuch. »Es ist merkwürdig, bis zu welchem Grade das Verlangen nach äußeren Eindrücken geht. Mit dem allergrößten Interesse sieht man die Photos durch, die man selbst angefertigt hat, man blättert rastlos in allen möglichen Büchern. Man liebt die elende Petroleumlampe, die über dem Tisch hängt, und haßt alle Arbeit draußen in der Dunkelheit.« Und er musste zugeben: »Ich habe in der Tat die Schwierigkeit der Winternacht unterschätzt.«[22]

Wegener litt wie alle anderen an einem Mangel an Energie. Immer wieder beklagte er, dass er schläfrig sei und zu keiner Arbeit Lust verspüre, dass er weniger leistungsfähig sei, dass die Stimmung dauernd schwanke, dass kurze Missgeschicke »einen moralischen Katzenjammer«[23] hervorriefen. Er schrieb von Depressionen, ausgelöst durch kleinere Konflikte, und wie sich die Eisesstille der polaren Nacht über die Insel, das Meer, das Schiff und die Hütte senkte. Das Leben schien sich zu verabschieden. Wegener empfand eine Hassliebe: »Heute habe ich bei totenstiller Luft lange Zeit draußen gestanden und die Polarnacht genossen. Wie sie kalt und schweigend daliegen, diese harten, von gewaltigen Naturkräften einst polierten Felsenhügel. Nichts regt sich, das Meer liegt in eisiger Starre, überglitzert vom Mondschein, der mit Mühe durch einen Schleier von Eiskristallen dringt. Nur eine Naturkraft ist hier wirksam, sie arbeitet still, aber unaufhörlich, die Kälte. Ihr Ziel ist eine Versteinerung der gesamten Natur. Langsam, aber unaufhaltsam wachsen die Eiskristalle, und der rinnende Tropfen erstarrt. Selbst die Luft wird träger und träger.«[24]

Den Frühling sehnten Wegener und alle anderen Expeditionsteilnehmer mit aller Kraft herbei, das Ende der dauernden Dunkelheit, den Moment, in dem die Sonne zum ersten Mal wieder über dem Horizont sichtbar würde. Am 9. Februar 1907 war es so weit: »Heute sahen wir mittags die Sonne zum ersten Mal wieder. Der Winter ist vorüber!«[25], schrieb er in sein Tagebuch. Und wenige Tage später notierte er: »Die Sonne kitzelt nach der monatelangen Dunkelheit die Lebensgeister. Meine Arbeitskraft wächst mit der Sonnendeklination. Die letzten Tage war ich sehr tätig. Schlafsacknähen, Drachenaufstiege, Nachtwache.«[26]

Ab März begannen wieder die Schlittentouren. Die Männer legten zunächst weiter nördlich von Danmarkshavn Proviantdepots an, und am 28. März 1907 brachen sie auf zur großen Reise nach Norden. Zehn Männer mit Schlitten zogen los, zunächst in größeren Gruppen, dann teilten sich die Expeditionsteilnehmer auf. Wegener und Gustav Thostrup bildeten ein Team: Ihre Aufgabe bestand darin, möglichst viel Proviant in den Norden zu bringen und auf dem Rückweg die Küste zu kartieren. Ein zweites Zweierteam hatte eine ähnliche Versorgungsaufgabe. Wegener war zunächst enttäuscht, dass er nicht zum Kernteam um Mylius-Erichsen gehörte.

Fünfundsechzig Tage waren Wegener und Thostrup unterwegs. Sie erreichten dabei die Henrik-Kröyer-Inseln, eine winzige, flache Inselgruppe mit einer Gesamtfläche von knapp zehn Quadratkilometern nördlich des 80. Breitengrades. Sie sammelten Fossilien, jagten zwischendurch immer wieder mal Eisbären, beobachteten Luftspiegelungen, maßen Temperaturen und Luftdruck und zeichneten Landkarten. »Unser Proviant wird nach und nach knapp wie unser Petroleum. Gestern aßen wir zu Kaffee Erbswurst«[27], notierte Wegener am 5. Mai 1907. »Heute tranken wir an Stelle von Kaffee einen Aufguß aus Fleisch-, Schokolade- und Kaffeeresten. Im übrigen ist unser Küchenzettel recht einförmig: Erbswurst mit Pemmikan und Pemmikan mit Erbswurst.« Bei Erbswurst handelt es sich um eines der ältesten industriell hergestellten Fertiggerichte, Portionstabletten, die in eine wurstförmige, beschichtete Papierrolle verpackt werden; bei Pemmikan um eine Mischung aus Dörrfleisch und Fett, sehr haltbar und nahrhaft. Doch Jagdglück ergänzte immer wieder den Speiseplan.

Am 31. Mai kehrten Wegener und Thostrup nach Danmarkshavn zurück. Wenige Tage später erreichte auch die dreiköpfige Gruppe mit Johan Peter Koch, Aage Bertelsen und Tobias Gabrielsen wieder den Heimathafen. Sie waren gemeinsam mit dem anderen Dreiertrupp, bestehend aus Ludvig Mylius-Erichsen, dem Grönländer Jørgen Brønlund[28] als Schlittenführer und Jäger und Niels Peter Høeg-Hagen als Kartograf, bis zum Independence-Fjord auf 82° N gezogen. Von dort hatten sie das Pearyland durchquert, Kap Clarence Wyckoff erreicht und waren den Frederick-E.-Hyde-Fjord westwärts gezogen. Auf dem Weg nach Süden hatten sie zufällig noch einmal die Gruppe um Mylius-Erichsen getroffen. Diese hatte sich aber entschieden, noch weiter dem Independence-Fjord nach Westen zu folgen.

Den gesamten Sommer über wartete man auf die Dreiergruppe

um Mylius-Erichsen. Sie kehrte nicht zurück, und eine Suchexpedition musste ergebnislos abgebrochen werden. »Über der Expedition liegt jetzt eine gewisse Unsicherheit und Nervosität, die sehr wenig heilsam für die verschiedenen Arbeiten ist. Einmal ist es die Abwesenheit der 3 Mann und die Sorge um ihr Schicksal, die lähmend wirkt«[29], notierte Wegener am 12. August 1907. »Wenn diese Dänen nicht alle so vernünftige Menschen und selbständige Charaktere wären, würde es ganz schief gehen.«

Trotz aller Sorgen: Wegener erledigte seine Ballonaufstiege, notierte Verbesserungsideen, entwarf Pläne für eine Südpolarreise und zeichnete interessante Eisformationen. Zwischendurch richtete er noch eine weitere meteorologische Station namens Pustervig ein, etwa fünfzig Kilometer westlich von Danmarkshavn und somit näher am Inlandeis gelegen.

Der zweite Winter stand nun bevor, und von Ludvig Mylius-Erichsen und dessen Begleitern fehlte immer noch jede Spur. Eine zweite Suchexpedition einzuleiten war zu gefährlich. So wartete man ab und hoffte, dass die drei Vermissten den kommenden Winter irgendwie überleben würden, auch wenn man nicht viel Vertrauen hegte, dass es ihnen in der Polarnacht möglich wäre.

Wegener selbst traf die winterliche Düsternis diesmal nicht so hart; Mitte November notierte er, dass »nur zwischen 11 und 1 noch draußen etwas Tageslicht [sei]. Immerhin habe ich bis jetzt doch weniger Energielapsus gespürt als im Vorjahre.«[30] Die dunklen Wintermonate waren auch eine Zeit der Selbstbeobachtung. »Ich träume jetzt des Nachts zuweilen«[31], heißt es im Tagebuch am 14. November 1907. »So hatte ich heute einen merkwürdigen Traum, bei dem alle Einzelheiten so klar mir vor Augen standen, daß es geradezu wunderbar ist. Ich stieß nämlich auf einer Schlittenreise nach Norden an meiner bisher nördlichsten Stelle mit

3 Amerikanern oder Engländern zusammen, die in einem niedrigen, aus Ziegelsteinen gebauten Hause wohnten. Alle Details dieses Zusammentreffens nahm ich mit einer geradezu wunderbaren Schärfe wahr. Ich könnte das Haus mit allen Einrichtungen, den Fenstern, den Thüren, ja dem Reif an der Wand zeichnen, desgleichen die Menschen. Die Verwunderung, da sie mich sahen, und meine Überlegungen, ob ich sie auf Deutsch oder Dänisch anreden sollte, war so sprechend natürlich. Leider erwachte ich, bevor eine Verständigung angebahnt war, und ich erfuhr also nicht, mit wem ich es zu tun hatte. Ich sagte nur God Dag und hörte darauf einen Schwall von fremdsprachlichen Worten der Verwunderung, die die 3 Menschen untereinander auswechselten.«

Wegener reagierte leicht verwundert, auch weil er sich sonst nie so genau an seine Träume erinnerte und weil sie, wie er schrieb, nie so detailliert waren. Und er sah in der »Einförmigkeit des Lebens namentlich in der Polarnacht, wo die Phantasie jeglicher äußeren Inanspruchnahme entbehrt, die Ursache, daß sie sich von Zeit zu Zeit auf solche extraordinäre Weise betätigt«.

Anfang März brachen zwei Expeditionen auf. Johan Peter Koch und Tobias Gabrielsen zogen mit den letzten Hunden Richtung Norden, um Ludvig Mylius-Erichsens Gruppe zu finden, Wegener ging mit Bertelsen, Johannes Lindhard und Ivar Weinschenk nach Westen. Ohne Unterstützung von Hunden mussten sie ihren 350 Kilogramm schweren Schlitten selbst ziehen. Trotzdem kamen sie gut vorwärts, sie erreichten bald den Sælsø, einen lang gezogenen See, der einst ein Fjord gewesen war, und über ihn gelangten sie auf den Storstrømmen, einen der großen Gletscher Grönlands. Der Weg war gefährlich. Überall taten sich Eislöcher und Gletscherspalten auf, aber Wegener und Weinschenk schafften es immerhin, den Gletscher zu überwinden und das Festland, Dronning Louise Land (Königin-Louise-Land), zu betreten.

»Am 3. April kamen wir von der Zugschlittenreise zurück«[32], schrieb Alfred Wegener dann am 10. April 1908 in sein Tagebuch. »Wir fanden Koch und Tobias zurückgekehrt. Sie hatten auf Lambertland die Leiche Jürgen Brönlunds gefunden und sein Tagebuch mitgebracht. Mylius Erichsen und Hagen sind gleichfalls tot. Der arme Brönlund! Er hatte sich eine Erdhütte gebaut, in der er ohne Schlafsack, nur im Renntierpelz [sic!], die erfrorenen Füße in Zeug eingewickelt, lag. Er hatte die Proviantkiste des Depots geöffnet und etwa 1/3 des Inhalts verzehrt. Mit dem mitgebrachten Primus hatte er einen Teil des Petroleums aufgebraucht. Er kam Ende November (!) ›bei abnehmendem Monde‹ zum Depot und legte sich, den sicheren Tod vor Augen, in die primitive Erdhöhle. Sein Tagebuch und die von Hagen angefertigten Kartenskizzen legte er so, daß sie leicht zu finden waren. Er schrieb, er könnte nicht weiter wegen seiner erfrorenen Füße und wegen der Dunkelheit. Es müssen schrecklich harte Bedingungen gewesen sein, die einen solchen Mann wie Brönlund dazu brachten, die Hoffnung aufzugeben. Hagen starb zuerst, dann Mylius Erichsen.«

Beider Leichen wurden nie gefunden.

Die Arbeit ging dennoch weiter. Sie musste weitergehen, und sie half. Wegener zog in die meteorologische Station Pustervig am Rand des Inlandseises, in der lange sein ihm zugeteilter Assistent Peter Freuchen, ein Medizinstudent, ausgeharrt hatte. Jetzt war Wegener dort für einige Wochen allein. »Nun habe ich mein Pustervig-Exil angetreten«, schrieb er am 9. Mai 1908. »Ich habe mir nun eine ›Tagesordnung‹ entworfen, um in einen bestimmten Gang mit der Lebensweise zu kommen. Es ist ein eigenes Gefühl, so mutterseelenallein zu sein unter diesen Verhältnissen. Heute hörte ich auf einem kleinen Skiausflug ein Schneehuhn schreien, das war mein einziger Zusammenstoß mit der organischen Welt unseres Planeten.«[33] Aber wenige Tage später heißt es: »An das Alleinsein habe ich mich jetzt ganz gewöhnt und finde nichts Unangenehmes mehr darin. Nur der Mangel an Beschäftigung plagt mich.«[34]

Es gab dort einfach nicht genug zu tun für einen rastlosen Forscher wie Wegener. Das Aufnehmen von Wetterdaten füllte nicht den Tag. Ende Mai aber war dann die Zeit dort vorbei. Die Station wurde aufgelöst, die Instrumente wurden abgebaut. Wegener kehrte nach Danmarkshavn zurück. Auch dort herrschte Aufbruchstimmung. Die *Danmark* wurde zur Abreise beladen: »Meine große Kiste, mit Pelzen und Büchern, ist beim Anbordnehmen ins Wasser gefallen, so daß ich sie wieder öffnen mußte. Alles ist naß geworden, mit Ausnahme eines Blaufuchspelzes. Ich bin eifrig mit Trocknen beschäftigt«[35], schrieb Wegener am 21. Juli 1908, dem Tag der Abreise.

Am 23. August landete die *Danmark* in Kopenhagen an – Wegeners erste Polarfahrt war beendet. Sein Fazit hatte er aber schon viel früher formuliert – am 25. Dezember 1906. Und auch der Tod dreier Expeditionsteilnehmer änderte nichts daran: »Hier draußen giebt es Arbeit, die des Mannes wert ist, hier gewinnt das Leben Inhalt. Mögen Schwächlinge daheim bleiben und alle Theorien der Welt auswendig lernen, hier draußen Auge in Auge der Natur gegenüber zu stehen und seinen Scharfsinn an ihren Rätseln zu erproben, das giebt dem Leben einen ganz ungeahnten Inhalt.«[36]

MARBURGER JAHRE

Berichte von Polarreisen begeisterten Anfang des 20. Jahrhunderts die Menschen. Sie suchten den Kitzel, gierten nach spannenden Geschichten und fanden beides. In den USA inszenierte vor allem der Polarforscher Robert Edwin Peary seine Expeditionen. Mit der gleichen Hingabe, mit der er seine Reisen durchführte, mehrte Peary seinen Ruhm und sein Vermögen. Er hielt Vorträge im Akkord, manchmal waren es mehrere Hundert im Jahr.

Peary bot viel für das Geld: Er ließ auf den Bühnen Polarlager aufbauen, Iglus, im Hintergrund Eisberge und den Umriss eines Eisbären, alles aus Holz, Stoff und Papier und weiß angestrichen. Pearys schwarzer Diener Henson, der ihn bei allen Fahrten begleitete, trieb schwitzend in seinem Pelzanzug einige zahme Huskies, die einen hoch beladenen Schlitten zogen, auf die Bühne. Hundegeheul. Henson schirrte die Hunde ab. Sie legten sich zu Pearys Füßen, der über die Einsamkeit der Polarnacht sprach, über die Kälte und die Walrossjagd – fesselnd und erfolgreich, auch wenn seine Expeditionen bislang keinen wissenschaftlichen Ertrag gezeitigt hatten.

Wegener war anders, nicht komplett publikumsscheu, aber zu sehr Wissenschaftler für die große Show. Schon bevor er nach Deutschland zurückkehrte, noch Monate bevor er sich in Danmarkshavn auf Grönland nach Dänemark einschiffte, vertraute er seinem Tagebuch an: »Unangenehm werden mir wohl in Zukunft Gesellschaften und ähnliches zu Hause sein. Es muß furchtbar sein, so als Polarbär mit einem Ring in der Nase präsentiert zu werden. Ich werde jedenfalls sehen, daß ich mir alle öffentlichen Vorträge sowie Zeitungsberichte so weit als möglich vom Halse halte.«[1]

Doch alle Vorträge konnte und wollte er nicht absagen: Im September 1908 referierte er auf Einladung von Wladimir Köppen auf der Tagung der Deutschen Meteorologischen Gesellschaft in Hamburg. Köppen hatte Wegener im Vorfeld der Grönlandreise schließlich mit Fachwissen und Ballonen unterstützt und hielt große Stücke auf den Nachwuchswissenschaftler: »Wir brauchen in der Meteorologie jetzt solche Köpfe, die von der Physik herkommen, denn jetzt handelt es sich darum, die Vorgänge in der Atmosphäre, die wir durch Drachen- und Ballonaufstiege kennengelernt haben, physikalisch zu erfassen und zu erklären.«[2] Beide suchten immer wieder das Gespräch miteinander – aus der wissenschaftlichen Freundschaft war bald auch eine persönliche geworden. Zumal es auch andere Anknüpfungspunkte gab.

»Ich war damals 16 Jahr alt und schwärmte für alles Ungewöhnliche«[3], schrieb seine spätere Frau Else in der Erinnerung an Wegeners Vorträge. Sie schwärmte aber vor allem für Alfred Wegener selbst: »Was für schöne Lichtbilder Dr. Wegener zeigte und wie klar er sprach! Er war noch ganz braungebrannt von der arktischen Sonne und der Seeluft. Sehr hell leuchteten die graublauen Augen aus dem dunklen Gesicht.« Und an anderer Stelle schrieb sie: »Diese Augen. Wenn er seine Gedanken entwickelte, blickten sie ruhig in die Ferne, ab und zu blitzten sie plötzlich auf, und er warf mir einen belustigten Blick zu. Ich kam nicht los von ihnen.«[4]

Da bahnte sich etwas an – und im Mai 1911, drei Jahre später, verlobten sich Else Köppen und Alfred Wegener.

Doch zunächst wurde Wegeners Leben arbeitsreich. Er schrieb Artikel über die Expedition, über die Probleme der Ballon- und Drachenflüge und über Eis und Wasserdampf. Er wertete das Datenmaterial der Grönlandreise aus, habilitierte sich in Marburg mit einer Arbeit über »Die Drachen- und Fesselballonaufstiege der Danmark-Expedition« in Meteorologie und Astronomie und bewarb sich dort auch um eine Lehrbefugnis. Die Hochschule holte ein Gutachten bei seinem ehemaligen Vorgesetzten, Professor Richard Assmann in Lindenberg, ein. Der antwortete dem »Hochwohlgeborenen Herrn Professor Dr. Richarz« am 9. Februar 1909: »Auf die gefällige Anfrage vom 5. Februar d. Js. betreffend Dr. Alfred Wegener beehre ich mich zu erwidern, daß Dr. Wegener ein in jeder Beziehung ausgezeichneter Mensch ist, den für mein Observatorium verloren zu haben ich ganz außerordentlich bedaure. Gründlich vorgebildet, mit scharfem Verstand und reichen Gedanken begabt, fleißig, energisch und zäh, ist er der Prototyp eines strebsamen, den höchsten Zielen zugewandten jungen Gelehrten, der, wenn nicht alles täuscht, einmal recht Bedeutendes leisten wird. Dabei ist er persönlich ein reiner, vornehmer, sympathischer Mensch, der jedem Kollegium zur Zierde gereichen wird.

Der Grund seines Abganges vom Observatorium war allein sein Drang, sich bei Expeditionen zu betätigen, und er hat das, soweit man bis jetzt wissen kann, bei der Mylius-Erichsen'schen Ostgrönlandexpedition recht erfolgreich getan. Nach meiner Ansicht ist die Periode des jedem strebsamen jungen Manne zu wünschenden expansiven Ehrgeizes bei ihm noch nicht abgeschlossen, ich erwarte vielmehr ihn bald wieder an anderen Expeditionen tätig zu sehen, wozu er mit seiner Zähigkeit und Kaltblütigkeit der rechte Mann ist. Unter allen Umständen glaube ich den Genannten mit wärmster Überzeugung als einen Über-Durchschnittsmenschen empfehlen zu können.«[5]

Wegener hielt am 7. Mai 1909 seine Antrittsvorlesung über »Die Entwicklung des astronomischen Weltbildes bis zur Gegenwart«. Er war Privatdozent für Meteorologie, praktische Astronomie und kosmische Physik. Was sich gediegen anhörte, war in Wirklichkeit ein kümmerlich bezahlter Job: Außer dem geringen Hörergeld, das jeder der wenigen Studenten, die seine Vorlesungen besuchten, bezahlen musste und das sich im Semester auf etwa fünfzig Mark belief, erhielt er noch ein jährliches Stipendium von 1500 Mark. Themen seiner Vorlesungen waren unter anderem »Astronomisch-geographische Ortsbestimmung für Forschungsreisende, mit Übungen«, »Physik der Atmosphäre«, »Optische Erscheinungen der Atmosphäre« und »Allgemeine Astronomie«.

Sein Gehalt besserte er mit Artikeln in populärwissenschaftlichen Zeitschriften auf – die meisten wissenschaftlichen wie die *Meteorologische Zeitschrift* zahlten kein Honorar, andere wie die *Geophysikalischen Beiträge* eines von nur 1,50 bis 3 Mark je Druckseite. Wegener schrieb für die *Grönländischen Mitteilungen* in Dänemark über seine Reise und hielt auch ab und an einen Vortrag darüber. Freude bereitete ihm das aber nicht. In einem Brief an Else Köppen schrieb er 1911: »Ich glaube, ich werde demnächst ›totgehen‹. Mittwoch hatte ich einen Vortrag über Wolkenbildungen, der – wenigstens mir – so gefallen hat, daß ich ihn am Tage darauf einer Tippmamsell diktierte (ein Manuskript hatte ich wie gewöhnlich nicht). Die Hauptsache soll aber noch kommen: Am 13. März Vortrag in Marburg über ›Luftschiffahrt‹, am 17. in Köln über ›Danmark-Expedition‹ mit Farbphotographien und Berücksichtigung der Drachenaufstiege, am 18. nochmals ohne ›Berücksichtigung‹, am 20. in Kassel über ›Fahrten im Freiballon‹. Ob ich das überleben werde?«[6]

Abgesehen von der etwas merkwürdigen, aber vielleicht zeittypischen Diktion, mit der er eine Schreibkraft bezeichnete, war Wegener kein statusbewusster, trockener Professor. Studenten lobten seine Vorlesungen, vor allem ihre Anschaulichkeit und dass er in der Lage sei, sich auf das Niveau seiner Hörer einzustellen. »[Er] entwickelte mit ihnen zusammen seine Gedanken«, schrieb Johannes Georgi, der Vorlesungen von Wegener hörte und später auch an zweien seiner Grönlandexpeditionen teilnahm. Georgi charakterisierte seinen Professor als »einen mittelgroßen, frischen jungen Mann, der rasch [die] Herzen [der Studenten] gewann durch die bestimmte, aber doch bescheiden-zurückhaltende Art, wie er mit ihnen gleich in medias res trat«.[7]

Wegener nutzte die Fotografie in seinen Vorlesungen – er erläuterte Wolkenformen, Luftspiegelungen und Nebelformationen anhand der Aufnahmen, die er auf Grönland gemacht hatte, was für viele auch seiner Fachkollegen Neuland war. Das Komplizierte einfach darzustellen, ohne zu vereinfachen, »nicht populär, aber gut verständlich zu schreiben«[8], das war Wegeners Ziel, wie Else Wegener es beschrieb. Er war in erster Linie Experimentalphysiker und scheute sich auch nicht, seine Abneigung gegenüber einer Fachwissenschaft, die nur noch durch die Mathematik kommunizierte, deutlich auszusprechen: »Ich selber stehe auf dem krassen und wohl übertriebenen Standpunkt, daß solche mathematische Erörterungen, die ich nicht verstehe (oder eigentlich, bei denen ich den Gedankengang nicht mehr durchschimmern sehe, denn oft kann man dem Gedankengang folgen, ohne die Formeln nachzurechnen), verkehrt oder unsinnig sind. Man muß nur nicht immer denken, daß man selbst die Schuld trägt, wenn man Gedrucktes oder Geschriebenes nicht versteht.«[9]

Wissenschaftlich bedeutsam wurde sein Buch *Thermodynamik der Atmosphäre*, das er ab 1909 verfasste, das 1911 erstmals veröffentlicht wurde und sich rasch zu einem Standardlehrwerk für angehende Meteorologen mauserte. Wegener suchte dafür die Diskussion mit Wladimir Köppen, der vor der Veröffentlichung das gesamte Werk noch einmal kritisch las. Die beiden trafen sich dann im Hause Köppen, um das Manuskript zu besprechen. »Abends saßen die Herren noch spät an der Arbeit«, erinnerte sich Else Wegener, »Wegener erklärend, seinen Standpunkt verteidigend, mein Vater Literatur herbeiziehend und neue Gesichtspunkte in die Diskussion einwerfend.«[10]

In *Thermodynamik der Atmosphäre* beschrieb Wegener die Eigenschaften der höheren Luftschichten, obwohl damals gerade einmal Messwerte aus einem Dutzend Jahren zur Verfügung standen. Wegener nahm drei Schichten innerhalb der Erdatmosphäre an: eine Stickstoffatmosphäre, die bis etwa 70 Kilometer Höhe reichte, eine Wasserstoffatmosphäre darüber und eine dritte Sphäre eines unbekannten leichten Gases, die er Geocoronum nannte und die bis 500 Kilometer aufragen sollte. Sein Modell gilt heute als überholt. Man unterscheidet stattdessen mehr Schichten: Troposphäre bis 17 Kilometer, Stratosphäre bis 50 Kilometer, Mesosphäre bis 85 Kilometer, Thermosphäre bis 500 Kilometer und darüber die Exosphäre.

Die Arbeit an *Thermodynamik der Atmosphäre*, die Annahme von verschiedenen Schichten innerhalb der Atmosphäre wie auch die Vermutung Wegeners, dass fast jede Form von Regen als Eis begänne, zeigen, wie er wissenschaftlich vorging. Durch genaue Beobachtung und das Verknüpfen von Felddaten kam er zu Ergebnissen. »Wegener gewann seine Erkenntnisse meist durch instinktartige, innere Anschauung, nie oder nur ganz selten durch Deduktion einer Formel, die aber dann auch nur ganz einfach sein durfte«, schrieb der Experimentalphysiker Hans Benndorf, ein späterer Kollege Wegeners an der Universität in Graz, in seinem Nachruf auf den Polarforscher. »Auch wenn es sich um physikalische Fragen handelte, die seinem eigenen Arbeitsgebiet ferne lagen, staunte ich oft über sein sicheres Urteil. Mit welcher Leichtigkeit fand er sich durch die verwickeltsten Arbeiten der Theoretiker durch, mit welchem Spürsinn für das Wesentliche.«[11]

Es waren auch Intuition und direktes Verständnis, die Alfred Wegeners bedeutendste Theorie – fern seines eigentlichen Arbeitsgebietes – begründeten, sie beflügelten und schließlich dafür sorgten, dass er sie zeit seines Lebens ausbaute und immer besser wissenschaftlich belegte.

KONTINENTALVERSCHIEBUNG UND PLATTENTEKTONIK

> »Nach heutigen methodologischen Gesichtspunkten kann man Wegeners Hypothese zur Kontinentalverschiebung durchaus als eine gute wissenschaftliche Hypothese bezeichnen. Das Konzept konnte zwar keinen Wirkungsmechanismus nachweisen, mit diesem Mangel stand sie jedoch im Vergleich zu anderen Vorstellungen jener Zeit nicht allein. Sie war empirisch fundiert, versprach ein großes Erklärungspotential und war, wie Ästheten zu ihren Gunsten bemerkten, auch sehr elegant.«[1]
>
> Gottfried Hofbauer

Es gibt epochale Veränderungen im Selbstbild der – zumindest westlich geprägten – Menschheit. Eine wurde von Kopernikus formuliert: Nicht die Erde ist das Zentrum der Welt, um das sich alles dreht. Eine weitere von Darwin: Der Mensch ist nicht das Ebenbild Gottes, sondern ein Produkt der Evolution. Eine dritte von Freud: Der freie Wille ist eingeschränkt, wir unterliegen in unserem Denken, Fühlen und Handeln auch bestimmten Mustern, die wir frühkindlich erwerben. Und eine vierte skizzierte Alfred Wegener schließlich am 6. Januar 1912, als er in Frankfurt am Main vor einer Versammlung der zwei Jahre zuvor gegründeten Geologischen Vereinigung einen Vortrag hielt. Der Titel: »Die Herausbildung der Großformen der Erdrinde (Kontinente und Ozeane) auf geophysikalischer Grundlage«. Er erschütterte damit erneut das Weltbild der Menschen: Der Boden unter unseren Füßen ist nicht sicher. Die Erde bewegt und verändert sich, Kontinente wandern hin und her in Jahrmillionen, sie nähern sich einander an und entfernen sich voneinander, schieben sich untereinander und türmen Berge auf, spalten sich ab und lassen Meere entstehen.

Diesen Vortrag zu halten – dazu gehörte ein hohes Maß an Selbstsicherheit. Vielleicht auch an Selbstüberschätzung. Und der feste Glaube, dass man alles genau durchdacht hatte, nichts übersehen, nichts falsch berechnet. Dass man es auch persönlich mit Neid und Anfeindungen aufnehmen konnte. Sich zu erheben, »Hochverehrte Professoren« zu sagen und dann etwas darzulegen, was diese Hochverehrten Professoren auf keinen Fall hören wollten. »Er hat den Mut gehabt, sich vor die geologische Gesellschaft zu stellen, und hat dafür sehr viel Kritik einstecken müssen«[2], sagt Martin Meschede im Gespräch, Geologieprofessor aus Greifswald und Mitverfasser des vielleicht wichtigsten deutschen Lehrbuchs zur Plattentektonik[3]. »Das muss regelrecht tumultartig gewesen sein in diesem Vortrag.«

Was trug Wegener so Unfassbares vor? Er wagte es, eine einzige Ursache zu benennen, die die Gestalt der Erde erklärt. Ursächlich sei das Prinzip »der horizontalen Beweglichkeit der Kontinentalschollen. Überall, wo wir bisher alte Landverbindungen in die Tiefen des Weltmeeres versinken ließen, wollen wir jetzt ein Abspalten und Abtreiben der Kontinentalschollen annehmen. Das Bild, welches wir so von der Natur unserer Erdrinde erhalten, ist ein neues und in mancher Beziehung paradoxes, entbehrt aber nicht der physikalischen Begründung. Und andererseits enthüllt sich uns schon bei der hier versuchten vorläufigen Prüfung eine so große Zahl überraschender Vereinfachungen und Wechselbeziehungen, daß es mir nicht nur als berechtigt, sondern geradezu notwendig erscheint, die neue, leistungsfähigere Arbeitshypothese an die Stelle der alten Hypothese der versunkenen Kontinente zu setzen, deren Unzulänglichkeit ja bereits durch die Gegenlehre von der Permanenz der Ozeane evident erwiesen ist.«[4]

Das waren Sätze wie Hammerschläge, und auch wenn Wegener zugestand, dass es sich nur um eine Hypothese handele, erschütterten sie die Vorstellungswelt der anwesenden Geologen. »Trotz der breiten Grundlage möchte ich das neue Prinzip als Arbeitshypothese behandelt sehen, bis es gelungen sein wird, das Andauern dieser Horizontalverschiebungen exakt durch astronomische Ortsbestimmung nachzuweisen. Auch sollte man bei der Beurteilung von Einzelheiten beachten, daß bei einem ersten Entwurf wie diesem, der einen so umfassenden Stoff behandelt, sich einzelne Mißgriffe schwer vermeiden lassen.«[5]

Das letztendliche Prinzip, dem sämtliche tektonische Vorgänge auf der Erde unterliegen, dem unser Planet seine Gestalt und sein Aussehen verdankt, sollte eine horizontale Bewegung der Kontinentalschollen sein? Eine Bewegung der Kontinente zur Seite? Wie kam man auf solch eine – allen anwesenden Geologen zufolge – absurde Idee? Alles umzustürzen, was die Geologie bis dahin annahm? Noch dazu als Meteorologe und Polarforscher, als fachfremder Wissenschaftler?

Alfred Wegener erklärte es im Januar 1911 in einem Brief an seine spätere Frau Else: »Mein Zimmernachbar Dr. Take hat zu Weihnachten den großen Handatlas von Andree bekommen. Wir haben stundenlang die prachtvollen Karten bewundert.«[6] Andrees *Allgemeiner Handatlas* war mit seinen großen doppelseitigen Karten der beste und schönste geografische Atlas der damaligen Zeit – er wurde ursprünglich von dem deutschen Geografen Richard Andree herausgegeben. Und wie August Petermanns – leider falsche – Karten, die bei der Suche nach dem Nordpol so eine tragische Rolle spielten, lösten auch Andrees Karten etwas aus – sie brachten Alfred Wegener auf eine Idee: »Dabei ist mir ein Gedanke gekommen. Sehen Sie sich doch bitte mal die Weltkarte an: Paßt nicht die Ostküste Südamerikas genau an die Westküste Afrikas, als ob sie früher zusammengehangen hätten? Noch besser stimmt es, wenn man die Tiefenkarte des Atlantischen Ozeans ansieht und nicht die jetzigen Kontinentalränder, sondern die Ränder des Absturzes in die Tiefsee vergleicht. Dem Gedanken muß ich nachgehen.«

»Immer war bei Wegener zuerst die Idee, die neue Auffassung, die neue Hypothese da. Erst wenn sich in seinem Gehirn die neue Auffassung geformt und ihn in ihren Bann gezwungen hatte, warf er sich mit Macht auf die Beobachtungstatsachen, um an ihnen die Richtigkeit der neuen Erklärung zu erweisen, dann freilich jede Einzelheit meisterhaft nutzend«[7] – so charakterisierte der Physiker Christian Hänsel die Vorgehensweise.

Alfred Wegener war nicht der Erste, dem diese erstaunliche Passform der Kontinente auffiel, und es lohnt, einen kurzen Blick auf deren Wahrnehmung in der Vergangenheit zu werfen und mit welchen Theorien sie begründet wurde. Und auch, inwieweit diese mit Wegeners Überlegungen harmonierten.

Die Entdeckungs- und Eroberungsreisen der Europäer ab dem 15. Jahrhundert hatten die Landkarten immer genauer werden lassen, die Küsten von Südamerika und Afrika waren gut vermessen, und sie schienen auf allen Karten wie zwei Puzzleteilchen zueinanderzupassen. So machten sich schon früh viele Menschen darüber Gedanken. Der flämische Kartograf Abraham Ortelius schrieb 1596 in seiner Enzyklopädie *Thesaurus Geographicus*, dass Amerika von Europa und Afrika durch Fluten weggerissen wurde, was sich offenbare, »wenn man eine Weltkarte zur Hand nimmt und sorgfältig die Küstenlinien betrachtet«[8]. Der englische Philosoph Francis Bacon wies 1620 ebenfalls auf die korrespondierenden Formen Afrikas und Südamerikas hin. Er schrieb im *Novum Organum*: »Nehme, zum Beispiel, Afrika und die Region Peru mit der Küste bis zur Magellanstraße. Diese zwei Regionen haben ähnliche Landengen und ähnliche Kaps, und das kann kein Zufall sein.«[9] Wobei unsicher ist, ob Bacon damit das Ineinanderpassen der Kontinente oder die Ähnlichkeit der Westküsten von Südamerika und Afrika meinte. Bacon verblieb interessanterweise bei der bloßen Beschreibung der Geografie. Dass er keine Erklärung für sie bot oder zumindest erwog, obwohl er den Zufall ausschloss, wundert ein wenig.

Der französische Mönch François Placet machte 1666 die Sintflut für die Trennung der Kontinente verantwortlich – wobei der Atlantik entstanden und Atlantis untergegangen sei –, und der deutsche Theologe Theodor Christoph Lilienthal schloss sich 1756, ohne Atlantis zu erwähnen, insofern an, als er die Sintflut für das Auseinanderbrechen der Erdkruste verantwortlich machte.

Der englische Theologe Thomas Burnet spann die Sintfluttheorie weiter: In seiner *Telluris Theoria Sacra* (Heilige Theorie der Erde), einer eher spekulativen Darlegung der Weltentwicklung von 1680, schrieb er, dass die heutige Form der Erde der Sintflut zu verdanken sei – sie sei ursprünglich wesentlich harmonischer ohne rohe Felsen und Berge gewesen. Wassergefüllte Hohlräume seien während der Sintflut eingebrochen. Die Wassermassen hätten dabei die Erde überschwemmt und tiefe Gräben gerissen. Burnets Theorie war vielleicht ein verzweifelter Versuch, die Texte der Bibel mit den Erscheinungen der Welt zu verknüpfen und so

Theologie und Wissenschaft miteinander in Übereinstimmung zu bringen.

Auch Alexander von Humboldt bemerkte die ähnlichen Küsten. Er schrieb 1845 in seinem Hauptwerk *Kosmos*: »Man kann die amerikanischen Gebirgsketten jenseits des Ozeans im alten Kontinent nach Osten hin verfolgen, und man erkennt, daß unter der gleichen Breite die alten Gebirge in den Gebieten von Pernambuco, von Minha, Bahia und Rio de Janeiro denen am Kongo entsprechen. Dieser Gedanke erscheint weniger gewagt, wenn man die alte und die neue Welt als gewaltsam durch das Wasser getrennt ansieht. Die Küstenformen, die zurücktretenden und vorspringenden Winkel von Amerika, Afrika und Europa deuten diese Katastrophe an, was wir den Atlantischen Ozean nennen, ist nur ein durch Wassergewalt gegrabenes Tal.«[10] Und weiter: »Es wäre für die Geologie sehr bedeutungsvoll, wenn eine auf Regierungskosten unternommene Expedition Richtung, Neigung und Übereinstimmung der Erdschichten an den Vorsprüngen und Buchten der amerikanischen und afrikanischen Küste untersuchte.«

Humboldt vermutete, dass sich Übereinstimmungen fänden, und brachte damit neben der Passform der Kontinente ein neues Argument in die Debatte ein. Gleichzeitig aber sprach er von einem »gegrabenen Tal« und eben nicht davon, dass die Kontinente auseinandergebrochen sein könnten.

Der französische Geograf Antonio Snider-Pellegrini ging einen Schritt weiter. Er gab 1858 das Buch *La Création et ses Mystères dévoilés* (Die Schöpfung und ihre enthüllten Geheimnisse) heraus mit einer Weltkarte, auf der beide Amerikas, Europa, Afrika und Australien wie Puzzleteilchen zusammengefügt waren. So erklärte er die Ähnlichkeit der amerikanischen und europäischen Floren des Karbons bzw. des Steinkohlezeitalters. Vulkanausbrüche hätten die Erdteile auseinanderbrechen lassen.

Der Astronom und Mathematiker George Darwin schließlich, Sohn von Charles Darwin, hatte sich lange mit der Berechnung der Gezeiten befasst und kam zu dem für ihn logischen Schluss – die meisten Wissenschaftler sahen das schon damals anders –, dass der Mond eine Abspaltung der Erde sei, da diese in ihrer Frühphase so stark rotiert habe, dass sich große Teile von ihr gelöst hätten. Sein Geologenkollege Osmond Fisher ergänzte diese Theorie dahingehend, dass dabei der Pazifik entstanden sei, und der amerikanische Astronom William Henry Pickering vermutete Anfang des 20. Jahrhunderts, dass sich die Erdmassen dann neu verteilen mussten und Afrika und Südamerika deshalb auseinandergebrochen seien.

Zwei Amerikaner und ein Franzose kamen Wegeners Idee von der Drift der Kontinente erstaunlich nahe. Einer war der Naturwissenschaftler, Erfinder und Mitverfasser der amerikanischen Unabhängigkeitserklärung Benjamin Franklin. Der hatte in der Nähe der englischen Stadt Derby fossile Muscheln gefunden und außerdem festgestellt, dass es Kohleminen unterhalb des Meeresspiegels gab, und zog seine Schlüsse daraus: Er vermutete, es sei in England zu starken Bewegungen der Erde gekommen. Am 22. September 1782 schrieb er in einem Brief an den französischen Diplomaten, Geografen und Geologen Jean-Louis Giraud Soulavie: »Solche Veränderungen an den oberflächlichen Teilen des Globus erschienen mir unwahrscheinlich, wenn die Erde bis zu ihrem Mittelpunkt fest wäre. Ich stellte mir daher vor, dass die inneren Teile eine Flüssigkeit sein könnten, die dichter ist und ein größeres spezifisches Gewicht hat als alle Feststoffe, die wir kennen, und die daher in oder auf dieser Flüssigkeit schwimmen könnten. So wäre die Oberfläche des Globus eine Schale, die durch die heftigen Bewegungen der Flüssigkeit, auf der sie ruhte, zerbrochen und in Unordnung versetzt werden könnte.«[11]

Ein Prinzip, das nahe an das heutige Wissen heranreicht – die Erdoberfläche ist tatsächlich eine eher dünne Schale, die auf dem Erdmantel treibt.

Der andere war der französische Geograf und Anarchist Élisée Reclus, der 1868 in seinem Werk *La Terre: Description des phénomènes de la vie du globe* (Die Erde: Beschreibung der Geheimnisse des Lebens auf dem Globus) über das Zeitalter des Juras schrieb: »Es hat den Anschein, dass sich während dieses Abschnitts der Erdgeschichte ein großer Kontinent, der die beiden Amerikas, Afrika, Indien und Neuseeland beinhaltete, rechtwinklig zum Äquator zwischen den beiden großen Ozeanen des Südens und Nordens erstreckte.« Und im Schlusswort des Buches heißt es: »Nicht nur zirkulieren die Winde und Ozeanströmungen rund um den Planeten, auch die Kontinente selbst, mit ihren Erhebungen und Tälern, ändern ihre Plätze und wandern langsam um den Erdkreis.«[12]

Der zweite Amerikaner schließlich war der Amateurgeologe Frank Bursley Taylor, der schon am 29. Dezember 1908 in einem Vortrag vor der Geological Society of America und dann 1910 in einem Aufsatz im *Geological Society of America Bulletin* seine Idee zur Kontinentaldrift vorstellte. Er vermutete, dass die Trennung der Kontinente wie Südamerika und Afrika am Mittelatlantischen Rücken stattfand und dass Gebirge sich durch Kollisionen von Kontinenten bildeten. Wegener las nach eigenen Angaben Taylors Aufsatz erst sehr viel später – »als Geophysiker lernte ich diese Arbeiten naturgemäß erst kennen, als ich mich bei der Ausarbeitung der Verschiebungstheorie in der geographischen Literatur umsah« – und würdigte ihn explizit: »Am nächsten kommt eine Arbeit von Taylor der Verschiebungstheorie. Er nimmt speziell im Tertiär bedeutende horizontale Verschiebungen der Kontinente an und bringt sie teilweise mit den großen Faltungs-

systemen in Zusammenhang. Für die Lostrennung Grönlands von Nordamerika kommt er zur gleichen Vorstellung wie die Verschiebungstheorie.«[13] Lediglich Taylors Erklärung für die Bewegung der Kontinente ist wieder abenteuerlich: Ihr liegt die Vermutung zugrunde, dass der Mond vor etwa 100 Millionen Jahren durch die Erdgravitation eingefangen wurde. Dessen Schwerkraft habe dann die Kontinente in Richtung Äquator gezogen und sie auseinanderbrechen lassen.

Alfred Wegener saß derweil an seinem Schreibtisch in Marburg, wo er im Winter 1911/12 an seinem Vortrag arbeitete. Er hatte wenige Wochen zuvor einen Aufsatz gelesen, der ihn elektrisierte: »Im Herbst 1911 wurde ich mit den mir bis dahin unbekannten paläontologischen Ergebnissen über die frühere Landverbindung zwischen Brasilien und Afrika durch ein Sammelreferat bekannt, das mir durch Zufall in die Hände fiel.«[14] Er nennt den Autor des betreffenden Textes allerdings nicht.

Im November 1911 schrieb er an Wladimir Köppen, seinen späteren Schwiegervater: »Ich glaube doch, Du hältst meinen Urkontinent für phantastischer, als er ist, und siehst noch nicht, daß es sich lediglich um Deutung des Beobachtungsmaterials handelt. Wenn ich auch nur durch die übereinstimmenden Küstenkonturen darauf gekommen bin, so muß die Beweisführung natürlich von Beobachtungsergebnissen der Geologie ausgehen. Hier werden wir gezwungen, eine Landverbindung zum Beispiel zwischen Südamerika und Afrika anzunehmen, welche zu einer bestimmten Zeit abbrach. Den Vorgang kann man sich auf zweierlei Weise vorstellen: Einmal durch Versinken eines verbindenden Kontinents, zweitens durch Auseinanderziehen von einer großen Bruchspalte. Bisher hat man, von einer unbewiesenen Vorstellung einer unveränderlichen Lage jeden Landes ausgehend, immer nur das erste berücksichtigt und das zweite ignoriert.«[15]

Und schon damals war er sich sicher, dass seine Theorie auf fruchtbaren Boden fallen werde. Denn in dem Brief heißt es weiter: »Wenn sich zeigt, daß jetzt Sinn und Verstand in die ganze Entwicklungsgeschichte der Erde kommt, warum sollen wir zögern, die alte Anschauung über Bord zu werfen? Warum soll man zehn oder gar dreißig Jahre mit dieser Idee zurückhalten? Ist sie etwa revolutionär? Ich glaube nicht, daß die alten Vorstellungen noch zehn Jahre zu leben haben.«

Was eine zu optimistische Einschätzung war.

Denn die Reaktion auf den Vortrag und die darauffolgende schriftliche Ausarbeitung, zunächst als Artikel in der *Geologischen Rundschau* – der einzige Artikel Wegeners in einer geologischen Fachzeitschrift –, dann etwas länger in *Petermanns Geographischen Mitteilungen*, später als eigene Schrift, die er sukzessive erweiterte, war verheerend. Wegeners Theorie wurde von Geologen wie Carl Diener als »Gedankenspielerei, die sich um Möglichkeiten herumrankt«[16], bezeichnet, von dem Paläontologen Hermann Albrecht Friedrich von Ihering als »Phantasiegebilde des Geophysikers, welche wie eine Seifenblase vergehen«[17].

Die Fachwissenschaftler suchten damals gar nicht nach einem umfassenden Prinzip. Sie beobachteten, sie analysierten weniger. Geologie war Geländearbeit, mit Hämmern wurden Gesteinsproben herausgebrochen, mit der Lupe wurden sie untersucht. Für Theorien, wie das System Erde funktioniert, war da wenig Platz. »Die Geologie hatte ihr wissenschaftliches Selbstbild eher in der fundamentalen Ebene der Forschung verankert, als sich als Produzent globaler Theorien zu verstehen. Die Geologie war skeptisch gegenüber Theorien an sich und gegen solche umfassenden Konzepte wie das der Kontinentaldrift ohnehin. Mit einer Theorie wie dieser hätte man den sicheren Boden der Tatsachen verlassen, und das entsprach nicht dem Selbstbild, das viel enger an den greifbaren Dingen haftete«[18], konstatiert der Erlanger Geologe Gottfried Hofbauer. Er vermutet, dass dieses Selbstbild das Ergebnis einer spezifisch deutschen Entwicklung sei. Diese habe ihren Ursprung in der Frühzeit der Geologie, im 19. Jahrhundert, als erste Geologen wie Abraham Gottlob Werner erfolgreich versuchten, ihre Disziplin als streng empirische Wissenschaft zu verankern. Hofbauers Fazit: »Im Ansehen der traditionellen Geologie zählte die greifbare Evidenz, nicht die Überlegung.«[19] Wegeners Theorie »wurde deshalb weniger als Erlösung aus der unbefriedigenden theoretischen Situation empfunden, sondern vielmehr als Bedrohung für die traditionelle Geologie und die damit verbundene Lebensform des Geologen«[20].

Das muss auch der Geologe und Paläontologe Max Semper verspürt haben, so harsch war sein Urteil: »Der Versuch, die Tatsächlichkeit der Kontinentalverschiebung zu belegen, ist mit unzureichenden Mitteln unternommen und völlig mißglückt.« Und er empfahl Wegener spöttisch, »doch künftig die Geologie nicht weiter zu beehren, sondern Fachgebiete aufzusuchen, die bisher noch vergaßen, über ihr Tor zu schreiben: ›O heiliger Sankt Florian, verschon dies Haus, zünd' andre an!‹«[21]

Das damals vorherrschende geologische Modell der Erde beruhte auf dem sogenannten Fixismus. Die meisten Geologen nahmen an, dass der Untergrund der Kontinente mit der Erdkruste fest verbunden sei. Alle Kontinente lägen seit ihrer Bildung an ein und derselben Stelle, die Entwicklung der Erde prägten lediglich vertikale tektonische Bewegungen dieser äußeren Schicht, also beispielsweise Vulkanausbrüche, bei denen Material aus der Tiefe nach oben geschleudert wird, oder Absenkungen des Bodens. Verbunden wurde der Fixismus mit der Kontraktionstheorie, die Mitte des 19. Jahrhunderts von dem französischen Geologen Léonce Élie de Beaumont formuliert worden war: Die Erde sei bei ihrer Entstehung ein glutflüssiger Himmelskörper gewesen, der sich im Laufe der Erdgeschichte immer stärker abkühle. Dabei schrumpfe sie, und wie bei einem austrocknenden Apfel, auf dessen Schale sich Runzeln bilden, entstünden auf der Außenhaut der Erde somit die Gebirge – die Alpen, der Himalaja, die Anden, die Rocky Mountains. Einzelne Anhänger dieser Theorie hatten sogar berechnet, dass der Erdumfang im Laufe von Jahrmillionen um mehrere Hundert Kilometer abgenommen habe. Tektonische Bewegungen erfolgten ihrer Beschreibung zufolge nicht aus Seitwärtsbewegungen, sondern nur aus dem Schrumpfungsprozess, dem die Erde unterliege. Dieser sei der Antrieb – »der Zusammenbruch des Erdballs ist es, dem wir beiwohnen«, nannte etwas pathetisch der österreichische Geologe Eduard Suess, damals eine anerkannte Koryphäe, dieses Phänomen.

Die Kontraktionstheorie bezeichnet Hofbauer nicht als wirkliche Theorie, sondern als »erklärendes Bild«, denn »statt der Präsentation eines wissenschaftlich differenzierten Wirkungszusammenhanges wurde eben nur ein einfaches Bild vor Augen gestellt«; es sei kein Konzept gewesen, das »geologische Beobachtungen in einem komplexen, dynamischen Wirkungsgefüge zu verknüpfen«[22] versucht habe. Zudem habe das »Kontraktionsbild« keine weiterführenden Fragestellungen angeregt. »Wenn im Rahmen der bisherigen Kenntnisse für sie kein besserer Ersatz zu schaffen ist, so müssen die Probleme eben als unlösbar gelten«[23], schrieb beispielsweise Max Semper lapidar, als Wegener die Kontraktionstheorie infrage stellte – was ein gutes Indiz für die Theoriefeindlichkeit war, die Hofbauer beschreibt.

Probleme der Kontraktionstheorie lösten die Geologen kreativ: Dass auf Kontinenten, die nicht per Landbrücken verbunden sind, identische Reptilien oder auch Tier- und Pflanzenfossilien gefunden wurden, dass Gesteinsformationen sich dies- und jenseits des Atlantiks, also in Afrika und Südamerika, fortsetzen, erklärten die Fixisten mit versunkenen Landbrücken zwischen den Kontinenten. Archatlantis hatte angeblich Nordafrika und Südwesteuropa mit Florida verbunden und Archhelenis den Südwesten des afrikanischen Kontinents mit Teilen der Küste des heutigen Brasiliens, Uruguays und Argentiniens.

Doch zwei Einwände konnten die Anhänger der Kontraktionstheorie nicht aus der Welt schaffen: Der erste lautet, dass die Erde sich in Wirklichkeit nicht oder nur kaum abkühlt. Der französische Physiker Antoine Henri Becquerel hatte 1896 die Radioaktivität entdeckt, die den Wärmehaushalt der Erde mit reguliert. »Von geophysikalischer Seite wird abgestritten, daß die Erde sich merklich abkühlt«, schrieb Wegener in der zweiten Auflage seiner *Entstehung der Kontinente und Ozeane*, »weil durch den Zerfall radioaktiver Stoffe in der Erdrinde so viel Wärme frei werde, daß die Temperatur sogar umgekehrt im Steigen sein könnte.«[24] Was, wie man heute weiß, auch nicht stimmt; der Wärmeverlust des Erdmantels beträgt aber nur etwa 100 Grad Celsius in einer Milliarde Jahren – ist also durchaus zu vernachlässigen.

Das zweite Gegenargument betraf die Landbrücken. Seit Mitte des 19. Jahrhunderts war anerkannt, dass sich die Massen der Erdkruste und des Erdmantels darunter im Gleichgewicht befinden. Man spricht seither vom isostatischen Gleichgewicht, das sich immer wiederherstellt und beispielsweise in Nordeuropa gut beobachtet werden kann. Teile Skandinaviens waren beispielsweise noch bis vor 10 000 Jahren von einem dicken Eispanzer bedeckt, der die Landmasse herabdrückte. Seit dem Abtauen der Eisdecke hat sich Skandinavien um inzwischen 300 Meter gehoben.

Dass Landbrücken einfach so versinken könnten, war somit unmöglich. »[Das] widerstreitet der modernen Lehre der Isostasie und überhaupt unserer physikalischen Vorstellung. Ein Kontinent kann nicht versinken, denn er ist leichter als das, worauf er schwimmt«[25], schrieb Wegener im oben erwähnten Brief vom November 1911 an den Meteorologen Wladimir Köppen, und Jahre später wiederholte er sein Argument bei einem Vortrag, den er vor der Gesellschaft für Erdkunde in Berlin hielt: »Die Geophysik leugnet nicht das Absinken kleiner Schollen, wohl aber, daß eine Scholle, deren horizontales Ausmaß größer ist als die Dicke, kilometerweit sinken kann. Ein solches Absinken von einer Hauptstufe der Erdrinde zur anderen ist eine physikalische Unmöglichkeit.«[26]

Wegener war sich sicher und ließ sich von aller Kritik an seinem Vortrag über »Die Herausbildung der Großformen der Erdrinde (Kontinente und Ozeane) auf geophysikalischer Grundlage« nicht beirren. 1915 erschien die erste Auflage seines Buches *Die Entstehung der Kontinente und Ozeane*, und in den folgenden Jahren erweiterte er es sukzessive. Was ihn auszeichnete, war, dass er stetig versuchte, seine Theorie abzusichern – indem er Forschungsergebnisse aus anderen Wissenschaften integrierte.

»Die Fixisten haben damals – etwas lapidar formuliert – gesagt: ›Ich glaube an die Kontinentalverschiebung erst, wenn ich den Kopf von einem Fossil in Afrika und den Schwanz dazu in Südamerika gefunden habe‹«, berichtet der Geologieprofessor Martin Meschede im Gespräch. »Im Prinzip hat Alfred Wegener genau das gemacht: Er hat nämlich gesehen, dass in Südamerika und in Afrika exakt die gleichen Fossilien vorkommen. Und es waren nicht nur die Fossilien, es waren Gesteine und klimatische Zusammenhänge, die einfach eins zu eins zusammenpassten, aber nur dann, wenn man von einem Kontinent ausgeht.«

Wegener behauptete, dass es im Paläozoikum, also vor mehr als 250 Millionen Jahren, einen Superkontinent gegeben habe, den er Pangaea – Alles Land – nannte. Dieser sei im Laufe von Jahrmillionen auseinandergebrochen, und die einzelnen Kontinentschollen drifteten seither langsam in verschiedene Richtungen. Auch ihre heutige Lage sei nur temporär.

Wegeners Thesen stimmten auch mit bestimmten Naturerscheinungen überein, für die die Wissenschaft bis dahin keine Erklärung gefunden hatte: bestimmte Farne, die in Brasilien und Afrika vorkamen, Schnecken, die sich im Osten Nordamerikas und in Europa und Asien fanden, aber nicht im Westen Amerikas, Gesteinsformationen auf Schottland, die sich auf Labrador fortzusetzen schienen. Außerdem erklärte die Theorie der driftenden Kontinente, warum man beispielsweise in Südasien Zeugnisse ehemaliger großer Gletscher gefunden hatte und in der Antarktis und auf Spitzbergen Kohle, braucht die doch zu ihrem Entstehen ein fast tropisches Klima mit entsprechenden Pflanzen. Das alles funktioniert nur, wenn man von einer dauernden Wanderung der Kontinente ausgeht, wie Wegener und sein Schwiegervater Wladimir Köppen 1924 in ihrem gemeinsam verfassten Buch *Die Klimate der geologischen Vorzeit* überzeugend darlegten. Dort wurden »die Klimazeugen der einzelnen Epochen nicht einfach aufgezählt, sondern sofort in Erdkarten eingeordnet, die Wegener auf Grund seiner Annahme wandernder Kontinente konstruiert hat. Das ergibt ein großartig einfaches Bild vom Klima der Vorzeit, dem ›Paläoklima‹; denn die Verschiebung der Kontinente bringt diese ja in vielen Fällen gleichzeitig in ein anderes Klimagebiet.«[27]

Wegener vermutete, dass die Landmassen auf den Ozeanmassen schwimmen. Das ist möglich, weil der Untergrund der Ozeane aus einem schwereren Material besteht als die Kontinente – was damals schon anerkanntes geologisches Wissen war. Wegener nannte das Material der Kontinente Sial, weil die Gesteine überwiegend aus Silizium-Aluminium-Verbindungen bestehen. Im

Unterschied zu den Ozeanböden, wo Silizium und Magnesium vorherrschen und dessen Material daher Sima genannt wurde. »Den Gesteinen nach entspricht das Sial hauptsächlich dem Granit (Dichte 2.7), das Sima dem Basalt (Dichte 3.0).«[28]

Wegener betrachtete die Kontinente nun als riesige Schollen, die auf der schwereren Sima-Schicht schwimmen wie Eisberge auf dem Wasser. So können die Kontinente aufeinander zu- oder voneinander wegdriften. Wenn Kontinente auseinandertreiben, entsteht zunächst eine große Spalte, die sich langsam mit Meerwasser füllt. So bildete sich beispielsweise laut Wegener der Atlantische Ozean. Treffen sich hingegen zwei Kontinente, schieben die Schollen Gebirge auf. So entstanden der Himalaja, die Alpen oder auch die Anden, und das erklärt auch, warum an vielen Kontinenträndern wegen der dauernden Bewegung und Reibung vermehrt Erdbeben und Vulkanausbrüche zu beobachten sind. Und einen zusätzlichen Vorteil sah Wegener bei seiner Theorie. Sie ließ sich seiner Meinung nach verifizieren: »Vor allen anderen Theorien mit ähnlich weitreichenden Aufgaben hat die Verschiebungstheorie den Vorzug voraus, daß sie sich durch exakte astronomische Ortsbestimmung überprüfen läßt.«[29] Die Idee war gut, aber die Messungen, die dann erfolgten, belegten seine Theorie nicht; sie waren genauso falsch wie seine Berechnungen, die deutlich zu hoch lagen.

Auch deshalb blieb seine Theorie angreifbar. Vor allem aber wegen eines anderen Punktes, den der Greifswalder Geologieprofessor Martin Meschede benennt: »Das Problem Wegeners war schlicht und einfach, dass er keinen Mechanismus benennen konnte, der die Kontinentalverschiebung antrieb.« Wegener vermutete eine Polfluchtkraft, die bei einer rotierenden Kugel dazu führen könnte, Kontinente Richtung Äquator zu schieben, und eine Gezeitenreibung, die eine Westdrift der Kontinente hervorrufen könnte. Er wusste aber selbst, dass diese Kräfte niemals ausreichen würden, kontinentale Krustensegmente aufzufalten und so Gebirge zu bilden. In der vierten Auflage seiner *Entstehung der Kontinente und Ozeane* schrieb er deshalb 1929: »Für die Verschiebungstheorie ist der Newton noch nicht gekommen.«[30] Sprich derjenige Wissenschaftler, der ein Prinzip für die Antriebskraft formulieren könnte. Ein ehrliches Eingeständnis, das aber Folgen hatte.

Denn Wegeners Kritiker stürzten sich genau auf dieses Manko. Die ablehnenden Reaktionen blieben in der Überzahl. Der österreichische Geologe Friedrich Kerner von Marilaun sprach von einer »Fieberphantasie der von Krustendrehkrankheit und Polschubseuche schwer Befallenen«[31]. Was die Geologen wohl besonders ärgerte: Wegener war kein Fachwissenschaftler, und doch wilderte er in ihrem Gebiet.

Schließlich war Wegener vieles: Polarforscher, Meteorologe, Astronom, Physiker mit einem Hang, Zahlen und Berechnungen zu vermeiden, und Naturbeobachter, der Aufsätze über das Klima in den Polarregionen schrieb und über seltsame Eisformationen. Und zwischendurch, fast wie beiläufig, die nächste erweiterte Auflage seiner *Entstehung der Kontinente und Ozeane* nachschob. Aber er war kein studierter Geologe. Daher wohl auch der oft bissige, hämische und mitunter geradezu beleidigte und beleidigende Tonfall der Kritik.

Auch international wurden Wegeners Thesen – die dritte Auflage des Buches wurde ins Englische, Schwedische, Russische, Französische und Spanische übersetzt – weitgehend verworfen. Der britische Geologe Philip Lake, der damals in Cambridge lehrte, wetterte beispielsweise: »Wegener versteigt sich dazu, die Übereinstimmung der Küstenlinie Afrikas mit Südamerika mit einer zerrissenen Visitenkarte zu vergleichen. Wenn man allerdings an den Rändern herumschnippeln darf und auch Überlappungen zulässt, dann passen alle möglichen zerrissenen Papierstücke zusammen.« Und anderswo: »Es ist einfach, die Stücke eines Puzzles zusammenzufügen, wenn man ihre Umrisse verändert. Hat man das aber getan, ist der Erfolg kein Beweis dafür, daß man sie in ihre ursprüngliche Position gebracht hat. Es ist nicht einmal ein Beweis dafür, daß die Stücke zum selben Puzzle gehören oder daß alle Stücke vorhanden sind.« Wegener suche »nicht die Wahrheit, er verficht eine Sache und ist blind und taub gegen jeden Umstand und jedes Argument, das dagegenspricht«[32].

Wegener galt nichts in der Geologenzunft. Die deutschsprachigen beachteten ihn überwiegend gar nicht, was, wie der Geologe Hans Georg Wunderlich 1975 schrieb, »in Deutschland nicht unwesentlich dazu beigetragen hat, daß die Gedankengänge Alfred Wegeners für drei Jahrzehnte so gut wie ad acta gelegt wurden«[33]. Die Europäer lehnten ihn weitgehend ab, und die Amerikaner veranstalteten 1926 ein Pro-und-Kontra-Symposium, an dem Wegener selbst nicht teilnahm. Auch da kam er nicht gut weg – die fehlende Antriebskraft zur Kontinentalverschiebung wurde gerügt und überhaupt sein Wissenschaftsverständnis. »Mein Haupteinwand gegen Wegeners Hypothese richtet sich gegen seine Methode«, sagte der Paläontologe Eduard Berry. »Sie ist meiner Meinung nach nicht wissenschaftlich, nimmt vielmehr den üblichen Ausgang von der am Anfang stehenden Idee; es folgt die Auswahl von stützenden Anhaltspunkten in der Literatur, wobei alles, was dem Gedanken widerspricht, übersehen wird. Und das Ende ist ein Zustand der Berauschtheit, worin man die subjektive Hypothese als objektive Wahrheit betrachtet.«[34] Mit diesen Worten wurden Wegeners Ideen auch in Amerika für die folgenden Jahrzehnte aus dem wissenschaftlichen Geologendiskurs verbannt.

Nur mitunter blitzte auch bei denen, die Wegeners Thesen ablehnten, etwas wie Freundlichkeit, Wohlwollen oder Sympathie auf. Der deutsche Geologe Hans Cloos, der Wegeners Idee der Kontinentalverschiebung ablehnte, schrieb dennoch anerkennend über dessen Theorie: »Sie stellte auf ein wissenschaftlich gediegenes Fundament einen leicht faßlichen, sensationell erregenden Gedankenbau. Sie löste die Festländer vom Erdkern und verwandelte sie in Eisberge aus Gneis auf einem Meer von Basalt. Ließ sie schwimmen und driften, abreißen und anstoßen. Wo sie sich lösten, blieben Risse, Spalten, Gräben. Wo sie aufliefen, Faltengebirge.«[35]

Der Schweizer Geologe und Mineraloge Émile Argand lobte die Eleganz der Theorie, und der Direktor des französischen Amtes für geologische Landvermessung Pierre-Marie Termier schien 1925 gar zu bedauern, dass er aus fachwissenschaftlicher Sicht Wegeners Modell der Kontinentaldrift ablehnte: »Seine Theorie ist ein wundervoller Traum von Schönheit und Anmut, der Traum eines großen Poeten.«[36]

Die Wissenschaftler, die Wegeners Vermutungen zustimmten, waren in der Minderheit. Darunter fand sich Johan Peter Koch, mit dem er Grönland durchquert hatte. Der schrieb über Wegeners Kritiker: »Die Herren sind wie Kontinentalschollen, sie lassen sich nur durch ungeheure, durch geologische Zeiträume wirkende Kräfte bewegen.«[37]

Es ging in Wirklichkeit doch ein bisschen schneller. Und Wegeners Ideen wurden dabei auch modifiziert. Denn Alfred Wegener war der Begründer der These von der Kontinentaldrift; er glaubte, dass sich die Kontinente aktiv durch den Erdmantel bewegen. Wir wissen heute, dass dem nicht so ist – anders als er vermutete, wandern nicht nur einzelne Kontinente, sondern sehr viel größere, aber auch kleinere Teile der Erdkruste. Die Bewegung findet also nicht auf der sichtbaren Oberfläche der Erde statt, sondern sozusagen eine Ebene tiefer. Auf den sich bewegenden Platten liegen Kontinente, aber auch Ozeane. Wegeners Theorie der Kontinentaldrift hat sich zur Plattentektonik gewandelt.

»Im Grunde genommen steht und fällt alles mit der Plattentektonik«, sagt der Greifswalder Geologe Martin Meschede. »Alles, was an Prozessen auf der Erdoberfläche abläuft, hängt letzten Endes ursächlich mit der Plattentektonik zusammen in irgendeiner Form.« Schon die heutige Verteilung der Kontinente und Meere sei natürlich eine Folge der Plattentektonik. Dabei müsse man immer in anderen Zeiträumen denken als denen, die wir als Mensch normalerweise überschauen können. »Da geht es nicht um 100 000 Jahre, sondern um Jahrmillionen, in denen sich Dinge global und fundamental verändern.«

Es gibt heute sieben große Platten: die Nordamerikanische, die Eurasische, die Südamerikanische, die Afrikanische, die Antarktische, die Australische und die Pazifische Platte. Man darf sich nicht verwirren lassen, trotz der Namensgebung stimmen die Platten mit den Grenzen der Kontinente nicht überein. Zusätzlich zu den sieben großen gibt es zahlreiche kleine Platten. Der Geologe und Geophysiker Peter Bird listete 2003 insgesamt zweiundfünfzig Platten auf, die als sogenannte Lithosphärenplatten oder auch Erdplatten auf dem Oberen Erdmantel aufliegen und sich darüber bewegen. Warum die Platten nicht regelmäßig groß sind, weiß man nicht. Martin Meschede vergleicht im Gespräch die Entstehung der Platte mit einer zerbrechenden Flasche: »Wenn die auf dem Boden zersplittert, entstehen große und kleine Scherben. Aber man kann nie sagen, wo es wie viele kleine oder große Scherben geben wird. Da wirken Spannungskräfte.«

Der Obere Erdmantel wird Asthenosphäre genannt und ist duktil, das heißt weder flüssig noch ganz fest. Für Martin Meschede ähnelt er »auskristallisiertem Honig, um eine bildliche Vorstellung davon zu vermitteln, wie man sich diese Asthenosphäre vorstellen kann. Sie ist ganz langsam fließfähig, sodass durchaus Bewegungsgeschwindigkeiten der Platten von bis zu acht, neun Zentimeter pro Jahr entstehen.«

Doch warum bewegen sich die Platten? Wegeners großes Problem bei der Formulierung seiner These von der Kontinentaldrift war, dass er keinen Antriebsmodus liefern konnte. Martin Meschede vermutet, dass Wegener in seinen Überlegungen weiter war, als es heute scheint. Es gebe Aufzeichnungen aus den 1920er-Jahren, die nicht unbedingt von ihm sind, aber die auf ihn zurückgehen und in denen das Prinzip der Strömungen im Erdmantel nachvollzogen wurde.

In Wien leitete damals Otto Ampferer die Geologische Bundesanstalt. Der Alpengeologe hatte schon 1906 die sogenannte Unterströmungstheorie entwickelt, nach der zähfließende Magmaströmungen im Untergrund für tektonische Vorgänge verantwortlich sind. Diese Theorie griff Robert Gangolf Schwinner in Graz auf. Er benannte thermisch bedingte Konvektionsströme im Erdmantel unterhalb der starren Erdkruste als die treibenden Kräfte bei der Bildung von Gebirgen, was der aktuellen Auffassung von treibenden Kräften in der Plattentektonik nahekommt.

Schwinner war ein Kollege von Alfred Wegener, doch blieb der fachliche Austausch zwischen beiden merkwürdigerweise aus. Vielleicht wäre es dazu gekommen, hätte Wegener seine letzte Grönlandexpedition überlebt.

So dauerte es bis in die 1950er-Jahre, ehe wieder Schwung in die Theorie der Kontinentaldrift beziehungsweise der Plattentektonik kam. 1948 wurde die Geologin und Mathematikerin Marie Tharp Forschungsassistentin an der geologischen Fakultät der Colombia University in New York. Sie sollte dort Karten zeichnen auf der Grundlage von Daten, die ihr Kollege, der Geologe Bruce Charles Heezen, von einem Forschungsschiff schickte, wo er mit einem Echolot den Ozeanboden vermaß. Marie Tharp zeichnete, und es entstand langsam eine Karte des Atlantischen Ozeans, die sie verblüffte: Denn mitten durch den Atlantik, so stellte sie fest, verlief ein riesiges Gebirge in Nord-Süd-Richtung, der Mittelatlantische Rücken. Und mitten in der Gebirgskette konnte man einen gewaltigen Riss – das sogenannte Rift Valley – identifizieren.

Der Riss, der den Ozean teilt, erinnerte Marie Tharp sofort an Alfred Wegeners Theorie von der Kontinentaldrift – doch die war wissenschaftlich nicht nur umstritten, sondern galt als widerlegt. Der wissenschaftliche Zufall half, denn parallel dazu kartierte Howard Foster, ein Kollege von Tharp, unterseeische Erdbebengebiete, weil man diese Regionen beim Verlegen von transatlantischen Kommunikationskabeln vermeiden wollte. Tharp und Foster legten ihre maßstabgleichen Karten übereinander und bemerkten ein Muster: Die Epizentren der Beben fielen alle mit den Stellen zusammen, an denen sich Grabenbrüche befanden. Schließlich ließ sich auch Bruce C. Heezen überzeugen, der zunächst Tharps Beobachtungen als »girl talk« abgetan hatte. »Ohne die von Marie Tharp gezeichneten Karten hätte sich die Plattentektonik als Theorie nicht so schnell durchgesetzt«, sagt Martin Meschede. »Für mich ist Marie Tharp eine der treibenden Personen in dieser Debatte.«

Tharp und Heezen stellten ihre Forschungsergebnisse vor – und stießen auf Skepsis: Jacques Cousteau, der damals bekannteste Erforscher der Tiefsee, glaubte den beiden nicht und startete eine Expedition mit seinem Forschungsschiff *Calypso*, um den Gegenbeweis zu erbringen. Seine Unterwasseraufnahmen zeigten aber, dass Tharp recht hatte. Diese veröffentlichte ihre Karten dann in *National Geographic*; berühmter wurden aber die Reliefkarten des österreichischen Grafikers Heinrich Caesar Berann, der 1977 eine Weltkarte des Meeresgrundes zeichnete, die allerdings komplett auf Tharps Vorarbeiten beruhten. Berann war einfach der bessere Zeichner.

Auf seinen Karten ist der Mittelatlantische Gebirgsrücken mit seinem Längstal gut zu erkennen. Er ist Teil einer Gebirgskette unter dem Meer, die sich wie die Naht eines Tennisballs um die Erde zieht und sich mit einer Höhe von bis zu 3000 Metern vom Meeresboden erhebt. Diese Gebirgskette oder, besser gesagt, ihr Längstal oder, noch genauer, das, wodurch das Längstal entsteht, ist zum Teil verantwortlich für den Antrieb der Erdplatten. Denn bereits dreißig Kilometer unter der Erdoberfläche herrschen Temperaturen von bis zu 900 Grad Celsius. Deshalb tritt im Atlantik am sogenannten Mittelozeanischen Rücken ständig neues Magma aus und schiebt dort die Erdplatten auseinander – wie als würde stetiger Druck von unten zwei oder mehrere Tische, die aneinandergestellt wurden, langsam auseinanderschieben. »Sea floor spreading« oder »Ozeanboden-Spreizung« wird das Phänomen genannt. Und weil kein Raum zwischen den Platten vorhanden ist, drücken sie dann gegeneinander. »Die Wärme, die aus dem Erdinneren nach außen dringt, die Strömungen von heißem oder warmem Material, das leichter ist als kaltes, ist der grundsätzliche Motor für alles, was wir auf der Erde haben«, sagt Martin Meschede dazu. »Und sie ist auch für die Plattentektonik verantwortlich.«

Der andere, etwa zehnmal so starke Motor für die Plattenverschiebung ist die Subduktion. Sie entsteht dort, wo zwei Platten aufeinanderstoßen und die eine unter die andere absinkt. So taucht etwa die schwerere ozeanische Kruste im südamerikanischen Pazifik unter die leichtere kontinentale Kruste. Durch das

Abtauchen erhöhen sich Temperatur und Druck der unteren Platte, und deshalb wandelt sich das Krustengestein um. Es wird schwerer und zieht sich somit selbst weiter nach unten. »Denn die ozeanische Kruste ist im Wesentlichen aus basaltischem Material ausgebaut. Diese Gesteine werden aber in der Tiefe, etwa vierzig oder fünfzig Kilometer unter der Oberfläche, durch den Hochdruck und die Temperatur zu Eklogiten umgewandelt.« Eklogit ist ein Gestein, bestehend aus einem Gemenge von rotem Granat mit Omphacit, einer speziellen Hochdruckvariante des Pyroxens; in der Farbe meist grün bis graugrün, durchzogen von roten bis rotbraunen Flecken. »Diese Eklogitisierung führt dazu, dass das Material noch schwerer wird, als es sowieso schon ist, und deshalb zieht das eklogitisierte Gestein diese Platte nach unten«, so Meschede.

Die Lithosphärenplatten bewegen sich mit unterschiedlichem Tempo und in unterschiedlichen Richtungen. Die Wissenschaft unterscheidet drei verschiedene Arten, wie Platten aufeinandertreffen: Es gibt konstruktive Plattengrenzen wie am Mittelatlantischen Rücken, wo die Platten auseinanderdriften. Diese Grenzen werden konstruktiv genannt, weil dort durch den Austritt von Magma neues Lithosphärenmaterial gebildet wird. An destruktiven Plattengrenzen wird eine Platte unter eine andere gezogen. Dabei wird lithosphärisches Material zugunsten von Gestein, das in den Erdmantel integriert wird, zerstört. Schließlich gibt es konservative Plattenränder, wo die Platten eher aneinander vorbeigleiten – was sich einfacher anhört, als es in Wirklichkeit ist: Die San-Andreas-Verwerfung in Kalifornien ist das bekannteste Beispiel dafür – hier schieben sich auf einer Länge von 1100 Kilometern die Pazifische und die Nordamerikanische Platte mit einer Geschwindigkeit von etwa sechs Zentimetern im Jahr aneinander vorbei, und die immer wieder vorkommenden

Erdbeben in der Region zeigen deutlich, dass das nicht immer so glatt und reibungslos abläuft.

Die Plattentektonik erklärt nicht nur, wie unsere Kontinente in Jahrmillionen entstanden sind und warum in Regionen wie der Antarktis oder der Arktis Fossilien gefunden werden oder große fossile Bodenschätze vermutet werden: weil die Landmassen und Ozeane nicht immer dort waren, wo sie heute liegen, sondern in gemäßigten Klimazonen, wo Wälder wuchsen. Was auch schon Alfred Wegener mit seiner Kontinentaldrifttheorie erklärte. Die Plattentektonik zeigt auch, wie sich beispielsweise in Jahrmillionen das Klima wandelte, denn die Verteilung von Land und Meer ist hier entscheidend. Der Golfstrom etwa, der dafür sorgt, dass an die Küsten Westeuropas warmes Wasser strömt und deshalb hier ein gemäßigtes Klima herrscht, entstand erst vor etwa vier Millionen Jahren, als sich die Landbrücke zwischen Nord- und Südamerika schloss. Solche Strömungssysteme sind für unser Weltklima von fundamentaler Bedeutung. Als sich vor etwa 30 Millionen Jahren Australien von der Antarktis löste, öffnete sich zwischen den beiden Kontinenten eine immer breiter werdende Meeresstraße. In der Folge stellte sich ein immer stärkerer Strom ein, der Antarktische Zirkumpolarstrom, die stärkste Meeresströmung der Erde, die de facto die Antarktis klimatisch komplett vom Rest der Erde abriegelt. Gäbe es dort im Süden eine weitere Landbarriere, würde ein viel stärkerer Nord-Süd-Ausgleich der Temperaturen stattfinden – das Ergebnis wäre, dass in der Antarktis das Eis komplett abschmelzen würde.

Auch die meisten Gebirge in Europa verdanken sich der Plattentektonik. Die Platten schieben sich untereinander, sie brechen auf, sie stoßen aneinander, denn eine Subduktion von kontinentaler Kruste ist nicht möglich. Dann drücken sich Gesteine aneinander, sie überlappen sich, schieben sich ineinander und werfen gewaltige Gebirge auf. Der Himalaja beispielsweise bildete sich, weil sich die indische langsam vor die eurasische Platte schiebt. Andere Gebirge entstanden über Subduktionszonen, wie etwa der sogenannte Pazifische Feuerring zeigt, die Kette von vulkanisch geprägten Gebirgen rund um den Pazifik. Hier herrscht eine unglaublich rege vulkanische und tektonische Aktivität, die sich immer wieder in großen Vulkanausbrüchen, Erd- oder Seebeben äußert. So ereignete sich am 22. Mai 1960 das schwerste jemals gemessene Erdbeben im Süden Chiles nahe der Stadt Valdivia. Auf der Momenten-Magnituden-Skala, die in der Seismologie zur Bestimmung der Stärke von Erdbeben verwendet wird, wurde damals ein Wert von 9,5 gemessen – der höchste Wert auf dieser Skala liegt bei 10,6. Die Erdkruste brach auf einer Länge von rund 1000 Kilometern auf, und ein 200 Kilometer breiter Block der Erdkruste zwischen dem Kontinentalrand und den Anden wurde ruckartig um 20 Meter nach Westen bewegt und dabei gekippt. Seebeben und ein Tsunami folgten.

Längst nicht alles in der Plattentektonik ist geklärt. Man weiß jedoch, wie schnell und wohin sich die großen Platten derzeit bewegen, und es gibt überzeugende Indizien dafür, wie sie sich früher bewegt haben. Daraus lässt sich ein Bild der Erde über Hunderte von Millionen Jahren rekonstruieren. Vor rund 800 Millionen Jahren soll im Präkambrium der einheitliche Kontinent Rodinia in zwei große Stücke zerbrochen sein. Es bildeten sich langsam zwei Kontinente heraus, nämlich Gondwana und Laurasia, die dann vor rund 250 Millionen Jahren zum Riesenkontinent Pangaea zusammenwuchsen. Der war vom Panthalassa-Ozean umgeben, und von Osten bildete das Tethysmeer in ihm eine riesige Bucht. Vor ungefähr 135 Millionen Jahren brach Pangaea auseinander. Das Tethysmeer trennte einen Südkontinent ab, der erneut Gondwana genannt wurde. Der Nordkontinent zerfiel in zwei Teile: Nordamerika und Eurasien. Weitere Zerfallsprozesse sorgten dafür, dass sich vor etwa 100 Millionen Jahren der Südkontinent in Südamerika, Afrika, Indien, Antarktika und Australien aufspaltete. Seit dem Paläogen, also seit etwa 40 Millionen Jahren, ist die Lage der Kontinente etwa so, dass man sie vergleichsweise gut mit einem heutigen Globusbild vergleichen kann. Aber sie war nie stabil, ist es nicht und wird es auch nie sein, denn die Plattentektonik wirkt weiter. Immer.

Der kanadische Geophysiker und Geologe John Tuzo Wilson formulierte schon 1966 den nach ihm benannten Wilson-Zyklus, nach dem Prozesse der Plattentektonik in immer wiederkehrenden Zyklen ablaufen, die Hunderte Millionen Jahre andauern. Es entstehen immer wieder neue einzelne Kontinente und Meere, die dann zu einem Superkontinent und einem Meer zusammenwachsen, es gibt erneuten Zerfall und erneute Zusammenschlüsse. Ob Wilson mit seiner These recht hat, kann nur die Zukunft zeigen.

Die Plattentektonik ist aktiv: Der Atlantik wächst, der Pazifik schrumpft, der Himalaja wächst, die Alpen ebenso. Die Kontinente verschieben sich zwischen weniger als einem und mehr als fünfzehn Zentimetern im Jahr; sind es zehn Zentimeter, dann werden daraus zehn Meter in hundert Jahren, zehn Kilometer in 100 000 Jahren, hundert Kilometer in einer Million Jahren. Wahrscheinlich wird sich in wenigen Millionen Jahren Ostafrika entlang des Ostafrikanischen Grabenbruchs vom übrigen Afrika abspalten. Australien und Neuseeland wandern nordwärts, und Nordaustralien wird den Äquator erreichen. Vielleicht gibt es in 200 Millionen Jahren einen neuen Superkontinent, und John Tuzo Wilson hätte zumindest bis dahin erst einmal recht behalten. Bezeugen wird das aber niemand können. Sicher ist auf jeden Fall eines: Alles ändert sich. Zwar langsam, aber stetig.

GESCHICHTE DER POLARFORSCHUNG – DER KAMPF UM DEN NORDPOL

> »Man muss den Pol erreichen, damit die Besessenheit endlich aufhört. Ist es das Streben nach Zielen, das die Menschheit glücklich macht? Was für einen Wert hat es, Ziele um ihrer selbst willen zu haben? Alle sind vergänglich. Das ist nur eine Frage der Zeit.«[1]
>
> Fridtjof Nansen

»Endlich am Pol! Der Preis von drei Jahrhunderten! Mein Traum und Streben seit zwanzig Jahren. Endlich mein!«[2] Vier Sätze, notiert auf einem Zettel, angeblich am 6. April 1909, eingelegt in ein Tagebuch, vier Sätze, die der Autor im Bewusstsein schrieb, eine historische Tat vollbracht zu haben. Robert E. Peary reklamierte so, als erster Mensch den Nordpol erreicht zu haben.

Der amerikanische Forscher ließ von seinen Mitstreitern zwei Iglus bauen und das Sternenbanner hissen, seinen Diener Matthew Henson und die vier Inuit-Schlittenführer dreimal donnernd »Hoch« rufen, er steckte einen Zettel in eine Flasche und bettete sie in eine Eispyramide. Auf diesem Papier hieß es: »Ich habe im Namen des Präsidenten der Vereinigten Staaten förmlich von der ganzen Umgegend Besitz ergriffen.«[3] Er ließ sich und die Männer vor der Eispyramide fotografieren, schüttelte ihnen die

Hand, »gewiß eine recht unzeremonielle Sache und gleichzeitig doch eine ganz demokratische«[4], wie er später in seinem Expeditionsbericht schrieb. Nun endlich, mit zweiundfünfzig Jahren, stand er dort, »wo jeder Wind, der uns entgegenblasen konnte, ein Südwind sein mußte«[5]. Dann, am Nachmittag des 7. April, brach er zur Rückreise auf: »Das Streben, den unbetretenen Gipfel der Erde zu betreten, war erreicht.«[6]

Vielen Historikern gilt der Amerikaner Robert Edwin Peary seither als der erste Mensch, der auf 90° N gestanden hat. Den meisten aber eher nicht.

Ein Dutzend Expeditionen hatte er hinter sich, mehrere Winter in ewiger Dunkelheit und beißender Kälte, in Einsamkeit und Hunger, acht erfrorene und amputierte Zehen – Robert Peary war der fanatischste Arktisforscher, aber, folgt man den meisten Biografen, nicht der sympathischste. »Die Entschiedenheit, mit der er den Erfolg suchte«, so der Schriftsteller und Arktisreisende Barry Lopez, »die Tiefe und Kraft der Besessenheit dieses Mannes, bringt die Vorstellungskraft eines jeden zum Schweigen, der die Landschaft gesehen hat, die er durchquerte.«[7]

Aufgewachsen als Halbwaise und erzogen von der Mutter – der kanadische Psychologe und Bergsteiger Geoff Powter findet in einer Untersuchung von Abenteurern und Entdeckern überproportional viele vaterlos aufgewachsene Männer, die »nach der verlorenen männlichen Position in ihrem Leben suchten, als sie sich ihre betont männlichen Vorhaben voller Risiken und Mutproben ausdachten«[8] –, entwickelte er schnell einen überbordenden Ehrgeiz. Er plante sein Leben: »Ich habe darüber nachgedacht, wie ich mit 30 oder spätestens mit 35 Jahren sein möchte«, schrieb er 1880 als Vierundzwanzigjähriger in einem Brief. »Groß, aufrecht, breitschultrig und mit kräftigem Brustkorb, zäh und ausdauernd, mit sehnigen Gliedmaßen, einem vollen Schnauzbart, hellen Augen und offener Miene; dazu ein todsicherer Schütze, ein kraftvoller, nie ermüdender Schwimmer und erstklassiger Reiter, ein geschickter Boxer und Fechter.«[9] Natürlich wollte er auch noch einige Fremdsprachen beherrschen und sich sicher auf jedem gesellschaftlichen Parkett bewegen. Was an den Ich-Erzähler in Karl Mays Romanen erinnert.

Er wurde Bauingenieur bei der Marine und war froh über seinen ersten Job: »Ich bin Boß, statt geboßt zu werden«, schrieb er seiner Mutter. »Habe mehr als 100 Leute unter meiner Kontrolle.«[10] Doch das füllte ihn nicht aus, er wollte mehr. Peary ließ sich nach Nicaragua versetzen, wo die USA den Bau eines Kanals durch den Isthmus planten. Das sah er als Karrierechance: »Ich will nicht leben und sterben, ohne etwas vollbracht zu haben oder ohne über einen engen Freundeskreis bekannt geworden zu sein.«[11]

Berühmt wurde man aber nicht in Nicaragua. Auch nicht als Ingenieur, das war ihm bewusst. Peary las die Reisebeschreibung von Adolf Erik Nordenskiöld, der 1878/79 erstmals die Nordostpassage durchfahren hatte. Danach stand sein Entschluss fest: Der Weg zum Ruhm führt nach Norden. In einem Brief an seine Mutter von 1884 hieß es über Kolumbus, dessen Ruhm werde nur von einem geteilt werden, »nämlich demjenigen, vor dem eines Tages als erstem mit 360 Längengraden zu Füßen Ost und West verschwunden sein werden: dem Entdecker des Nordpols«. Er nahm Urlaub von der Marine, lieh sich Geld, reiste reichlich naiv nach Grönland, kaufte ein paar Hundeschlitten und versuchte, das Inlandeis zu durchqueren. Nach 150 Kilometern musste er umkehren. Ein Triumph war das nicht, und sein Brief an die Mutter klang schon fast verzweifelt: »Vergiss nicht, Mutter, ich brauche den Ruhm.«[12]

Die Polarregionen waren noch weitgehend Terra incognita,

und für Wissenschaftler blieb genug Betätigung: die Küste Grönlands kartieren, die Strömungen des Polarmeeres erforschen, die Kultur der Inuit dokumentieren. Peary aber war kein Forscher, er war Entdecker; er wollte Erster sein. So war seine nächste Grönlandreise deshalb auch eine Vorbereitung zum Angriff. Er plante sie gründlicher, hielt Vorträge, suchte und fand Sponsoren wie Kodak und das American Museum of Natural History in New York, die ihn nicht nur finanziell unterstützten. Die American Geographical Society sorgte beispielsweise auch dafür, dass Peary von der Marine für die Dauer einer weiteren Expedition beurlaubt wurde. Er wurde somit hauptberuflicher Entdecker. Es gelang ihm, nicht nur wissenschaftliche Erkenntnis zu versprechen, sondern auch Abenteuergeist und Nationalstolz zu wecken – und so mehr Unterstützung zu gewinnen.

1892 durchquerten Peary und der Norweger Eivind Astrup Nordgrönland. Sie zogen am Kap Alexander an der Nordwestküste Grönlands los und erreichten nach neun Wochen die Independence Bay im Norden der Insel. Peary wiederholte diese Reise 1893 bis 1895 – doch diesmal kehrte er nur mit Glück und halb verhungert in sein Basislager zurück.

Nach seiner Heimkehr in die USA wurde Peary dennoch gefeiert. Er brachte sechs Inuit mit, die im Keller des Anthropologischen Museums des Smithsonian Institute in Washington – einer der Hauptsponsoren – untergebracht wurden und von denen vier kurz darauf starben; dazu einige Inuit-Skelette sowie zwei große Meteoriten aus Nordgrönland, aus deren Metall die Polarbewohner Pfeilspitzen, Harpunen und Messerschneiden fertigten.

Angeheizt von Zeitungsberichten, staunten die Amerikaner über die Zeugnisse der geheimnisvollen Arktiskultur. Mit der gleichen Hingabe, wie er seine Reisen durchführte, mehrte Peary auch seinen Ruhm und sein Vermögen. Er hielt Vorträge im Akkord, 165 in 103 Tagen. Sein Honorar: bis zu 2000 Dollar für einen Auftritt. Das konnte er verlangen, auch weil sich kein anderer Expeditionsteilnehmer – so wollten es seine Verträge mit ihnen – öffentlich äußern durfte.

Peary erhielt die Goldmedaille der American Geographical Society und die der britischen Royal Geographical Society. Der »größte Gletscherreisende der Welt« hieß es über ihn in der Laudatio der Briten. Wissenschaftlich hatten Pearys Expeditionen bislang keinen Ertrag, doch sein System der Reisen schien erfolgreich zu sein. Peary setzte wie Fridtjof Nansen auf eine kleine Truppe und dazu auf die Unterstützung durch Inuit. Es gab Vorauskommandos, die Vorratslager anlegten und den Weg ebneten. Das eigentliche kleine Expeditionskorps folgte ohne große Ausrüstung, um fit und frisch für den großen Vorstoß zu sein. Peary lernte auch Überlebenstechniken der Inuit: Er brachte keine schweren, dem Sturm nicht gewachsene Zelte mit, sondern ließ Iglus bauen, er trug weder Baumwolle noch Wolle oder eine Windjacke, sondern die Fellkleidung der Einheimischen, und er schlief auch in ihr statt wie die Europäer in Schlafsäcken.

Nur sein Ehrgeiz verführte ihn mitunter: Bei seinem längsten Aufenthalt in der Polarregion von 1898 bis 1902, als er mit Macht versuchte, den Pol zu erreichen, erfroren ihm am Beginn der Reise die Zehen: Acht mussten amputiert werden. Dennoch blieb er im Norden. Sein Vormarsch wurde bei 84° 17' N erneut gestoppt, ein breiter Lauf offenen Meeres versperrte ihm den Weg – er musste umkehren. »Das Spiel ist aus«, notierte Peary in sein Tagebuch. »Mein Traum von 16 Jahren ist zu Ende. Ich habe den besten Kampf geliefert, zu dem ich fähig war. Ich glaube, es war ein guter Kampf. Aber das Unmögliche vermag ich nicht.«[13] Nicht einmal ein Trost blieb ihm: 84° 17' N war kein neuer Nordrekord, im Jahr 1900 war die italienische Expedition unter Umberto Cagni bis nach 86° 34' N vorgedrungen, 250 Kilometer weiter als er.

Sein Stern in der amerikanischen Öffentlichkeit sank. »Es wäre sinnlos, meine Enttäuschung zu leugnen, daß es Commander Peary nicht gelungen ist, den Pol zu erreichen«, diktierte der Bankier und Philanthrop Morris Ketchum Jesup, der ihn bis dato immer auch finanziell unterstützt hatte, am 3. November 1906 nach einer weiteren gescheiterten Expedition den Reportern der *Washington Post*. Peary spürte die Unzufriedenheit seiner Landsleute unmittelbar. Sein Buch *Nearest to the Pole* wurde ein Ladenhüter, nur 2230 Exemplare wurden verkauft, und statt der erhofften 100000 Dollar spülte es nur 5000 in seine Kasse. Das Publikum wendete sich einem anderen Helden zu: Frederick Albert Cook.

Der Arzt aus New York war 1891/92 auf Pearys zweiter Grönlandreise dabei gewesen und hatte sich danach mit Peary zerstritten, weil dieser niemandem zugestehen wollte, irgendwelche Ergebnisse der Reise zu veröffentlichen – nicht einmal medizinische Studien in einer Fachzeitschrift. Cook hatte andere Expeditionen nach Norden geleitet, darunter 1898/99 die der *Belgica*, auf der auch Roald Amundsen seine ersten Polarerfahrungen sammelte. Der spätere Südpolbezwinger lobte hinterher den Amerikaner: Er sei ein Mann, »dessen Mut niemals sank, der immer heiter, stets voller Hoffnung und unermüdlicher Hilfsbereitschaft war« – Worte, die nie ein Mitreisender über Peary geäußert hatte.

Cook überraschte die amerikanische Öffentlichkeit mit einer Heldentat: 1906 stand er angeblich als erster Mensch auf der vereisten Spitze des 6194 Meter hohen Mount McKinley (Denali) in Alaska, des höchsten Berges Nordamerikas. Sein Bericht wurde ein Bestseller, sein Ansehen in der Öffentlichkeit stieg und stieg – ebenso sein Wagemut. Im Juli 1907 reiste Cook Richtung Grönland ab. Angeblich, um Felle zu erbeuten, aber seine Vorratsliste war verdächtig lang, und im Herbst 1907 traf die Nachricht ein, sein Ziel sei nun der Nordpol.

Pearys Ehrgeiz war erneut geweckt. Doch er musste abwarten, sein Schiff war noch nicht bereit. Ihm fehlte schlicht eines – das Geld. Zwanzig Jahre Entdeckerleben, zwanzig Jahre Qual – alles vergebens? Würde Cook nun Ruhm und Ehre stehlen, würde jener unsterblich werden und er selbst vergessen? Das durfte nicht sein. Es gelang Peary, die Öffentlichkeit erneut für sich zu gewinnen. Er sammelte Geld – das floss allerdings zäher als früher, und er musste Kredite aufnehmen, Kredite, die, so wurde ihm versichert, Sponsoren übernehmen würden, sollte er den Pol erreichen. Falls nicht, wäre er bankrott. Alle wussten: Es war sein letzter Versuch, es musste gelingen.

Am 6. Juli 1908 brach Peary auf seinem Dampfschiff *Roosevelt* in New York Richtung Eismeer auf. Es war der heißeste Tag seit Jahren: Dreizehn Menschen starben an Hitzschlägen, und über siebzig mussten ärztlich behandelt werden. Rasch glitt die Küste vorbei. Die See war spiegelglatt, bei Labrador tauchten erste Eisbrocken auf, dann Eisberge. Grönland kam in Sicht. Steile, düstere Klippen mit blendend weißem Schnee. Wallendes Inlandeis, leuchtende Eisberge, mal weiß, mal grau, mal blau. Die Sonne ging jetzt nicht mehr unter.

Durch den Smithsund ging es nordwärts, zwischen Grönland und der Ellesmere-Insel hindurch, in deren Norden sie ihr Winterquartier bezogen. Sie schafften Lebensmittel und Ausrüstung zum Cape Columbia, von wo die Expedition dann am 28. Februar 1909 aufbrach. Es waren mehrere Gruppen: eine, die den Weg bahnte, andere, die den Transport übernahmen, und zuletzt, am 1. März 1909, folgte die Truppe unter Pearys Kommando.

Sie wanderten über das zerklüftete Eis des Nordpolarmeers.

Kälte und Wind griffen an. Morgens krochen die Männer aus den Iglus. Sie froren, wenn sie ihren Tee tranken, sie froren, wenn sie ihre dürftigen Rationen kauten, sie froren, wenn sie ihre Sachen zusammenpackten, sie froren, wenn sie die Schlitten beluden, die Hunde anschirrten und lenkten. Und trugen sie ihre Schlitten über das stumpfe, mitunter zu Hügeln aufgetürmte Eis, durch Wasserlachen und vorbei an Gletscherspalten, schwitzten sie in ihren Pelzen, vor Anstrengung, mitunter auch vor Furcht, wenn der Schlitten sich bedrohlich neigte und an der Gletscherspalte vorbeischlitterte.

Das Marschtempo war hoch, und Mitte März kehrten die Ersten um. Am 23. März waren 85° 48' erreicht, am 1. April dann 87° 46' 49''. Das war die letzte Messung, die Robert Bartlett, Kapitän der *Roosevelt* und Kartograf, vornahm; er musste danach – 246 Kilometer vor dem Ziel – umkehren, obwohl Peary ihm versprochen hatte, dass er in der Polgruppe sein sollte. Stattdessen nahm der Expeditionsleiter seinen ihm treu ergebenen Diener Matthew Henson sowie die Inuit Egingwah, Seeglo, Ootah und Ooqueah mit. Bartlett schrieb später über Peary: »Er war nicht herzlos, sondern verhielt sich einfach nur geschäftsmäßig. So war er immer.«[14]

Geschäftsmäßig und geschäftstüchtig. In seinem Reisejournal notierte Peary in einer Randspalte, mit welchen Produkten er die Menschheit nach seiner Rückkehr beglücken wollte: »spezielles Paar ›Peary-Nordpol-Schneeschuhe‹ herstellen lassen, ein Muster ›Peary-Nordpol-Schlitten‹ anfertigen lassen. Nordpolmäntel, -anzüge, -zelte, -kocher auf Sportausstellungen mit männlichen & weiblichen Verkäufern in Eskimokostümen.«[15]

Selbst am 6. April 1909 fanden sich in seinem Tagebuch nur solche Vermarktungsideen. Das ist verwunderlich, war doch, laut seinem später veröffentlichten Expeditionsbericht, der 6. April

1909 der große Tag. An diesem Tag wollte er – und er belegte es später mit angeblich authentischen Messdaten – den Pol erreicht haben. Aber nur er konnte nach Bartletts Umkehr mit einem Sextanten umgehen. Angeblich zog er kreuz und quer umher, um sicher zu sein, den Pol auch wirklich zu berühren, ließ die Eispyramide erbauen, die Fotos schießen und blickte noch einmal über das große Weiß.

Schon am 7. April begann man mit dem Rückweg. Sechzehn Tage später, am 23. April, erreichte die Gruppe wieder Cape Columbia. Doch Peary verhielt sich gar nicht wie ein Entdecker, eher ruhig, bedächtig, eben nicht triumphal. Bartlett, der erst drei Tage zuvor zurückgekehrt war, obwohl er etwa 500 Kilometer weniger Strecke zu bewältigen gehabt hatte, sagte zu Peary: »Sir, ich gratuliere Ihnen zur Entdeckung des Pols.« Die Antwort: »Wie kommen Sie denn darauf?«[16] Peary schickte auch kein jubelndes Telegramm nach Hause, sondern meldete sich erst am 6. September 1906: Er sei als Erster am Nordpol gewesen, er sei der Nordpolbezwinger. Denn inzwischen hatte er erfahren, dass sich Frederick A. Cook als solcher in Dänemark feiern ließ.

Es begann eine Propagandaschlacht. Die Öffentlichkeit war verunsichert. So glaubten Cooks Behauptung, er sei bereits am 21. April 1908 am Pol gewesen, laut Umfrage 73 000 Leser der *Pittsburgh Press*, nur 2800 hingegen, Peary sei im April 1909 der Erste gewesen. Doch langsam schwand Cooks Renommee: Leicht ließ sich nachweisen, dass Cook nie den Mount McKinley bestiegen hatte – die Fotos, die ihn auf dem Gipfel zeigen sollten, wurden auf etwa 1800 Meter Höhe aufgenommen. Misstrauen erregten auch seine Polarfotos. Sie erschienen wie Ausschnitte alter Grönlandbilder. Und nicht zuletzt gab es Zweifel an seinem Marschtempo und der Route.

Cook kündigte immer wieder neue Beweise für seine Poleroberung an, doch sie folgten nicht. So wendete sich die Gunst des Publikums und der wissenschaftlichen Einrichtungen. Je tiefer Cooks Stern sank, desto höher stieg der Pearys. Beweise waren da nicht so wichtig. Einer von beiden war mit Sicherheit am Pol gewesen – so wollte es die Öffentlichkeit. Pearys Aufzeichnungen waren zwar auch nicht vollständig. Schließlich wurde die einzige Bemerkung im Tagebuch über das Erreichen des Pols, die vier zitierten Sätze, später eingeschoben. Aber das war der Öffentlichkeit egal. Zwar war sein Marschtempo noch höher als das Cooks, zwar waren seine Messungen unvollständig und seine Ortsbeschreibungen mangelhaft. Doch das war den wissenschaftlichen Einrichtungen egal. Die Zeit suchte sich ihren Helden. Nach und nach entschlossen sich, erst zögerlich, dann immer schneller, die geografischen Gesellschaften der Welt, ihn als Eroberer des Pols anzuerkennen: Er wurde mit Preisen und Goldmedaillen überschüttet. Peary starb hoch geehrt 1920.

Sechs Jahre später überflogen Roald Amundsen, Lincoln Ellsworth und Umberto Nobile an Bord des Luftschiffs *Norge* den Pol, 1948 landete ein sowjetisches Flugzeug unter Alexander Kusnezow dort, und der US-Amerikaner Ralph Plaisted erreichte am 20. April 1968 als Erster den Pol auf dem See- und Eisweg.

Wahrscheinlich haben weder Cook noch Peary den Pol gesehen. Doch was hätte es auch schon zu entdecken gegeben? Dort ist nichts, jedenfalls nichts, was den Nordpol von seiner Umgebung unterschiede. Kein Gestein, keine Markierung. Vielleicht war das am Ende ihre Entdeckung und Erkenntnis: Den Nordpol, den gibt es gar nicht. Es ist nur eine Vorstellung, eine Idee, ein gedachter Punkt auf 90° N ohne Ausdehnung, ohne Gesicht. Ein Phantasma, das ein anderes nährte: das Phantasma, dass irgendwo der Erste zu sein eine Bedeutung hätte.

DURCH GRÖNLAND, 1912–1913

Alles begann im Frühjahr 1911 – glaubt man Alfred Wegener. Denn da besuchte ihn in Marburg Johan Peter Koch, um über Details zur Veröffentlichung der wissenschaftlichen Ergebnisse der *Danmark*-Expedition zu diskutieren. Sie sprachen nicht nur über Vergangenes, sondern auch über die Zukunft: »Wir entdeckten, daß wir unabhängig voneinander beide den Plan zu einer Durchquerung Nordgrönlands von Ost nach West gefaßt hatten«, schrieb Wegener später. »Eigentlich war das nicht so merkwürdig, denn dieser Plan war ein Vermächtnis von Mylius-Erichsen.«[1]

Zwar hatte die *Danmark*-Expedition ein paar größere Lücken in der Kartografie geschlossen, dennoch war das Innere dieser riesigen Insel noch weitgehend unbekannt. Wissenschaftler kannten nur die Randzonen zwischen Eis und Meer, manche auch zusätzlich schmale Teile einzelner Gletscher. Johan Peter Koch fasste in *Petermanns Geographischen Mitteilungen* die neuen Erkenntnisse der ersten Expedition und die bestehenden Lücken kurz zusammen: »Wir brachten herrliche Bilder der wunderbaren Formen des Eises und der mächtigen Schichten der Grundmoräne mit heim, aber es fehlte uns an Ruhe, um über die Mechanik des Gletschers nachzusinnen, und unsere Bilder blieben nur ein neues Glied in der Kette von Fragezeichen, die die Theorie des Eises bedeuteten; wir fanden ein Pflanzen- und Tierleben, das an Reichtum nicht hinter denjenigen der üppigsten Felsengegenden draußen an der Küste zurückzustehen schien; wir vermochten aber nicht den besonderen Charakter dieses Lebens festzustellen, noch weniger ein Verständnis von den seine Existenz bedingenden Verhältnissen zu gewinnen.«[2]

Der Plan, den Koch dann entwickelte, war einfach – und doch fast vermessen: Grönland von Osten nach Westen zu durchqueren. Was Fridtjof Nansen 1888 bereits im Süden Grönlands gelungen war, sollte die neue Expedition weiter im Norden durchführen. Man wusste natürlich schon, dass im Innern Grönlands nur Eis ist, wie hoch aber die Eisdecke im Norden war, das war ebenso wenig bekannt wie die genaue Topografie der Insel. Wie hoch stiegen die schnee- und eisbedeckten Berge im Inselinnern an?

Ausgangspunkt an der Ostküste sollte wie schon 1906 Danmarkshavn am Kap Bismarck sein. Zum einen kannte man die Region und wusste, wo und wie man dort überwintern konnte, um dann im Frühjahr 1913 loszuziehen, zum anderen war und ist es bei einer Durchquerung Grönlands generell besser, an der Ostküste zu starten. Die Westküste war im Unterschied zur Ostküste besiedelt, und dort gab es schon damals zwar seltenen, aber regelmäßigen Schiffsverkehr. So standen die Chancen besser, am Ende der Reise, wenn der Proviant und die Kräfte voraussichtlich knapp geworden waren, auf Menschen und Unterstützung zu treffen. Was sich im Fall dieser Expedition auch als wichtig entpuppen sollte. Endpunkt sollte also Upernavik an der Westküste sein.

Für Wegener war die Grönlanddurchquerung eine große Herausforderung, und es gab genügend Gründe, sie anzugehen, und zwar überwiegend wissenschaftliche: Er wollte durchgehende

Messungen von Luftdruck, Temperatur und Feuchte auf der Insel durchführen oder andere Wetterphänomene wie Schneefall, Schneedrift oder Nebel registrieren und diese Werte dann mit denen von Nansen, die dieser weiter im Süden aufgezeichnet hatte, vergleichen – wobei natürlich unberücksichtigt blieb, ob Wegener beziehungsweise Nansen einen warmen oder einen kalten Sommer erlebten. Zudem konnte er bei der Durchquerung natürlich nur Bodenmessungen vornehmen, keine Ballon- oder Drachenaufstiege. Er warb etwas mehr als 15 000 Mark Sponsorengelder ein, vor allem vom Reichsamt des Innern, vom Preußischen Kultusministerium und von der Berliner Akademie der Wissenschaften. Zu Johan Peter Koch als Expeditionsleiter hatte er uneingeschränktes Vertrauen – er kannte ihn als verlässlichen Polarforscher. Er selbst besaß ein gesundes Selbstvertrauen, weil er die nötigen Fertigkeiten wie Skifahren und Schlittentouren schon häufiger unter Beweis gestellt hatte. Und nicht zuletzt kam eine gewisse Abenteuerlust hinzu – keine draufgängerische, aber eine Neugierde, die sich nicht an den Schreibtisch fesseln lassen wollte. Wegener schwankte zeit seines Lebens zwischen »theoretischen und angewandten Initiativen/Tätigkeiten/Betätigungen ... Der hochmotivierte Theoretiker lag stets mit dem Feldforscher im Widerstreit«[3], wie es Reinhard Krause vom Alfred-Wegener-Institut formulierte.

Den Eltern, die der Expedition mit etwas mulmigen Gefühlen entgegenschauten, schrieb sein Bruder Kurt einen beruhigenden Brief, in dem er ihnen erklärte, er sei zwar früher gegen die Grönlanddurchquerung gewesen, heute sehe er das aber anders. Der Brief endete mit den Worten: »Auch seine Gesundheit läßt mir ein ›Sportjahr‹ erwünscht erscheinen. Das krumme, dauernde Sitzen scheint ihm ebensowenig zu bekommen wie mir.«[4]

Alfred Wegener pendelte viel zwischen Marburg und Groß

Borstel bei Hamburg, wo Wladimir Köppen lebte. Das hatte zwei Gründe: die wissenschaftliche Debatte und die Tochter Else, mit der er sich 1911 verlobte. Die beiden verbrachten viel Zeit miteinander. Doch »an die Heirat konnten wir noch nicht denken. Vorher wollte Alfred noch einmal nach Grönland«[5], notierte Else Wegener in ihren Erinnerungen. Und Alfred Wegener schrieb am 16. Februar 1912 in einem Brief an Wladimir Köppen, den Vater seiner Verlobten: »Sag Else, sie soll den Kopf nicht hängen lassen, ich bin nun einmal solch ein Vagabund.«[6]

Else Wegener charakterisierte in ihrer Biografie nicht nur Alfred, sondern auch seine Geschwister. Nur wenig schrieb sie über die Schwester – »Tonys wortkarge Art und ihr von kurzem grauem Haar umgebener Charakterkopf schüchterten mich sehr ein« –, mehr hingegen über Kurt, der auf sie wie ein Gegensatz zu Alfred wirkte: »Wie verschieden waren diese Brüder, die im Leben so treu zusammenhielten. Alles an Kurt war schlank und schmal, er überragte Alfred um ein beträchtliches. Lebhaft erzählte er von seiner Reise, dabei oft hart über Menschen und Zustände urteilend. Kurts schmale, lange Hände suchten nervös in seinen Taschen nach der Fahrkarte. Wie ruhig wirkte Alfred dagegen! Seinen breiten Händen sah man es an, daß sie zupacken gelernt hatten, wenn sie jetzt auch weiß und glatt waren von der Arbeit am Schreibtisch. Alfred wirkte in seiner Mittelgröße muskulös und kräftig. Diese Schultern konnten sich wohl gut gegen einen Schlitten stemmen, um ihn aus einer Spalte herauszuschieben. Aber bedachtsam würde es gehen, ohne Hast und ohne ein Wort des Vorwurfs gegen einen ungeschickten Kameraden, mit einem Scherz den Fehler zudeckend, wie er jetzt im Gespräch auch wieder die guten Seiten von Menschen und Dingen betonte.«[7]

Mit den drei Geschwistern unternahm sie im April 1912 auch

ihre erste Ballonfahrt. Die Brüder waren beide wieder als Ballonfahrer aktiv; Alfred hatte den Kurhessischen Verein für Luftschiffahrt mit begründet und war außerdem Mitglied des Berliner und des Frankfurter Vereins für Luftschiffahrt sowie der Fédération Aéronautique Internationale, die in Paris ansässig war. »Bei schönem Wetter schwebte unser Ballon in etwa 2000 m Höhe ruhig nach Nordwesten. Keine Erschütterung, kein Motorenlärm störte uns. Ab und zu drang Hundegebell aus den Dörfern in unsere Stille. Als wir uns am Nachmittag der Nordsee näherten, suchte Kurt eine Wiese nahe dem Bahnhof Leer als Landeplatz aus, fuhr noch dicht über eine Allee und Telegraphenleitung hinüber und setzte den Ballon sanft auf.« Als »glatte Damenlandung«[8] bezeichneten das die Brüder.

Es war eine Abschiedsfahrt vor Elses und Alfreds Abreise nach Kopenhagen. Denn von dort aus sollte Wegeners nächste Polarfahrt starten. Else wollte derweil nach Bergen in Norwegen, wo sie als Hauslehrerin den Kindern des Meteorologen Vilhelm Bjerknes Deutsch beibringen sollte.

In Dänemark hatte Johan Peter Koch alles vorbereitet. Es war erneut eine Expedition unter dänischer Flagge, und zwar eine mit einem durchaus pompösen offiziellen Titel: »Die dänische Expedition nach Dronning Louises Land und quer über das Inlandeis von Nordgrönland unter der Leitung von Hauptmann J.P. Koch«. Neben Koch und Wegener waren nur zwei andere Teilnehmer vorgesehen: Andreas Lundager, der bereits bei der *Danmark*-Expedition mit dabei gewesen war, und der Isländer Vigfús Sigurðsson.

In Kopenhagen bereitete sich die Expedition weiter vor. Das Winterquartier aus einzelnen nummerierten, türgroßen Brettern wurde mehrfach probehalber auseinandergenommen und wieder zusammengesetzt, das Gepäck sortiert und in für Pferde geeignete Lasten verpackt. Denn das war eine Neuerung bei der Überquerungsexpedition: Koch und Wegener setzten auf Islandponys statt auf Schlittenhunde. Gut zwei Dutzend Ponys planten sie mitzunehmen – eine Idee, die unter erfahrenen Polarreisenden auf Skepsis stieß, hatte sich doch der Einsatz von Schlittenhunden bislang mehr als bewährt, während der von Ponys in den südpolaren Regionen nicht sonderlich erfolgreich gewesen war. Doch schienen Koch die Ponys geeigneter als Hunde: Die Küsten Grönlands bestehen meist aus Felsen am Meeresufer und einem sich anschließenden, mehr oder weniger breiten Streifen aus Sand, Stein und Geröll. Dann steigt die Topografie stellenweise durch ein eis- und schneefreies Moränenfeld steil zum Gletscher und Inlandeis an. Ponys waren hier zum Gepäcktransport besser als Hunde geeignet.

Um sich an die Ponys und die harschen Bedingungen auf Grönland zu gewöhnen, führten die vier Polarreisenden eine Vorausexpedition auf Island durch. Am 1. Juni 1912 verließ das Expeditionsschiff *Godthaab* den Kopenhagener Hafen, um über Bergen in Norwegen nach Island und von dort nach Grönland weiterzufahren. Alfred Wegener schrieb von Island, vom Abschluss der Probereise, am 1. Juli 1912 an seine Eltern: »Heute mittag sind wir gesund und munter von der Reise zurückgekehrt und fanden die ›Godthaab‹ vor, mit der wir am 6. abends nach Grönland abfahren werden. Wir haben den Vatna Jökul [den größten Gletscher Islands, G.W.] überquert, dann noch einen nicht bestiegenen Vulkan ›Kverkfjöl‹ besucht, ›Asjka‹ bestiegen und den Kratersee besucht und die große Lavawüste Odá-Farauhn zweimal durchquert. Mir geht es gut, und die Reise ist mir außerordentlich gut bekommen.«[9]

Nicht so gut war sie Andreas Lundager bekommen. Der hatte erleben müssen, dass für ihn die Strapazen übermächtig waren.

So wurde er auf eigenen Wunsch aus der Expeditionsgruppe ausgemustert. Stattdessen schloss sich Lars Larsen, ein Matrose der *Godthaab*, den drei anderen an. Am 21. Juli 1912 erreichte das Expeditionsschiff Danmarkshavn, den Ankerplatz, wo Wegener und Koch schon zwei Jahre ihres Lebens verbracht hatten. Die vier Männer schleppten in wochenlanger Arbeit ihre Ausrüstung und Vorräte auf den Gletscher. Sieben Tonnen Gepäck. Die Ponys trugen die Hauptlast.

Hier waren sie nützlich, ansonsten machten sie häufig eher Ärger. Es gab keine Bäume, an die man sie anbinden konnte, sodass sie oft über Nacht wegliefen. Deshalb banden die Forscher die Tiere nachts untereinander an den Beinen zusammen. Die Tiere waren anders als Schlittenhunde im Geschirr schwer zu handhaben. »Das Tagesgespräch dreht sich um Pferdegeschirr zum Ziehen der großen Schlitten. Es ist eine ganze Wissenschaft«, schrieb Alfred Wegener am 8. September in sein Tagebuch. »Ich hab den Versuch, mich durch energisches Studium in diese Dinge einzuarbeiten, ganz aufgegeben und überlasse es den anderen.«[10]

Einiges mehr ging anfänglich schief. Wegener stürzte, prallte auf seinen Fotoapparat und brach sich eine Rippe an, Koch fiel acht Meter tief in eine Gletscherspalte, schlug mit dem Kopf auf dem Eisrand auf und hatte Glück, dass er mit ein paar gedehnten Sehnen und einem verstauchten Knöchel davonkam. Sie verlegten ihr Zelt an den Gletscherrand – und überlebten mit Glück einen Abbruch der Kante. Am 30. September 1912 notierte Wegener in seinem Tagebuch: »Welch eine Nacht! Es ist fast ein unbegreifliches Wunder, daß wir noch am Leben sind und daß von unserer Bagage anscheinend nichts verloren gegangen ist. Das Inlandeis hat gekalbt, im großartigen Stil, gerade hier an unserer Aufstiegsstelle. Ich erwachte vom Krachen des Eises, und bald mischte sich ein anderer, früher noch nicht gehörter Laut hinein.

Es war wie ein Sausen und Zischen und Knirschen, und in diesen höchst unheimlichen, wenngleich auch nicht ohrenbetäubenden Laut mischte sich das Poltern herabfallender Eisblöcke. Dabei fühlte ich, wie sich unsere Zeltscholle bewegte und das Zelt sich neigte. Im Meer wuchs eine Eismauer empor, höher und höher, brausend und zischend und im Mondschein glitzernd – ein faszinierender Anblick. Es war der an der Südseite losgelöste Eisberg, der sich nach dem Kalben wälzte und seine wassertriefende Seite hoch in die Luft hinauftrug.«[11] Am nächsten Morgen war das Meer kilometerweit mit Eisbergen und Eistrümmern bedeckt. Auch auf ihrem Transportweg waren durch das Kalben des Gletschers zahlreiche Spalten aufgebrochen, und ihr Standort erschien Wegener und den anderen nicht mehr sicher.

So bauten sie Anfang Oktober ihr Haus weiter landeinwärts auf dem Gletscher auf – die Überwinterung erfolgte nach Plan. Sie notierten Temperaturen und Luftdruck, vermaßen den Gletscher, bohrten bis zu 24 Meter tief in den Firn, optimierten mit Fell ihre Schlafsäcke, lasen Bücher über Thermodynamik und Glaziologie, ab und an einen Roman, spielten Schach oder nutzten das mitgebrachte Grammofon. Sie richteten eine Dunkelkammer ein, diskutieren die Mechanik der Gletscherbewegung und kamen zu dem Schluss, dass das Eis »keine ›vollkommene‹ Flüssigkeit« sei und »daher bei zu starker Deformation springt«[12]. Am 10. Januar 1913 maß Wegener unter 50 Minusgrade, im Haus waren es immerhin verhältnismäßig gemütliche minus 10 Grad. Am 17. Februar kam die Sonne erstmals in Sicht, und fünf Tage später »sahen wir mittags etwas, was man als Oberrand der Sonne bezeichnen konnte, am Horizont entlangkriechen, worauf wir stolz ins Freie gingen und im ›warmen Sonnenschein‹ – die Temperatur war wirklich ungewöhnlich hoch, nur minus 30 Grad – unsere ›Sonnen‹-Zigarette rauchten«[13].

Knapp zwei Monate später, am 19. April 1913, brachen sie mit fünf Pferden und dem Hund Gloë zu ihrer Grönlanddurchquerung auf. Das Wetter war ziemlich miserabel, Schneefegen und Schneetreiben behinderten das Fortkommen. Der Wind war so stark, dass die vier zwischendurch fast ganze Tage im Zelt ausharren mussten. Die Aufzeichnungen von Koch und Wegener zeigen deutliche Stimmungsschwankungen; wenn es vorwärtsging, waren sie zufrieden. Koch schrieb später: »Vor uns lag das gewaltige Meer von Schnee des inneren Grönland. Wir waren auf offener See, konnten unseren Kurs auf gleiche Weise wie der Seemann steuern, der sein Schiff über das offene Meer von Küste zu Küste führt. Von diesem Augenblick an zogen wir sicher und gleichmäßig, aber langsam vorwärts mit einer Durchschnittsgeschwindigkeit von 15 km den Tag – gerade derjenigen Geschwindigkeit, die ich zuhause bei meinen Überschlägen über Proviant und Futter zugrunde gelegt hatte.«[14] Was sich im Nachhinein gut und sehr genau kalkuliert anhörte, war in Wirklichkeit eher knapp – Koch wollte wohl jede aufkommende Kritik im Keim ersticken.

Am 7. Mai war das Wetter einigermaßen günstig. Wenig Schneefegen, dafür Sonnenschein, und »man konnte sich etwa umsehen, ohne von den Unbilden der Witterung belästigt zu sein«. Wegener beschrieb, was er sah: »Es war unser Einzug in die große weiße Wüste. Weit wie das Meer dehnte sich die weiße Fläche vor uns, fast ringsherum den Himmel berührend. Wie Wogen auf dem Meer reihten sich die vom Wind gemeißelten Furchen aneinander, in endloser Folge. Die langen federnden Schlitten tanzten auf ihnen wie ein schnell segelndes Boot auf den Wellen. Diese äußere Zone des Hocheises ist kein gastliches Gebiet. Glashart, vom Sturme gepeitscht, ist hier die Schneeoberfläche, denn unter normalen Witterungsverhältnissen jagt hier der Sturm ununterbrochen den Treibschnee dahin.«[15]

Die Pferde, die beim Hochbringen des Gepäcks auf das Eis noch so nützlich gewesen waren, erwiesen sich jetzt als hinderlich. Die Wissenschaftshistorikerin Cornelia Lüdecke sagt im Gespräch, die vier Männer hätten erst auf der Reise realisiert, dass die Ponys nachts oder bei Pausen auch einen Schutz vor dem eisigen Wind benötigten: »Sie selbst schliefen im Zelt, und für die Ponys haben sie jeden Abend eine Mauer aus Schnee aufgebaut.« Doch auch die Schneemauer habe sich nicht bewährt, und dann hätten sie jeden Abend eine Höhle in den Firn, den alten, festen Schnee, gegraben. »Wir haben heute in aller Eile einen Pferdestall aus Schnee gebaut (nahm vier Stunden in Anspruch)«[16], schrieb Wegener am 3. April 1913 in sein Tagebuch.

Zudem waren die Strapazen für die Pferde doch zu groß. »Der Wind wuchs wieder. Es wurde den Pferden immer schwerer, sich mit den hochbeladenen Schlitten dagegen abzukämpfen. ›Polaris‹, der 800 Pfund zu schleppen hatte, streikte. Er hatte sich überanstrengt, denn auch als wir ihm den leichtesten Schlitten gaben, konnte er nicht mehr mit«[17], wie es in Wegeners Tagebuch am 9. Mai heißt.

Am 15. Mai musste Polaris erschossen werden, am 21. Mai, nur wenige Kilometer weiter, dann Kavalier. Am 26. Mai notierte Wegener: »Alle drei Pferde sehen jetzt sehr schlecht aus, und wir sind in Sorge um sie. Schon morgens hatten wir die Last des ›Roten‹ vermindert, zum größten Teil auf Kosten der ›Dame‹. Vigfús und ich spannten uns vor und zogen mit (auf Skiern, was ganz gut geht).«[18]

Zwei weitere Pferde mussten sie erschießen – es blieb nur noch Grauni. Die vier Polarforscher hingen an dem Pony, so sehr, dass sie es am Ende auf den Schlitten packten. Am 28. Juni schrieb Wegener: »Etwa zwei Kilometer legten wir auf eine originelle Weise zurück: Wir packten Grauni auf den Schlitten und banden ihn dort fest, und dann zogen wir selbst den Schlitten.«[19] Doch am 4. Juli 1913 wurde auch Grauni erschossen: »Unsere letzte Kugelpatrone mußten wir benutzen, um sein Leiden abzukürzen.«[20]

Es ist eigentümlich. Im Dezember 1911 hatte der Norweger Roald Amundsen gemeinsam mit vier Kameraden als erster Mensch den Südpol erreicht. Er hatte wie Koch und Wegener sein Vorgehen genau geplant. Mit zweiundfünfzig Hunden war er im Basislager losgezogen, hatte nach einiger Zeit alle Hunde bis auf achtzehn schlachten lassen – das Fleisch aßen er und seine Mitstreiter sowie die anderen Hunde. Koch und Wegener wussten davon. Sie wussten, dass die Ponys ihnen als Nahrung hätten dienen können. Und sie töteten die Ponys, ließen aber die Kadaver liegen. Vermutlich waren ihnen die Ponys zu sehr ans Herz gewachsen – sie waren Mitstreiter, kein bloßes Material wie Amundsens Hunde, die sehr bewusst als solches betrachtet worden waren.

Denn nicht nur für die Ponys, auch für die Männer war die Expedition qualvoll. Endlos zog sich die Eiswüste hin. Jeder Kilometer musste Wind und Schneetreiben abgetrotzt werden. Wegeners Nase war eine einzige Frostwunde. Dazu kam die UV-Strahlung, die in der Höhe und der klaren Luft die Haut verbrannte. Denn es ging immer weiter bergauf: Am 13. Mai, einem Rasttag, waren es 2287 Meter über dem Meeresspiegel, und am 12. Juni erreichten sie ihre höchste Höhe: 2937 Meter maßen sie mit dem Barometer. Trotz brutaler Kälte von minus 34 Grad legten sie einen Rast- und Wissenschaftstag ein. Sie gruben sieben Meter tief in den Firn, und Wegener zeichnete eine Temperaturkurve – nach der die jährliche Durchschnittstemperatur dort zwischen minus 31 und minus 32 Grad lag, etwas wärmer, als Wegener erwartet hatte.

1200 Kilometer zogen die Männer insgesamt über das Eis. Johan Peter Koch notierte in seinem Expeditionsbericht: »In dem Maße, wie wir weiter vorwärts kamen, ließ der Wind nach. In der Mitte von Grönland wurde es ganz still. Das Schneetreiben wurde von Nebel abgelöst. Der fast vollständige Mangel an Abwechslung macht schweigsam. Eine Fuchsspur gab uns Stoff zur Unterhaltung für drei Tage. Ein Schneesperling, der uns über das Inlandeis folgte, wurde als zur Reisegesellschaft gehörend betrachtet. Wenn er ein paar Tage fort war und wir ihn dann wieder vor dem Zelte zwitschern hörten, war es etwas höchst Interessantes, das wir uns mitteilten und sorgfältig ins Tagebuch aufzeichneten. Wir dürsteten nach etwas, womit sich unsere Phantasie beschäftigen konnte, und suchten daher mit doppeltem Eifer in die wissenschaftlichen Probleme einzudringen, die unsere Reise bot.«[21] Und Wegener schrieb am 13. Mai in sein Tagebuch: »Diese Wanderung durch die weiße Wüste ist so schrecklich langweilig. Länge, Breite und Höhe, das sind die drei interessantesten Dinge, die es hier gibt. Außer ihnen gibt es bloß den blauen Himmel und den weißen Schnee. Andere Sehenswürdigkeiten, wie etwa Wolken, scheint die hiesige Natur nicht leisten zu können.«[22]

Neben Breite und Höhe war die geografische Länge wichtig, weil die vier danach gierten zu wissen, wo sie sich befanden: Wie weit war es noch bis zur Westküste? Wie viele Tage mussten sie noch laufen?

Am Ende wurde es noch einmal dramatisch. Die vier Männer erreichten knapp an Proviant die westliche Eisgrenze. Zunächst genossen sie es, wie Wegener am 4. Juli schrieb: »Es war ein ganz eigentümliches Gefühl, nach all diesem Schnee einmal wieder Land, richtiges Land, unter den Füßen zu haben, Blumen im Winde wiegen zu sehen, Hummeln und Schmetterlinge zu beobachten und dem Gezwitscher der Vögel zu lauschen. Wie ein

Paradies kam uns diese, von normalen Menschen sicher für recht trostlos angesehene Moränenlandschaft am Eisrande vor.«[23]

Doch dann mussten sie dort tagelang ausharren. Es ging nicht weiter durch die unzugängliche Moränenlandschaft. Hoch angeschwollene Gletscherbäche und der Laksefjord versperrten den Weg. Es regnete ununterbrochen. Sie verzehrten ihren letzten Proviant. So saßen sie tagelang komplett durchnässt und frierend unter einem überhängenden Felsen, leidlich windgeschützt durch einen Steinwall – vier Männer und der Hund Gloë. Sie waren müde, entkräftet und putschten sich mit Kampfertropfen auf. Wegener notierte am 17. Juli: »Mich ließ die Kälte nicht schlafen. Zu essen hatten wir nichts. Endlich am 15. Juli morgens hörte der Schneefall auf, und der Nebel riß hin und wieder auf, so daß der Fjord unter uns für kurze Augenblicke sichtbar wurde. Wir beschlossen aufzubrechen. Aber wir waren noch keine 30 Meter von unserer Hütte abgestiegen, als uns allen mehr oder weniger schlecht wurde. Koch mußte sich setzen und konnte sogar in sitzender Stellung die ihn mehr und mehr überfallende Ohnmacht nicht mehr überwinden. Ich ließ mir von Vigfús die Camphertropfen geben und bot sie Koch. Er konnte den Löffel nicht mehr sehen, und ich mußte sie ihm in den Mund gießen. Die Erkenntnis, daß unsere Kräfte zu Ende waren und wir nicht mehr imstande waren, unseren Weg fortzusetzen, entsetzte uns.« Willenskraft war alles, was half: »Mein ganzes Inneres lehnte sich dagegen auf, und meine Geistestätigkeit konzentrierte sich in einem mächtigen Gedanken: Ich will leben. Wir gingen die paar Schritte zur Hütte zurück und schlachteten Gloë. Seit 37 Stunden hatten wir nichts mehr gegessen. Wir kochten fast die Hälfte des Fleisches.«[24]

Während sie die Portionen verteilten, sah Wegener unter ihnen auf dem Fjord ein Segelboot. Sie riefen und schossen mit ihren

Gewehren in die Luft – und tatsächlich, sie wurden gehört. Und gerettet: von Pastor Chemnitz aus Upernavik, der unterwegs war, um seine Konfirmanden unter den Inuit zu versammeln.

Nach sechsundfünfzig Tagen erreichten Johan Peter Koch, Alfred Wegener, Vigfús Sigurðsson und Lars Larsen am 15. Juli 1913 dank der Hilfe von Grönländern ihren Zielort Kangersuatsiaq (Prøven) nördlich von Upernavik an der Nordwestküste. 1200 Kilometer durch das grönländische Inlandeis – die Expedition hatte eine doppelt so lange Strecke zurückgelegt wie Fridtjof Nansen im Jahr 1888.

Ende September – nach einigen Schiffstouren entlang der Westküste, wo sie Gletscher vermaßen – traten die vier ihre Heimreise nach Kopenhagen an, wo sie am 17. Oktober 1913 eintrafen. Für Johan Peter Koch war die Grönlanddurchquerung die letzte Arktisexpedition, er blieb aber der Arktisforschung bis zu seinem frühen Tod 1928 verbunden. Lars Larsen fuhr danach wieder auf der *Godthaab* zwischen Dänemark und Grönland, und Vigfús Sigurðsson arbeitete bis 1925 als Leuchtturmwärter in Island und anschließend im Baugewerbe und als Reiseleiter. Er kehrte mit Alfred Wegener 17 Jahre später wieder nach Grönland zurück.

HOCHZEIT, KRIEG UND BÜRGERLICHES LEBEN

Am 17. Oktober 1913 war Alfred Wegener in Kopenhagen eingetroffen, wo ihn seine Verlobte Else Köppen erwartete. »Im Hotel saßen wir noch lange zusammen, wieviel gab es zu erzählen«, schrieb sie später. »Mitten hinein platzte ein Reporter. Alfred fertigte ihn ziemlich kurz ab, aber wie staunten wir, als wir am nächsten Morgen das Interview in der Zeitung lasen! Der Mann wußte entschieden mehr von unserem äußeren und inneren Leben als wir selbst!«[1]

Koch und Wegener bekamen vom dänischen König Christian X. das Ritterkreuz des Danebrogordens verliehen, danach reisten Alfred Wegener und Else Köppen nach Deutschland. Über Hamburg ging es nach Zechlinerhütte zu seinen Eltern; seine Mutter hatte kurz zuvor einen Schlaganfall erlitten. Sie blieben länger dort – Wegener genoss wohl nach dem langen Aufenthalt im Weiß der Gletscher und dem Grau des Gesteins die herbstbunten Wälder in Brandenburg.

Am 16. November heirateten Wegener und Else Köppen: »Unsere Hochzeit fand in kleinem Kreise in meinem Elternhaus in Hamburg statt. Nur mein Schwager Kurt konnte von der Familie Wegener als Trauzeuge dabei sein.«[2] Das Ehepaar zog nach Marburg, auch wenn dort die wirtschaftlichen Aussichten nicht gerade rosig waren. Wegener hatte sich um eine ordentliche Professur bemüht, die Marburger Universität hatte sein Ansinnen auch befürwortet, das Finanzministerium den Antrag allerdings abgelehnt. So lebte das Paar von seinem doch recht kargen jährlichen Privatdozentenstipendium von 1500 Mark.

Man richtete sich ein im bürgerlichen Alltag. »Alfred war reisemüde aus Grönland zurückgekommen und sehnte sich nach einem ruhigen Heim. Wir hatten in Marburg eine große, aber billige Wohnung gefunden.« Sie lag in der Biegenstraße, unweit des Alten Botanischen Gartens und der Universität. »Eine vorgewölbte Wand in Alfreds großem, hellen Arbeitszimmer forderte geradezu heraus, dort das schöne Eisbärfell von der Danmark-Expedition aufzuhängen. Sein Schreibtisch war nach seinen Angaben angefertigt und immer ganz mit Papieren bedeckt. ›Komm bitte nicht auf den Gedanken, hier Staub wischen zu wollen‹, wurde ich ermahnt. Da verkannte er aber meine Herkunft, denn ich hatte von meiner Mutter längst gelernt, einen mit Papieren überladenen Schreibtisch zu behandeln, ohne Unordnung zu stiften. Aber ich staunte immer, mit welcher Sicherheit Alfred aus dem scheinbaren Chaos das rausfischte, was er haben wollte.«[3]

Es war eine Zeit des ruhigen und geduldigen Arbeitens. Wegener hielt seine Vorlesungen und ab und zu einen Vortrag, so im Februar 1914 gemeinsam mit Johan Peter Koch, der mit seiner Frau nach Marburg gereist war. Ansonsten publizierte er viel – vor allem zunächst die Ergebnisse der Grönlanddurchquerung. »Saß er zu Hause am Schreibtisch, so konnte er sich stundenlang konzentrieren, schrieb, sah sinnend dem blauen Rauch seiner Zigarette nach, sprach auch mal ein Wort mit mir oder las mir eine Stelle vor, ob sie klar ausgedrückt wäre, schrieb wieder, bis tief in die Nacht hinein.«[4] Else Wegener übersetzte derweil Kochs schon 1913 in Dänemark erschienenes populärwissenschaftliches

Buch über die Durchquerungsexpedition *Gennem de hvide Ørken (Durch die weiße Wüste. Die dänische Forschungsreise quer durch Nordgrönland, 1912–13)*.

War eine Arbeit abgeschlossen, unternahm das Paar Wanderungen in der Natur – Ausflüge in die Großstadt fielen Wegener nämlich schwer. »Fuhren wir nach Berlin zum Meteorologischen Institut, wo er sich Bücher heraussuchen wollte, so kam er dort so müde an, daß es ihm schwer fiel, sich seine Arbeit ins Gedächtnis zu rufen. Wie war es möglich, daß seine Nerven, die sich bei den Belastungsproben der Winternacht und der Einsamkeit in Grönland als so widerstandsfähig erwiesen hatten, dem Lärm und Trubel der Großstadt so gar nicht gewachsen waren.«[5]

Das zwar finanziell nicht sehr gesicherte, aber ansonsten idyllische Leben in Marburg währte nicht lange. Im März 1914 wurde Wegener zu einer Militärübung eingezogen, im August dann, kurz nach Beginn des Ersten Weltkriegs, sofort zum Fronteinsatz nach Belgien. Else Wegener war im neunten Monat schwanger. Die Geburt seiner Tochter erlebte er nicht mit, aber »als Hilde drei Tage alt war, kam er zum ersten Male verwundet heim. Ein glatter Durchschuß durch den Unterarm beim ersten Gefecht hatte ihn zurückgebracht. Vierzehn herrliche Tage war er da.«[6]

Er kehrte zurück an die Front, diesmal bei Reims. Im September 1914 schrieb er an seinen Schwiegervater Wladimir Köppen, er habe die Wissenschaft »für die Zeit des Krieges ganz an den Nagel gehängt. Man kann nicht zwei Herren dienen, und da ich nun einmal Soldat sein muß, so will ich es auch möglichst ganz und mit Begeisterung sein. Und die Wissenschaft stört mich immer in dieser Begeisterung. Trotzdem hat sie mich glücklicherweise schon soweit gepackt, daß ich, wie ich glaube, bisher ein guter Soldat gewesen bin. Die Schlacht hat mich wirklich gefangengenommen, ich war dabei ›Feuer und Flamme‹.«[7]

Glücklicherweise, schrieb er, was recht eigentümlich ist. Aber vielleicht zeigte sich hier ein wesentlicher Charakterzug Wegeners: eine gewisse Nichtübereinstimmung mit sozialen Massenstimmungen. Wegener war oft, und eben nicht nur wissenschaftlich, ein gedanklicher Einzelgänger, ein sehr autonomer Denker. Er spürte die Kriegsbegeisterung in der Gesellschaft, und er wusste wohl, dass er diese Begeisterung aus sich selbst heraus nicht aufbringen konnte. Aber er wusste, dass er sie aufbringen musste, weil sie teils auch überlebensnotwendig war – um die Dinge gut zu tun, die er als Soldat tun musste.

Die Belastung an der Front war riesig, körperlich und seelisch. Wegener schrieb an seine Frau aus den Schützengräben vor Reims: »Am nächsten Vormittag wurde fleißig weiter geschanzt, um die Stellung festungsartig auszubauen. Um 3 Uhr nachmittags aber jagte uns die erste Granate in unsere Höhlen hinab. Erst zwei auf der linken Seite des Grabens, dann 40 auf uns. Immer ein ganz kurzes, scharf anschwellendes Zischen und dann ein Krach, scharf mit metallenem Klang und von einer Heftigkeit, daß es durch Mark und Bein ging. Jedesmal bebte die Erde, jedesmal merkte man deutlich den Luftdruck der Explosion, und jedesmal bekamen die Nerven einen Schock. Ich hatte Watte in den Ohren, hielt mir die Hände davor und bewunderte die Leute, die neben mir lagen und sich bei all dem ruhig unterhielten. Getroffen wurde bei den 40 Schuß nur ein Gewehr und ein Helm, von den Menschen niemand, aber der moralische Eindruck war groß. Ich war entsetzt darüber, daß die Sache meine Nerven so stark mitgenommen hatte, und es gewährte mir eine persönliche Beruhigung zu sehen, daß meine Kameraden es auch etwas ›auf der Brust‹ hatten.«[8]

Wegeners Briefe aus dem Krieg legen eindrucksvoll Zeugnis von diesen Belastungen ab: der dauernden Unsicherheit, die daraus entstand, dass sein Leben – anders oder stärker, als er das vielleicht auf Grönland empfunden hatte – von Zufällen abhängig war, der Brutalität, die ihn erschreckte, der Grausamkeit des Tötens und zugleich der Euphorie des Kampfes, die durch schieres Adrenalin diese Grausamkeit verdrängte. Er beobachtete sich selbst und erschien sich fremd.

In einem weiteren Brief schrieb er: »Heute waren wir in vorderster Linie. Dicht über unsere Köpfe hinweg pfiffen und heulten die Granaten, um dann 500 Meter vor uns in die feindliche Stellung einzuschlagen. Bei uns war inzwischen der Befehl zum Vorgehen wiederholt worden. Wir benutzten dazu die Zeiten, wo alles in Pulverdampf gehüllt war. Immer wenn die Kugeln lebhafter pfiffen, suchten wir uns zu verstecken, und wenn der Kugelregen nachließ, pirschten wir uns kriechend weiter heran. Jetzt waren wir schon bis zur Einfahrtstraße des Dorfes vorgedrungen und setzten die Seitengewehre auf. Dann ging es mit Hurra ins Dorf hinein. Die Franzosen hatten es zum größten Teil geräumt. Aber hier und da waren noch einige Fanatiker, die noch aus dem Versteck bis zum letzten Augenblick schossen. Wenn sie dann schließlich ausrissen, wurden sie heruntergeknallt. Bei der enormen Aufregung und der wahnsinnigen Anstrengung waren die menschlichen Empfindungen fast ganz verdrängt. Was fortzulaufen versuchte, wurde erbarmungslos erschossen. Weiter. Und immer Hurra gebrüllt. Über ein paar Leichen hinweg zum Dorfausgang. Da pfiffen auch schon die ersten Kugeln. Wir liefen ein paar Schritte zurück.

Jetzt pfiff eine Kugel dicht an meinem Ohr vorüber. Die war gezielt. Wieder eine Kugel, wieder haarscharf an mir vorbei. Patsch, kriegte ich einen Schlag an den Hals, daß ich mich einmal um mich selbst drehte. Das war ein Treffer. Ich wunderte mich, daß ich kein Blut rinnen fühlte, und dachte zuerst, es wäre nur ein Streifschuß, der auf den Kragen geschlagen wäre. Ich bat einen der Leute nachzusehen, ob etwas kaputt wäre, und war sehr erstaunt, als er mir die Kugel aus der Wunde zog.«[9]

Damit war für Wegener der Krieg als aktiver Soldat glücklicherweise beendet. Ein Arzt stellte zusätzlich zur Verwundung noch einen Herzfehler fest, den er sich vermutlich bei der Grönlandurchquerung zugezogen hatte und der sich bei den Eilmärschen der Armee durch Belgien bemerkbar gemacht hatte. Wegener wurde danach im militärischen meteorologischen Dienst eingesetzt, berechnete die Winde und Luftströme für den Einsatz der Zeppeline und pendelte zwischen Marburg und seinen Einsatzorten wie Antwerpen oder Mühlhausen (im Elsass) hin und her.

Else Wegener bestellte den Marburger Garten und kochte – wie Wegener schrieb – »Kriegsvorrat ein«[10], kümmerte sich ansonsten um die Tochter Hilde. Einmal unternahmen die Eheleute gemeinsam eine Erholungsreise an den Rhein. Ansonsten reiste Else Wegener ihrem Mann zu den Einsatzorten hinterher – oft auch nur für wenige Tage, wenn er irgendwo einen Zwischenaufenthalt hatte. Die Tochter blieb dann häufig bei Wegeners Eltern in Zechlinerhütte. Man traf sich in Leipzig und in Dresden, in Freiburg oder in Heidelberg. Und zwischendurch auch in Marburg.

»Dies war in den nächsten Jahren die Art unseres Zusammenlebens«, resümierte Else Wegener später. »Ich bekam ein Telegramm und setzte mich in den nächsten Zug, um Alfred irgendwo in Deutschland zu treffen. So war die Kriegszeit ein dauerndes Abschiednehmen und Sichwiederfinden.«[11] Und zwischendurch schrumpfte und wuchs die Familie: Wegeners Vater starb 1917 an Krebs, und im März 1918 wurde die zweite Tochter der Wegeners, Sophie Käte, geboren.

1917 war Alfred Wegener nach Sofia versetzt worden, wo er die

Hauptwetterwarte des Balkans übernahm und von wo er nach Albanien, Rumänien und nach Konstantinopel reiste. Kurzfristig wurde er erneut versetzt, zunächst hinter die Westfront. Dann wurde er Dozent für Meteorologie in Tartu (deutsch Dorpat) in Estland, das noch von deutschen Truppen besetzt war und wo die Universität wiedereröffnet werden sollte. Doch Wegener musste mit den deutschen Truppen die Stadt verlassen.

Das Kriegsende kam für ihn nicht überraschend. »Ich vergesse nie das Telefongespräch«, schrieb der Münchner Meteorologe August Schmauß später, »das wir als benachbarte Laubfrösche im August 1918 führten, in dem mir Wegener mit aller Klarheit entgegenhielt, daß der Krieg verloren sei. Er war bei der hart bedrängten Armee tätig, während ich, an ruhiger Stelle verwendet, nicht den Einblick in den wirklichen Stand der Geschehnisse hatte und noch den offiziellen Heeresberichten vertraute.«[12]

Blickt man in ein Verzeichnis von Wegeners Publikationen, so kann man kaum glauben, dass in Europa in jenen Jahren ein Krieg tobte: Für 1914 bis 1918 führt dieses nur unbedeutend weniger Titel als in Friedenszeiten auf. Er schrieb über »Wind- und Wasserhosen in Europa«, über die »Schallausbreitung der Atmosphäre«, und die erste Ausgabe der *Entstehung der Kontinente und Ozeane* erschien. Über die Gründe dieser wissenschaftlichen Schaffenskraft und Konzentrationsfähigkeit kann man nur spekulieren: War es eine Art der Selbstvergewisserung? Messreihen wie die der Eisdicke oder der Temperatur in unterschiedlichen Luftschichten hatten vielleicht etwas Beruhigendes. Wie hält man das Leben im Krieg aus, wenn man sich keine Aufgabe sucht? Wissenschaft bietet einen wunderbaren Raum, um der Unbill des Lebens auszuweichen und an sich selbst festzuhalten, der eigenen Neugierde zu folgen und alles andere zumindest zeitweise auszublenden. Und man kann an einigen Beispielen erkennen, wie das bei Wegener und wie Wegener als Wissenschaftler funktionierte.

Am 3. April 1916 beobachteten in Hessen einige Bauern, wie mitten am Tag eine feurige Kugel, eine gleißende Spur hinter sich herziehend, zur Erde hinunterfiel. Das Physikalische Institut in Marburg erhielt zahlreiche Beschreibungen von dem Vorfall, und Wegener nutzte einen Aufenthalt dort, um bei den Beobachtern nachzufragen, was sie denn wo genau gesehen hätten. »Einige gaben gute Beschreibungen über den Farbenwechsel, die Explosion und die Richtung der Erscheinung«[13], berichtete Else Wegener. Er schlussfolgerte, es müsse ein Meteorit gewesen sein, und weiterhin, dass dieser in den Wäldern um Treysa niedergegangen sei und sich vermutlich etwa anderthalb Meter in den Boden eingegraben habe. »Anfang März 1917 meldete sich ein Förster und glaubte, das Einschlagsloch entdeckt zu haben«, so Else Wegener weiter. Der Physikprofessor Franz Richarz und sein Geologiekollege Emanuel Kayser fuhren zur Fundstelle. Alfred Wegener war zu dieser Zeit nicht mehr in Marburg. »Die Forstleute gruben in ihrer Gegenwart aus eineinhalb Meter Tiefe aus dem weichen Sandstein ein zentnerschweres Stück Meteoreisen aus. Alfred erhielt eine triumphierende Karte: ›Wir haben ihn. Reines Eisen! Unzweifelhaft in jeder Beziehung! Fundstelle aufgenommen. Nehmen ihn jetzt mit nach Marburg. Herzliche Glückwünsche! Ihr F. Richarz. E. Kayser.‹ Es war das erste Mal, dass ein Meteor nach wissenschaftlichen Berechnungen gefunden wurde.«[14] Natürlich schrieb Alfred Wegener später in einem Artikel für die *Astronomischen Nachrichten* darüber.

Meteoriten interessierten Wegener auch weiterhin. Er führte 1918/19 eine Reihe von Tests durch, um zu belegen, dass die Mondkrater überwiegend durch Meteoriteneinschläge entstanden seien, eine Theorie, die bis dato umstritten war. Es gab daneben eine sogenannte Blasenhypothese, nach der die Krater Reste großer geplatzter Magmablasen waren, eine Gezeitenhypothese, die die Ansicht vertrat, dass sich die Anziehungskraft der Erde auf das noch flüssige Magma ausgewirkt habe, und eine Vulkanhypothese, nach der die Krater vulkanischen Ursprungs seien. Seine Tests belegten für Wegener die Richtigkeit seiner Überlegungen, auch weil er seine Ergebnisse mit den Beobachtungen verglich, die der Geologe Albert Foote in Flagstaff, Arizona, bei seinen Untersuchungen eines erwiesenen Meteoritenkraters gesammelt hatte. Wegener war schon früh überzeugt, dass es mehr große Meteoritenkrater auf der Erde geben musste: »Es ist an sich wenig wahrscheinlich, daß dieser Meteoritenkrater der einzige auf der Erde ist. Namentlich das massenhafte Vorkommen mancher vulkanischer Gläser, wie der Moldavite in gewissen Tertiärschichten Böhmens und Mährens, der Australite in Australien u. a. scheint anzudeuten, daß ähnliche großartige Meteoritenfälle wenigstens in früheren geologischen Zeiten schon wiederholt stattgefunden haben.«[15]

Acht Jahre später bewies er selbst diese Theorie. Im Sommer 1927 reiste er nach Riga, um dort einige Gastvorlesungen zu halten. Von dort fuhr er mit den Rigaer Wissenschaftlern Ernst Kraus und R. Meyer auf die estnische Ostseeinsel Saareemaa (deutsch Ösel). Dort befindet sich ein Kraterfeld, umgeben von einem Ringgraben von etwa 110 Metern Durchmesser. Der Hauptkrater (Kaali-Meteoritenkrater) ist ein Tümpel von etwa fünfzig Metern Durchmesser und fünfzehn Metern Tiefe. Es gibt dazu einige deutlich kleinere Nebenkrater. Fünf Tage lang untersuchten die Wissenschaftler das Gelände und kamen zu dem Schluss, dass die Krater durch Meteoritenfall entstanden waren.

Heute sind auf der Erde allein über hundert Einschlagskrater mit einem Durchmesser von mehr als fünf Kilometern bekannt.

Vielerorts ist der Kraterrand aber durch Erosion abgetragen, oder der Krater selbst ist durch Sedimente gefüllt. Der älteste Einschlagskrater ist der Vredefort-Krater nahe dem Witwatersrand-Gebirge in Südafrika. Er soll ursprünglich vor 2 bis 3,4 Milliarden Jahren eine Ausdehnung von bis zu 320 Kilometer Länge und 180 Kilometer Breite gehabt haben. Größer ist noch der Wilkesland-Krater unter dem Eis der Antarktis. Er misst fast 500 Kilometer Durchmesser und entstand vermutlich vor ca. 250 Millionen Jahren durch den Einschlag eines Meteoriten mit etwa 50 Kilometer Durchmesser. Bekannter ist der Chicxulub-Krater in Yucatán, Mexiko, mit einem Durchmesser von etwa 180 Kilometern, der vor etwa 70 Millionen Jahren entstand, als ein Himmelskörper in den heutigen Golf von Mexiko einschlug, einen Megatsunami sowie einen globalen Temperatursturz auslöste, der unter anderem für das Aussterben der Dinosaurier verantwortlich war.

Wegener dachte seine Meteoritenkrater-Hypothese in Bezug auf die Mondkrater weiter: Der Mond sei im Kern durch den »Zusammensturz einer großen Anzahl diskreter fester Körper entstanden, die in nahe beieinander liegenden Bahnen die Sonne umkreist haben« – was in etwa dem heute weithin anerkannten Modell zur Entstehung des Mondes entspricht, nach dem vor etwa 4,5 Milliarden Jahren der Protoplanet Theia die Protoerde streifte. Die dabei in eine Erdumlaufbahn geschleuderte Materie ballte sich zusammen und formte schließlich den Mond. Wegener weiter: »Es könnte wohl sein, daß die Teile vor ihrer Vereinigung einen Ring um die Erde bildeten, ähnlich der Saturnringe. Es könnte aber auch sein, daß diese Teile selbständige, nicht weit von der Erdbahn abweichende Bahnen um die Sonne beschrieben.«[16]

Neugierde, genaue Beobachtungsgabe, Theoriebildung und

Berechnung – und dabei blieb er nicht auf wenige Themen beschränkt. Bei Winterwanderungen hatte Wegener auf Totholz im Wald merkwürdige, an Haarbüschel erinnernde, mehrere Zentimeter lange, feine weiße Kristalle bemerkt. Er hielt sie zunächst für Pilze, fasste sie an und staunte, dass sie in seiner Hand schmolzen. Es war Wassereis. Außerdem beobachtete er, dass diese Eisart – Haareis oder Eiswolle genannt – nur auf Totholz vorkam, woraus er schloss, dass sie ausschließlich dann entstünde, wenn bestimmte Baumpilze die abgestorbenen Holzstücke befallen hätten. »Augenblicklich beschäftigt mich das auf morschem Holz wachsende Haareis: Ich fand es auf Zechlinerhütte und habe den Zweig mitgebracht. Es ist ein Pilz daran beteiligt, für den ich jetzt einen Botaniker suche. Hier habe ich dank der Hundekälte, die bis vor kurzem herrschte, mit dem mitgebrachten Stück Versuche anstellen können und das Haareis wiederum auf ihm erzeugt. Allmählich wird es sich wohl zu einer kleinen Abhandlung auswachsen …«[17]

Und tatsächlich formulierte Wegener seine Beobachtungen in einem Aufsatz für die Zeitschrift *Die Naturwissenschaften* – Beobachtungen, die hundert Jahre später von Forschern bestätigt wurden. Sie wiesen nach, dass Äste, aus denen das Haareis wuchs, von einer Pilzart, der Rosagetönten Gallertkruste *(Exediopsis effusa)*, befallen waren. War der Pilz entfernt, blieb das Haareis aus. Im Unterschied zu Reif und Raureif entsteht Haareis nicht aus dem Wasserdampf der Luft, sondern aus flüssigem Wasser. Reif wächst außerdem durch Anlagerung von außen, Haareis hingegen wächst förmlich aus den Baumstücken heraus. Denn der Pilz produziert ein Molekül, das die Bildung einer soliden Eisschicht auf nassem Totholz verhindert und bewirkt, dass das im Holz enthaltene Wasser sich als Kristalle in langen Fäden aneinander ablagert.[18]

Doch die Lebenssituation blieb auch nach Kriegsende trotz fachwissenschaftlicher Anerkennung in unterschiedlichen Disziplinen für die Wegener-Familie prekär. Im Januar 1919 nahm die Universität ihren Betrieb wieder auf, und Alfred Wegener hielt erste Vorlesungen – wie vor dem Krieg als Privatdozent mit schmalem Gehalt. Der Traum von einer ordentlichen Professur zerschlug sich bald. »Mit Marburg wird es endgültig nichts«, schrieb er seinem Schwiegervater Wladimir Köppen. »Da gegenwärtig keine neuen Etatstellen geschaffen werden können, käme nur eine persönliche oder außeretatmäßige Professur in Frage, und eine solche wird prinzipiell nur erteilt, wenn der Betreffende daneben eine bezahlte Etatstelle innehat.«[19] Die Bedingungen erfüllte Wegener nicht, und so gab es, obwohl sich die Universität für ihn einsetzte, in Marburg keine Zukunft für ihn.

Insgesamt waren Professorenstellen in der Meteorologie und der Geophysik rar gesät. Aber wenige Monate zuvor, im Dezember 1918, hatte Wladimir Köppen sich nach vierundvierzig Jahren als Meteorologe der Deutschen Seewarte pensionieren lassen. Er hatte Kurt Wegener als Nachfolger vorgeschlagen, doch das Reichsmarineamt wollte Alfred Wegener. Der zögerte, fehlten ihm in Hamburg doch die Universität und der Vorlesungsbetrieb. »Meiner Meinung nach, sollte Alfred zugreifen«, schrieb Wladimir Köppen an seine Tochter. »Es wird nicht so leicht so etwas Günstiges geboten. Ob es in absehbarer Zeit Ordinariate für Meteorologie oder kosmische Physik an deutschen Universitäten geben wird, ist unsicher.«[20] Ausschlaggebend für Wegeners Zusage war neben der familiären Situation wahrscheinlich die Zusicherung des Reichsmarineamts, dass er später an der sich in Gründung befindlichen Hamburger Universität Vorlesungen halten könne. »Seine Bestallungsurkunde zum Abteilungsvorstand an der Deutschen Seewarte trägt das Datum vom 14. September, aber er trat die Stelle am 15. April 1919 an«[21], erinnerte sich Else Wegener. Kurt folgte seinem Bruder wenig später an die Deutsche Seewarte, er wurde Leiter der Abteilung Wetterdienst.

Die Familie zog ins Köppen'sche Haus nach Groß Borstel im Norden Hamburgs. Es war allerdings etwas beengt, und die Erweiterungs- und Umbaupläne des Hauses mussten wegen fehlenden Geldes aufgegeben werden. Elses Eltern zogen in den ersten Stock, die Wegener-Familie bewohnte vier Zimmer im Erdgeschoss und wuchs: Im April 1920 wurde die dritte Tochter, Hanna Charlotte, geboren.

Es war eine arbeitsreiche, produktive und anstrengende Zeit in Hamburg. Wegener verfeinerte seine Theorie der Kontinentalverschiebung, auch durch Diskussionen mit seinem Schwiegervater angeregt, der diese zunächst sehr kritisch betrachtet hatte, sich ihr aber mehr und mehr öffnete und endlich fand, »daß sie das Mittel bot, einen Weg durch das Labyrinth der Paläoklimatologie zu finden«[22]. Es erschienen bald die zweite und dritte Auflage des Buches, und gemeinsam mit Wladimir Köppen veröffentlichte Wegener 1924 *Die Klimate der geologischen Vorzeit*, das man vielleicht als erstes Lehrbuch der Paläoklimatologie bezeichnen kann. Wegener und Köppen rekonstruierten darin die erdgeschichtlichen Klimaepochen. Sie benannten Klimabedingungen, -veränderungen und -entwicklungen und belegten diese anhand von faunistischen und floristischen Funden, von Kohlelagerstätten, die beispielsweise als Zeugen für feuchtes Klima dienten, sowie von Ablagerungen aus »Salz, Gips« und »Wüstensandstein« als Hinweise für trocken-heiße Klimata und nicht zuletzt anhand von Vergletscherungen. Ausgangspunkt waren die heutigen Klimazonen: Beginnend mit der Regenzone am Äquator, folgen nach Norden und Süden je eine subtropische Trockenzone, die gemäßigten Breiten und die vereisten Polzonen. Die

Klimageschichte eines Ortes ist durch seine Lage im Verhältnis zu den Polen und zum Äquator bestimmt, so definierten Köppen und Wegener es in ihrem Buch über *Die Klimate der geologischen Vorzeit*.

Ab 1921 hielt Wegener Vorlesungen an der Hamburger Universität – er war zum außerplanmäßigen Professor ernannt worden. Seine Themen waren die aus Marburg mit einigen Erweiterungen: »Die Erforschung der oberen Luftschichten mit Drachen und Ballonen«, »Aerologie«, »Klimate der Vorzeit«, »Thermodynamik der Atmosphäre«, »Einführung in die Meteorologie«. Dazu richtete er an der Universität ein geophysikalisches Kolloquium ein, ein Diskussionsforum für aktuelle Forschungsprojekte, an dem auch zahlreiche Gastwissenschaftler teilnahmen. Oft fanden die Diskussionsrunden im Wegener'schen Haus statt. Johannes Georgi, der damals wissenschaftlicher Mitarbeiter an der Meteorologischen Versuchsanstalt in Groß Borstel war und später an Wegeners letzter Grönlandfahrt teilnahm, berichtete von dem mitunter etwas seltsamen Gebaren des Hausherrn: »Sehr eindrucksvoll war mir aber auch bei solchen gelegentlichen Besuchen, wie bald Wegener sich bei der Gesellschaft entschuldigte, um im Studierzimmer dringende Arbeiten, meist eilige Korrekturen, zu erledigen.«[23] Was Georgi mit Bewunderung erfüllte – »ohne eine solche Ökonomie wäre seine erstaunliche Produktivität nicht möglich gewesen« –, könnte man auch als eine leichte soziale Phobie interpretieren.

Zwischendurch unternahm Wegener Vortragsreisen – meist mit der *Entstehung der Kontinente und Ozeane* – nach Holland und Skandinavien. Seine Thesen zur Kontinentalverschiebung wurden inzwischen weltweit diskutiert, und »man durfte damals Großborstel das Mekka der an dieser Frage interessierten Geophysiker und Oekologen nennen«[24], wie Georgi es formulierte.

Glaubt man den Zeitzeugenberichten, war Wegener aber am glücklichsten, wenn er Feldforschung betreiben konnte. Nicht verwunderlich für einen Wissenschaftler, der seine Anregungen oft aus der unmittelbaren Anschauung gewann. Zwei Tage in der Woche fuhr er nicht mit der Bahn in die Hamburger Innenstadt, sondern blieb in Groß Borstel, wo die alte Drachenstation, die Wladimir Köppen 1903 eingerichtet hatte, immer noch als Wetterstation mit täglichen Ballonaufstiegen genutzt wurde. Es gab große Pläne, die Forschungsstation auszubauen, aber die galoppierende Inflation der Nachkriegsjahre machte sie zunichte. Stattdessen entwickelte Wegener mit seinen Assistenten Johannes Georgi und Erich Kuhlbrodt einen Spiegeltheodolit für die Ballonverfolgung von fahrenden Schiffen. Die Idee dahinter: Wegener und Kuhlbrodt vermuteten, obwohl es bislang nur Kurzstreckenflüge gab, dass bald auch Transatlantikflüge angeboten würden. Ähnlich wie der Schiffsverkehr seien dann Flugzeuge oder Zeppeline auf die genaue Kenntnis der Winde – in diesem Fall der Höhenwinde – angewiesen, und die Seewarte könnte dabei beratend wirken.

Von März bis Juni 1922 wurde das Gerät von Wegener praktisch erprobt: auf einer Forschungsreise mit dem Frachtschiff *Sachsenwald* der Hamburg-Amerika-Linie nach Havanna und weiter nach New Orleans, organisiert von der Flugzeug- und Luftschiffindustrie, der Hamburg-Amerika-Linie, dem Preußischen Aeronautischen Observatorium in Lindenberg und der Deutschen Seewarte. Am 17. März 1922 lief das Schiff in Hamburg aus, erreichte Mitte April Kuba, dann Ende des Monats Veracruz in Mexiko, wo es zwei Wochen im Hafen lag, um Fracht aufzunehmen. Weiter ging es nach New Orleans und Fernandina (heute Jacksonville).

In den meisten Häfen pflegten Wegener und Kuhlbrodt Austausch mit anderen Wissenschaftlern und ließen ihre Ballone steigen, nur in New Orleans und Fernandina nahmen sie Abstand davon: »Auf Bitte des Kapitäns unterließen wir es, in diesen Häfen Aufstiege zu machen, da wir zur Schiffsbesatzung angemustert waren und der Kapitän bei den rigorosen nordamerikanischen Hafenbestimmungen befürchtete, dass die Behörden, wenn sie unsere Arbeit sähen, uns für Passagiere erklären und das Schiff in Strafe nehmen würden«[25], wie sich Wegener und Kuhlbrodt erinnerten.

Insgesamt ließen die beiden Wissenschaftler auf der 97 Tage langen Reise 132 Ballone aufsteigen. Sie versuchten – lag das Schiff im Hafen –, einen Ballonaufstieg am Tag durchzuführen, war das Schiff unterwegs, deren zwei. Die Bedingungen dafür waren aber überwiegend schlecht: Es stürmte und regnete die meiste Zeit, erst im Bereich der Passatwinde wurde es langsam besser. Dort ließen sie einen Ballon bis zu einer Höhe von 16 250 Metern aufsteigen.

Zwischendurch fand Wegener Muße, zu fotografieren und auch einige, wie Else Wegener schrieb, »lustige Verse«[26] zu schreiben:

»Auf hoher See, Hipp! Hipp! Hurra! Wir fahren nach Amerika.
Wir stampfen gegen Wind und See, sieben Meilen Fahrt, Herrjemine!
Windstärke neun von vorne, o Schreck! Wir nehmen Wasser über Deck
Doch wenn erlahmt des Sturmes Kraft, entfaltet sich die Wissenschaft
Der Doktor schon zu diesem Zwecke, füllt den Ballon hier in der Ecke
Erst muß er tüchtig ›Auftrieb‹ kriegen, dann läßt ihn der Professor fliegen
Das Weitere ist gar nicht schwer: Man guckt von hinten hinterher
Und rechnet dann im Kämmerlein, wie wohl der Wind mag oben sein.

Im Alfred-Wegener-Museum in Zechlinerhütte ist das Originaltyposkript dieses Gedichts zu bewundern.

Die Amerikareise war ein einsamer Höhepunkt, denn sehr glücklich war Wegener in Hamburg nicht. Die Stadt kostete den Forscher viel Kraft. Das Geographische Institut, an dem er Vorlesungen hielt, lag westlich der Außenalster, die Seewarte am Hafen, das Geologische Institut östlich der Alster, und die Familie lebte in Groß Borstel im Norden der Hansestadt. Wegener war ständig gestresst vom Unterwegssein in der ungeliebten Großstadt, und 1922 sagt er zu seiner Frau: »Noch zehn Jahre Hamburg und ich bin erledigt.«[27]

Denn zu den Arbeitsbedingungen kam hinzu, dass die persönlichen Verhältnisse immer problematischer wurden. Die Geldentwertung ließ die Familie verarmen. »Das Gehalt meines Mannes und die Pension meines Vaters reichte nicht mehr für die einfachsten Lebensbedürfnisse. Wir halfen uns mit intensivem Gemüsebau auf dem Vorland der Drachenstation, dem Ertrag unseres Obstgartens am Hause und der Hühnerzucht, die meine Mutter mit Erfolg eingerichtet hatte.«[28]

Doch wohin sollte Wegener gehen? Die Alternativen waren nicht gerade breit gestreut. Professuren waren selten, vor allem für einen eher unorthodoxen Denker wie Alfred Wegener, der sich nicht unbedingt an Fachgrenzen hielt. Manch meteorologischem Lehrstuhl war Wegener zu sehr Physiker, manch physikalischem zur sehr Geograf, manch geografischem zu sehr Geophysiker. In Berlin wurde eine Professur frei, doch die war verknüpft mit der Leitung des Preußischen Meteorologischen Instituts, was noch mehr Bürokratie und weniger praktische Forschung bedeutet hätte. Doch Wegener stand zunächst nicht einmal auf der Vorschlagsliste für die Stelle. Heinrich von Ficker, Professor für Meteorologie an der Universität Graz, führte diese an. Er zog glücklicherweise nach Berlin und schlug als seinen Nachfolger Alfred Wegener vor.

Die Universität Graz war überzeugt, in diesem genau den richtigen Mann gefunden zu haben. In einem Gutachten hieß es: »Alfred Wegener, gleich bekannt als Forscher und Forschungsreisender, muß als der bedeutendste reichsdeutsche Meteorologe bezeichnet werden, wenn auch zugegeben werden muß, daß der Schwerpunkt seines wissenschaftlichen Schaffens wohl in den Untersuchungen nicht rein meteorologischen Inhalts liegt.« Hier klang wieder die fehlende Konzentration auf die Grenzen der Fachwissenschaft an; allerdings wurde sie gleich ins Positive gewendet: »Seine Vielseitigkeit, die sich auf allen Gebieten meteorologischer und geophysikalischer Forschungen bewährt hat und ihre Erklärung in seiner umfassenden physikalisch-astronomischen Vorbildung findet, ist gepaart mit erstaunlichem Fleiße einerseits und Ideenreichtum und Kühnheit der Erfassung anderseits. Trotz seiner Vielseitigkeit ist er einer der wenigen Forscher, denen man einen spezifisch meteorologischen, den Problemen der Meteorologie angepaßten Spürsinn nachrühmen kann.«[29]

Eigentlich hätte man sich schnell einigen können. Wegener wollte aus Hamburg weg, Graz wollte ihn. Die Stelle erschien ihm ideal: kein großes Institut, kaum Bürokratie, viel Zeit für Forschung und Lehre, eine Stadt der kurzen Wege, die Berge in der Nähe. Doch seine Frau zögerte, sie wollte ihre recht betagten Eltern – der Vater zählte fast achtzig, die Mutter fast siebzig Jahre – nicht allein in Hamburg lassen. Der tragische Tod ihres Bruders Lex, der ebenfalls in Hamburg gelebt hatte, bewog die Eltern aber, mit Wegener, ihrer Tochter und ihren Enkelinnen nach Graz zu ziehen.

Lex war psychisch krank aus dem Krieg nach Hamburg zurückgekehrt. Er hatte Naturwissenschaften studiert, »aber statt ins mündliche Examen zu gehen, ging er mit seiner Geige im Rucksack in die Lüneburger Heide unter Hinterlassung eines Abschiedsbriefes«, schrieb Else Wegener in der Biografie ihres Vaters. »Wir setzten alle Hebel in Bewegung, um ihn zu finden, aber nach drei schrecklichen Wochen des Wartens kam auf Umwegen ein Brief mit der Angabe, wo seine Leiche zu finden sei. Wegener fuhr sofort hin und telegraphierte schon am Abend, daß er ihn gefunden habe. So haben wir ihn auf dem Heidefriedhof Unterlüß begraben. In seinem letzten Brief, der bei ihm lag, schrieb er, daß er sich den Anforderungen, die das Leben nach beendetem Examen an ihn stellen würde, nicht gewachsen fühle. Es war ein furchtbarer Schlag für meine Eltern. Noch in Unterlüß entschlossen sie sich, das nunmehr für sie sehr einsam werdende Hamburg zu verlassen und mit nach Graz zu kommen.«[30]

Für Wegener war das ideal, suchte er doch ständig die wissenschaftliche Auseinandersetzung mit seinem Schwiegervater. Trotzdem gestaltete sich der Umzug zunächst schwierig, lagen die Gehaltsvorstellungen zwischen dem zuständigen Ministerium und Wegener zunächst doch deutlich auseinander. Es ging um Details, wie man es bei Wegener gar nicht vermutet hätte: die Anrechnung von Dienstjahren, sich daraus ableitende Gehaltseinstufungen und Pensionsansprüche. Schließlich setzte Wegener sich durch, er bekam achtzehn Dienstjahre angerechnet, wodurch sich sein Gehalt dem Hamburger anglich und die Pensionsansprüche größer und sofort auch für Hinterbliebene wirksam wurden. Am 28. April 1924 wurde er rückwirkend zum 1. April 1924 zum ordentlichen Professor der Meteorologie und Geophysik an der Universität Graz berufen. Gleichzeitig wurde er österreichischer Staatsbürger. Am 10. Mai hielt er seine Antrittsvorlesung – zu keinem meteorologischen Thema, sondern zur Kontinentalverschiebung.

»Die glücklichen Jahre in Graz« nannte Else Wegener die Zeit dort in der Biografie ihres Mannes. »Wo die Mur aus dem südlichen Vorland der Alpen in das weite Grazer Feld hinausströmt, ragt der Schloßberg als Mittelpunkt der Altstadt empor. Die engen Gassen zeigen manch schöne Palaisfront des Adels der Landeshauptstadt von Steiermark. Weit schweift der Blick vom Uhrturm, dem alten Wahrzeichen von Graz, über die langgestreckten Hügel mit ihren hellen Landhäusern in den üppigen Gärten. Breite Kastanienalleen führen hinunter zum Stadtpark auf dem alten Glacis, in dessen Anlagen die Eichhörnchen sich die Nüsse aus den Taschen der Spaziergänger holen und die Vögel sich auf Schulter und Hand setzen, um ihre Körner zu fressen.«[31] Es war ein Idyll, ein wissenschaftliches, weil die Grazer Hochschule damals eine Reihe bedeutender Naturwissenschaftler an sich band – darunter auch aktuelle und spätere Nobelpreisträger wie Fritz Pregl (1923, Chemie), Otto Loewi (1936, Medizin) und Victor Hess (1936, Physik) –, ein bürgerliches, weil der Professorenhaushalt genügend Raum für drei Generationen unter einem Dach bot: die drei Töchter, Else und Alfred, die Köppens. Else Wegener erinnerte sich: »An der Universität herrschte zwangloser Verkehr, bei dem es jedem freistand, mitzumachen oder nicht. Wir pflegten wenig Geselligkeit. Alfred brauchte seine Abende zum Arbeiten. Sehr anregend war in einem Winter ein sonntäglicher Leseabend mit Kollegen, bei dem viel über das Gehörte diskutiert wurde. Auch zu Hause haben wir viel gemeinsam gelesen. Unser ganzes Leben erhielt in Graz einen ruhigen Gang. Hier gab es keine aufreibenden Straßenbahnfahrten, in 20 Minuten war Alfred zu Fuß im Institut. So hatte er neben der wissenschaftlichen Arbeit viel mehr Zeit für die Familie.«[32]

Wegener hielt Vorlesungen über die Optik der Atmosphäre, dann eine zweisemestrige Vorlesung über die Physik der Atmosphäre, unterteilt nach Mechanik, Thermodynamik und Strahlung (erstes Semester), Optik, Akustik und Elektrizität (zweites Semester). Er wollte die Vorlesungen dazu nutzen, ein großes Lehrbuch der *Physik der Atmosphäre* zu verfassen – es erschien postum dann von seinem Bruder Kurt überarbeitet unter beider Namen. Ansonsten verfasste er Aufsätze über Phänomene, die ihm auf der Grönlanddurchquerung aufgefallen waren; so kam es zur »Theorie der Haupthalos« und den »Beobachtungen der Dämmerungserscheinungen und des Zodiakallichtes in Grönland«.

Halos sind optische Erscheinungen in der Troposphäre, wie die untere Schicht der Atmosphäre genannt wird. Sie entstehen durch Lichtbrechung und Spiegelung an Eiskristallen. Weil diese unterschiedliche Formen besitzen, gibt es etwa fünfzig verschiedene Arten von Halos – Ringe, Säulen, Kreise, Bögen und Flecken –, die zusätzlich von der Sonnenhöhe abhängig sind. Das Zodiakallicht ist ein schwacher Lichtkegel, der vor der Dämmerung am östlichen Himmel und nach der Dämmerung am westlichen entlang der scheinbaren Bahn der Sonne sichtbar ist. Er wird durch Sonnenlicht verursacht, das im interplanetaren Staub gestreut wird.

Wegener versuchte in Graz, endlich die Daten aus der Grönlandurchquerungsexpedition zu nutzen und wissenschaftlich zu bearbeiten. Denn der Erste Weltkrieg hatte das bislang verhindert. Auch Johan Peter Koch hatte keine Chance gehabt, viel zu veröffentlichen. 1924 schickte Wegener einen Teil seiner Manuskripte nach Kopenhagen zu Koch, der diese aber aufgrund gesundheitlicher Probleme nicht mehr weiter bearbeiten konnte. Auf Wegeners Vorschlag kamen beide überein, dass Wegener alles Rohmaterial zur Veröffentlichung vorbereiten sollte – und mit Koch dann am Ende nur noch den genauen Text der Veröffentlichung abstimmen würde. 1928, im Todesjahr Kochs, war das Manuskript abgeschlossen, und es wurde 1930, als Wegener wieder auf Grönland war, in Dänemark veröffentlicht.

Zwischendurch gab Wegener noch die vierte Auflage der *Entstehung der Kontinente und Ozeane* heraus – erweitert auf mittlerweile 231 Druckseiten. Er war sich seiner Theorie immer sicherer geworden und reagierte deshalb nicht sehr überschwänglich, als ihm 1928 sein Physikerkollege Hans Benndorf mitteilte, dass »die 1927 ausgeführte dänische Längenmessung im Vergleich mit der im Jahr 1922 durchgeführten den unanfechtbaren Nachweis erbracht habe, daß sich Grönland in den letzten Jahren um 180 m nach Westen das ist also 36 m pro Jahr, verschoben habe; ein Betrag, der mit dem von Wegener 1922 angegebenen von 32 m überraschend übereinstimmt«[33]. Dass die Dänen – wie sich später herausstellte – ebenso falsch gemessen hatten, wie Wegener falsch gerechnet hatte, erfuhr er selbst nicht mehr. Tatsächlich sind seine errechneten und die von den Dänen gemessenen Werte um zwei Dezimalstellen zu hoch, in Wirklichkeit sind es nur einige Zentimeter im Jahr.

Während Wegener Vorträge im Baltikum hielt und dabei den Krater auf der estnischen Insel Saaremaa untersuchte, tobte ein Tornado über Graz und der Steiermark, bei dem auch mehrere Menschen verletzt wurden und ein Kind starb. »Ich ging gleich an die Stelle im Wald, wo die Trombe aufgesetzt hatte, und notierte und zeichnete die Richtung der gefallenen Bäume, um die Wirbelnatur des Sturms festzulegen«, schrieb Else Wegener später – sie wusste, dass ihren Mann diese ungewöhnliche Windhose interessiert hätte. Und richtig: Nach seiner Rückkehr besuchte er sofort die Oststeiermark, wo der Tornado am heftigsten gewütet hatte. Er hatte eine Schneise von etwa fünfzig Kilometern durch Wälder und Dörfer gefräst. »Wir fanden ganze Dachstühle neben die Häuser gesetzt, Schornsteine heruntergeworfen und Geräte weit fortgetragen.«[34] Wegener verfasste einen Aufsatz über »Die Windhose in der Oststeiermark vom 23. September 1927« für die *Meteorologische Zeitschrift*, und als ihn 1928 der Meteorologe Johannes Peter Letzmann aus Tartu (deutsch Dorpat, Estland) besuchte, führten die beiden gemeinsam Experimente durch, um die Entstehung von Tornados zu entschlüsseln.

Das Leben in Graz war geregelt. Wegener lehrte und forschte, er war ein anerkanntes Mitglied der wissenschaftlichen Gemeinschaft dort, und die Hochschule hatte ihre eigenen Rituale, an denen er gern teilnahm. Nachmittags gab es im Institut eine Teestunde, bei der vom Studenten bis zum Professor jeder willkommen war. Sie diente dem Austausch wissenschaftlicher Erkenntnisse, es wurden aber auch fachfremde Fragen besprochen, ein Raum, sich frei auszutauschen. Die Köpfe rauchten – und nicht nur die Köpfe. Als die Institutssekretärin, die wohl im Teestundenraum vor lauter Rauch nicht mehr von der Tür bis zum Fenster gucken konnte, Else Wegener bat, auf der Weihnachtsfeier eine gereimte Strafpredigt gegen das Rauchen vorzutragen, antwortete Alfred Wegener seinerseits mit ein paar Versen – er hatte irgendwie von dem Vorhaben erfahren.

»Ich lobe mir die kurze Pfeife!
Damit der Geist nicht ziellos schweife
Und die Probleme feste greife,
so daß die Arbeit richtig reife,
Ist's nötig, daß wie grüne Seife
Der Rauch euch in die Nase kneife.
Doch ebenso auf der Zigarre
Ich mit Entschiedenheit beharre.
Ist mir's, als ob ich Steine karre,

Als ob die Hirnmechanik knarre,
Dann löst Virginia, die bizarre,
Wohltätig der Gedanken Starre.
Und nun erst recht die Zigarette!
Ach, wer doch solche fette, nette,
Ganz selbstgedrehte und adrette
Kurz: beß're Zigarette hätte!
Ich böt ihm neben mir die Stätte
Und rauchte Kette um die Wette.
Es lebe der Regietabak!
Seit her ich zog mit Sack und Pack,
Im Kittel wie in Lack und Frack,
Stets fand ich am Tabak Geschmack.
Darum trotz Schabernack und Schnack
Hoch der Tabak! Hoch der Tabak!«

Wegener ist auf Fotos häufig mit Pfeife, Zigarre oder Zigarette zu sehen, und viele seiner Tagebucheinträge während der Expeditionen kreisten um das Rauchen – er war offensichtlich schwer vom Nikotin abhängig. Und sein Niveau als Meteorologe, als Geowissenschaftler, als Naturwissenschaftler war glücklicherweise bedeutend höher als sein Level als Verfasser von Knittelversen.

Die Familie schien angekommen zu sein: bürgerliches Leben, keine materiellen Sorgen mehr. Wegener lebte ganz in seiner wissenschaftlichen Arbeit, am Sonntag gab es Ausflüge in die Natur, die Mädchen lernten Skifahren, ab und zu wurde ein Berg erklommen. Doch war Wegener wirklich glücklich? Damit, plötzlich das zu sein, was er immer werden wollte, nämlich ordentlicher Professor? Und als solcher anerkannt zu sein und jeden Morgen, die Nachbarn und Kollegen grüßend, in die Hochschule zu gehen? Am Nachmittag nach Hause zurückzukehren, wo Kinder, Frau und Schwiegereltern warteten? Jeden Tag dasselbe, nur unterbrochen von einer Gletschertour dann und wann – war das genug für einen unruhigen Geist wie ihn? Langweilte ihn nicht die allgemeine Verbürgerlichung? Ängstigte ihn diese unaufhörliche Beständigkeit? Vermisste er das Gefühl des Lebens, der Existenz?

In Marburg hatte ein Eisbärfell sein Arbeitszimmer geschmückt, in Graz erzählte er immer wieder Kollegen und Studenten von seine Arktisreisen. Am 25. Dezember 1906 hatte er während seiner ersten Grönlandreise die schon zitierten programmatischen Sätze in sein Tagebuch geschrieben: »Hier draußen gibt es Arbeit, die des Mannes Wert ist, hier gewinnt das Leben Inhalt.«[35] Es herrschte eine unerfüllte Sehnsucht in ihm. Die wollte raus. Raus aus dem bürgerlichen Leben, raus aus den Vorlesungssälen, raus aus den Sonntagsausflügen. Nicht an die nächste Auflage der *Kontinentalverschiebung* denken müssen. Oder an die der *Thermodynamik der Atmosphäre.*

Die Arktis lockte ihn erneut. Der Geograf und Klimatologe Eduard Brückner hatte Wegener 1927 gefragt, ob dieser dem Vorstand der Internationalen Studiengesellschaft zur Erforschung der Arktis mit dem Luftschiff (Aeroarctic) beitreten wolle, deren Vorsitzender Fridtjof Nansen war. Schon 1924 war diese Gesellschaft vom ehemaligen Luftschiffkommandanten Walther Bruns und dem Meteorologen Arthur Berson gegründet worden. Berson, den Wegener noch gut aus der Zeit in Lindenberg kannte, wünschte Wegeners Teilnahme an einer Zeppelinfahrt, die 1929 über den Nordpol führen sollte. Doch der fand die Erforschung des Inlandeises wichtiger und wollte eigentlich auf der 1928 in Leningrad geplanten Konferenz der Aeroarctic einen Vortrag »Über die Arbeitsbedingungen und die wissenschaftlichen Aufgaben einer Station auf dem grönländischen Inlandeis« halten. Dazu kam es nicht mehr – er sagte den Vortrag ab, weil er sich bereits in den Vorbereitungen zu einer neuen Grönlandreise befand.

Denn Grönland war sein Traumziel, für ihn als Forscher und für ihn als Mensch: »Alexander von Humboldt hat irgendwo in seinen Werken geäußert, es sei so wenig Interessantes in den Polargebieten zu finden, daß sich Expeditionen dorthin nicht lohnten. Hätte er wie wir unter dem flimmernden Polarlicht gestanden mit dem niederschmetternden Gefühl der Ohnmacht gegenüber dieser nicht etwa neu entdeckten, nein seit Menschengedenken bekannten Naturerscheinung, er hätte nie und nimmer so gesprochen!« So zitierte der deutsche Physiker, Meteorologe und Klimatologe August Schmauß in einem Aufsatz Alfred Wegener. »Dort oben über uns entrollte sich die strahlende Draperie in geheimnisvollen Bewegungen; eine gewaltige Lichtsymphonie spielte in tiefstem, feierlichen Schweigen über unseren Häuptern, wie um unserer Wissenschaft zu spotten: Kommt doch her und untersucht mich! Sagt mir, was ich bin!«[36]

Die Forschungsreise nach Grönland sollte im Jahr 1930 stattfinden. Die Bedenken seiner Frau und der Schwiegereltern, dass er vielleicht zu alt dafür wäre – Wegener würde auf der Reise seinen fünfzigsten Geburtstag feiern –, wischte er schnell beiseite: »Grönland ist jetzt soweit bekannt, daß man keine abenteuerlichen Rekordreisen mehr machen muß. Als Leiter einer Expedition würde ich mich keinen sonderlich großen körperlichen Anstrengungen zu unterziehen brauchen. Außerdem stehen mir jetzt ganz andere Hilfsmittel zur Überwindung von Entfernungen zur Verfügung.«[37] Es war beschlossene Sache.

GESCHICHTE DER POLARFORSCHUNG – DER ZAUBER DES EISES

> »Und doch, und doch! Polarnacht, du bist wie ein Weib, ein wunderbar liebliches Weib. Du besitzt die edlen, reinen Züge antiker Schönheit, aber auch ihre Marmorkälte. Auf deiner hohen, glatten Stirn, rein wie der klare Äther, ist keine Spur von Mitgefühl für die kleinen Leiden des verachteten Menschengeschlechts.«[1]
>
> Fridtjof Nansen

Spätestens jetzt stellt sich eine Frage: Warum will ein wohlbestallter Professor von fast fünfzig Jahren losziehen, um auf Grönland zu überwintern? Macht die Arktis süchtig?

Es scheint so. Sehr viele Polarforscher sind im ewigen Eis knapp dem Tode entronnen, haben sich Nase, Zehen und Hände erfroren. Die meisten sind wieder zurückgekehrt in das endlose Weiß. Das muss Gründe haben.

Einer ist sicherlich in der Natur zu finden, in ihrer Schönheit und Überwältigung. Wer einmal an einer zwanzig, dreißig, sechzig oder hundert Meter hohen Gletscherzunge gestanden hat, wer eine bläulich schimmernde Eiswand, die schroff vom Gletscher abgeschliffenen Felsen oder einen still in einer Bucht treibenden Eisberg gesehen hat, der will dies vielleicht immer wieder sehen.

Denn es ist mehr als Anschauung. Diese Natur wird unmittelbar gefühlt. Mit allen Sinnen erlebt und gespürt.

Es gibt eine Fülle von Landschaftsbeschreibungen aus der Arktis; die meisten spielen mit dem Gegensatz von Bedrohung und Zauber. Die Natur ist kein Freund wie in den südlichen, fruchtbaren Gefilden, dem man sich anvertrauen kann, der Leid mindert und heilt. »Der Anblick dieses fürchterlichen Eismeers mit allen seinen glimmernden spiegelglatten Klippen, mit seinen unabsehbaren Spalten und Schlünden, die Aussicht rund umher, soweit das Auge ins Land hineinreichen kann, in die erstarrte gestorbene Natur, wo kein lebendes Wesen, kein Vogel, kein Insekt, kein Wurm sichtbar ist und nur das Schlagen der empörten Wellen, das Knittern des gefrorenen Schnees oder der Donner berstender Eisberge die schauerliche Stille unterbricht, fesselt den Reisenden in sprachlosem Erstaunen und wirkt auf seine gespannten Sinne so lebendig wie die reizendste Gegend Italiens. Dorten ewige Freude, hier ewige Trauer in der Natur!« Das schrieb Carl Ludwig Giesecke auf seiner Reise an die Westküste Grönlands, die von 1806 bis 1813 dauerte. »Und doch«, so fügte er im Mai 1809 hinzu, »die unbeschreiblich schönen Riesengrotten, welche die Sonne und die See mit vereinten Kräften, bald in saphirblaue, bald in smaragdgrüne, bald in silberweise (sic!) kristallklare Eisklippen am Strande gebohrt hat, welche der Ewigkeit zu trotzen scheinen, und doch oft augenblicklich in Trümmer zusammenstürzen, erfüllen die Seele mit einer gewissen bangen Freude.«[2]

Es ist ein Zweiklang aus Anmut und einer lockenden Gefahr, den auch Roald Amundsen verspürte: »Einladend und anziehend liegt die Helle vor uns. Ja, wir hören Dich nach uns rufen, und wir werden kommen. Du sollst Deinen Kuss bekommen, selbst wenn wir dafür mit dem Leben bezahlen.«[3]

Julius Payer, der zusammen mit Carl Weyprecht die große Österreichisch-Ungarische Nordpolexpedition 1872 leitete, verarbeitete das Trauma seiner zweiten Arktisreise – das aufgegebene Schiff, die Flucht nach Süden über das gefrorene Meer, den drohenden Hungertod – auf eine ganz spezifische Weise. Auch ihn ließ die Arktis nicht mehr los, obwohl er niemals mehr dorthin zurückkehrte. Er studierte nach seinen Reisen Malerei und schuf Gemälde aus dem ewigen Eis: bedrohliche Szenen, immer voller Kälte und immer mit einer übermenschlich großen Natur. Gigantische Leinwände, auf die er seine Albträume bannte – ausufernd, beängstigend: *Nie zurück* zeigt auf vier mal dreieinhalb Metern, wie Carl Weyprecht die Mannschaft zum Weitermarsch Richtung Süden überredete – ein düsteres Bild, in dem sich Trauer und Erschöpfung, aber auch Lebenswille zeigen. Payer schuf außerdem einen vierteiligen Zyklus zur Franklin-Expedition, der sich angeblich bis in die 1950er-Jahre in belgischem Privatbesitz befand, seither aber verschollen ist. Das letzte Bild, *Bucht des Todes*, zeigt die letzten Überlebenden im Kampf mit Eisbären auf einem umgestürzten Boot. Keine Hoffnung bleibt ihnen.

Man weiß: Dieser Natur ist man in gewisser Weise ausgeliefert. Sie ist gewaltig, sie kann roh sein, man ist ihr unterworfen. Sie ist zu groß für einen einzelnen Menschen. »Hier ist alles einsam, alles ist leer, alles ist trüb und verzweifelt«, schrieb der italienische Reisende Giuseppe Acerbi Anfang des 19. Jahrhunderts, und er war gerade mal bis zum Nordkap vorgedrungen. »Die nordische Sonne, die Mitternacht in einer Entfernung von fünf Diametern über den Horizont kriecht, und der unendliche Ozean in scheinbarem Kontakt mit dem Himmel bilden die überwältigende Silhouette eines großartigen Gemäldes, das sich dem erstaunten Beobachter bietet. Die Sorgen und Nöte besorgter Sterblicher werden zum Traum; die verschiedenen Formen und Kräfte der beseelten Natur sind vergessen; man nimmt die Erde nur noch in ihren Elementen und als Bestandteil des Sonnensystems wahr.«[4]

Dieses Ausgeliefertsein, dieses Wahrnehmen der Elemente führen auch zu einer veränderten Selbstwahrnehmung. Antje Boetius erzählt, wie sie das erste Mal in der Arktis war, das Schiff verließ und einfach auf den Eisschollen loslief, wissend, unter ihr liegt ein vier Kilometer tiefer Ozean: »Ich musste mich ständig umdrehen und versichern, dass da immer noch das Schiff ist mit seinem schwarzen Rauch und seinen Lichtern. Es hat sich so unvorstellbar angefühlt, dass man jetzt als Mensch so wie Fridtjof Nansen einfach aussteigen kann aus seinem Schiff und losläuft und gar nicht weiß, wo kommt man da an. Dazu wäre ich nicht geboren.« Andererseits spüre man doch schnell eine Verbundenheit mit dieser Landschaft: »Ich habe bald festgestellt, wie unglaublich anders diese Landschaft ist. In ein paar Wochen hat man diesen Blick, wie viele Farben von Weiß es gibt. Dass wir als Menschen ziemlich schnell als Augentiere eine Umwelt aufnehmen und uns mit ihr verbunden fühlen und dann wieder dorthin wollen, das geht wirklich recht schnell. Viele, die ich kenne, haben diese Sehnsucht, wieder ins Weiß zu kommen.«

Auch Fridtjof Nansen hatte diese Sehnsucht. Er liebte die Arktis, auch weil er sich dort besonders spürte. »Ich denke an den arktischen Sommerregen«, sagte er, in einem Interview nach seinen Empfindungen befragt. »An den Sonnenschein, der von Bergen aus Schnee und Eis reflektiert auf kleine Seen aus klarem, sich kräuselndem Wasser, in dem Hunderte von Robben das Wasser auf spielerische Weise in eine glitzernde Gischt aus Regenbogenfarben versprühen. Worin liegt der Charme der Arktis? Gesundheit, strahlende Gesundheit! Deine Muskeln zucken von dem Bedürfnis nach action. Du isst wie ein Pferd und schläfst zwölf oder vierzehn Stunden, ohne einen Traum zu haben. Vor dir ist das unermessliche Unbekannte: um dich herum Stille und Einsamkeit.«[5]

Es ist die Kraft der ungebrochenen Natur, die hier beschworen wird, die das Leben verschönert, die ehrlicher zu sein scheint als jede Form menschlicher Zivilisation. Hier fühlt man sich als Mensch, gelöst von allen Zwängen, allen merkwürdigen Verrenkungen der Kultur, zurückgeworfen auf die ursprünglichen Bedürfnisse und den Genuss derselben. Der Norden bietet das Erleben der Wildnis, das Erleben der wirklichen menschlichen Existenz. Exemplarisch beschrieb das Jack London in seiner 1912 erschienenen Erzählung *Alaska Kid*, in der er seine Erlebnisse als Goldsucher am Yukon, in Dawson und am Klondike verarbeitete und in der er über die Gefühle seiner Hauptperson schrieb: »Er konnte es dann kaum glauben, dass er je ein anderes Leben gekannt hatte als dieses in der Wildnis. Und noch mehr beschäftigte ihn, dass er einst sein Leben im eitlen Großstadtdschungel vertrödelt und verschwendet hatte. Nun, da er allein war und niemand zum Reden hatte, dachte er viel nach, tief und gründlich. Er war nun entsetzt über die verschwendete Zeit in seinen Jahren in der Stadt, über die Oberflächlichkeit der Schulen und Bücher, über den selbstverliebten Zynismus in den Ateliers und Redaktionen, über das falsche Gerede der Geschäftsleute in ihren Clubs. Sie wussten nicht, was Nahrung, Schlaf und Gesundheit bedeuteten, noch hatten sie eine Ahnung davon, was wahrer Appetit ist, die Erschöpfung des Tüchtigen oder die Genugtuung nach getaner Arbeit, die wie Wein durch den ganzen Körper strömt. Während all dieser Zeit in der Stadt hatte es dieses großartige, weise, genügsame Nordland gegeben, und er hatte nichts davon gewusst.«[6]

Sich selbst zu spüren und die schlafende Schönheit durch den Besuch zu wecken und zu erkennen – wer wollte das nicht?

Man musste wahrscheinlich hart gegen sich selbst sein, um

die Polarwelt zu überleben. Aber fast alle Polarreisenden feierten auch diese Härte. Sie ist wie ein Auswahlkriterium für einen exklusiven Klub, in den nur Auserwählte gelangen. »Die Arktis gibt ihr Geheimnis nicht her für den Preis einer Schiffskarte. Man muß hindurchgegangen sein durch die lange Nacht, durch die Stürme und die Zertrümmerung der menschlichen Selbstherrlichkeit. Man muß in das Totsein aller Dinge geblickt haben, um ihre Lebendigkeit zu erleben.«[7] Dieses Zitat stammt nicht von Wegener, sondern von der österreichischen Malerin und Autorin Christiane Ritter, die mit ihrem Mann ein Jahr lang, vom Sommer 1934 bis zum Sommer 1935, allein in einer Hütte im nördlichsten Zipfel Spitzbergens lebte. Oft war sie ganz allein, wenn ihr Mann auf die Jagd ging – einmal neun Tage, während um die Hütte ein Sturm tobte, der sie zwang, den Schutzraum nicht zu verlassen. »Wie allein wir hier oben sind. Niemand bis über den Nordpol hinaus, niemand weit übers Meer bis Nowaja Semlja, niemand bis dreihundert Kilometer südlich.«[8] Und einige Seiten später schrieb sie: »Ich selbst stehe verloren an der Küste. Die Gewalt der weltweiten Ruhe packt mich, ohne daß meine Sinne sie zu fassen vermögen. Und als wäre ich nicht mehr da, so wächst durch mich hindurch der unendliche Raum, zieht durch mich hindurch das Rauschen der Meere, und an den starren Felsen zerweht wie ein Wölkchen das, was einmal eigener Wille war.«[9]

Arktisreisen sind weder Urlaub noch Entspannung. Das waren sie weder zu Nansens, Pearys, Koldeweys oder Wegeners Zeiten, noch sind sie es heute. Es ging und geht um Wissenschaft oder um elementare Erlebnisse. Auch diejenigen, die dort eine wissenschaftliche Aufgabe hatten, suchten und fanden ein elementares Erlebnis. »Ich habe eine emotionale Verbindung zum arktischen Meereis entwickelt, auf dem wir so lange gelebt haben.« So formuliert es Markus Rex, Professor für Atmosphärenphysik an der

Universität Potsdam und Leiter der MOSAiC-Expedition, der größten Arktisexpedition aller Zeiten, die mit dem deutschen Schiff *Polarstern* von September 2019 bis Oktober 2020 stattfand. »Es ist eine Landschaft, die sich ständig verändert. Die Eisfläche lebt, sie bildet neue Risse, manchmal faltet sie sich dramatisch zu riesigen neuen Gebirgen auf. Da schaffen gigantische Kräfte aus dem Nichts einen Presseisrücken, begleitet von Gerumpel und einem Gekreische, das sich manchmal anhört wie ein schreiendes Baby.«[10] Und auch auf dieser Reise gab es Wissenschaftler, die eigentlich von Bord gehen sollten, dann aber die Chance hatten, ihren Aufenthalt dort zu verlängern. Keiner zögerte, das zu tun.

Man sucht sich selbst im Kontakt mit der Natur. Beobachtet die eigene Reaktion, die Wirkung der Natur auf sich. Der deutsche Schriftsteller Stefan Moster schreibt in seinem Buch *Das Fundament des Eisbergs*, dass man nicht in die Arktis fährt, »um Urlaub zu machen oder zu entspannen. In die Arktis reist man nicht wegen des Wetters, sondern um sich selbst wegen, also wegen der Person, mit der man sein ganzes Leben auskommen muss, die einem aber durchaus fremd sein kann und überdies die verflixte Neigung zur Unzufriedenheit mit dem eigenen Dasein aufweist.«[11] Und die sich dann im Kontakt zur und im Erleben der extremen Natur verändern kann. Eine Veränderung, die durchaus sofort erfahrbar ist. Man erfährt sich selbst als Geschöpf dieser Erde, als verbunden mit der Natur. Und das kann sich behaglicher anfühlen als das normale Leben.

Polarexpeditionen sind und waren lang, sehr lang. Wegener war bei seiner ersten Grönlandreise fast zwei Jahre unterwegs, die zweite dauerte unwesentlich länger. Man hatte wie jede Polarexpedition einen Zeitplan, doch ob man ihn einhalten konnte, war wie bei jeder anderen Polarexpedition ungewiss. Nansens *Fram*-Abenteuer dauerte drei Jahre – und als er dann das Schiff verließ, um per Ski zum Nordpol zu gelangen, war unklar, ob er jemals zurückkehren würde. Wie plant man so lange Abwesenheiten? Ohne jeglichen Kontakt? Wie bereitet man sich darauf vor, nicht zu wissen, ob und wann man wieder nach Hause kommt?

Was bringt Menschen überdies dazu, Grönland zu durchqueren, alle paar Kilometer ein Messgerät in das Eis zu rammen und Temperatur und Luftdruck zu messen? Umzukehren war bei Wegeners Durchquerungsexpedition keine Option, denn es gab nichts, wohin die vier hätten zurückkehren können. Das Schiff war abgereist, man erwartete sie an der Westküste. Aber aufgeben, nicht mehr messen, nur noch durchkommen – das wäre eine Möglichkeit gewesen. Braucht man noch eine Rechtfertigung – die Wissenschaft –, weil man sonst sein Tun als sinnlos empfunden hätte? Ist das Heldentum? Wen empfinden wir als Helden? Menschen, die sterben, während sie ihre Aufgabe erfüllen – über die Sinnhaftigkeit der Aufgabe und des Todes denken wir oft dabei nicht nach. Oder war es der Ruhm, den man suchte? Das galt sicher für einzelne Entdecker. Bestimmt für Peary mit seiner Obsession für den Nordpol, wahrscheinlich für Amundsen, der unbedingt aus Nansens Schatten hervortreten und deshalb Erster an einem Pol sein wollte – an welchem, war ihm egal. Auch Nansen hatte den Entdecker- oder Eroberungsdrang, als er sich mit Hjalmar Johansen auf Skiern von der *Fram* aufmachte, um an den Pol zu gelangen. In einem Brief an seine Frau Eva schrieb er: »Eine höhere Macht, über die ich selbst keine Gewalt habe, hat mich angezogen, ein Sog, stärker als ich selbst. Ist es Eitelkeit oder Ehrgeiz?«[12]

Alle kehrten ins Eis zurück. Es gibt zahlreiche Schilderungen von Überlebenskämpfen – so beispielsweise diejenige, wie Nansen und Johansen sich über das Polareis im Norden quälten und dann acht Monate in einem Erdloch, über das sie Walrosshäute gespannt hatten, auf der Jackson-Insel den arktischen Winter überstanden. Solche Beschreibungen haben zwei wichtige Gemeinsamkeiten: Der Zufall half, es war aber nicht allein der Zufall, der sie überleben ließ. Man entrann unter extremen, als lebensfeindlich empfundenen Bedingungen dem Tod – und lebte danach in einem berauschenden Gefühl, der Gefahr entflohen zu sein. Die Einsamkeit einmal durchlebt, die Polarnacht einmal durchlitten, die klirrende Kälte ertragen, einmal dem Tod entkommen – man fühlt sich mehr als Mensch denn je zuvor, als wirklich lebendes Wesen, mit einer Aufgabe, die eines Mannes würdig ist, wie Wegener es formulierte. Und das Wichtigste ist: Man kann das Überleben den eigenen Fähigkeiten zuschreiben – der Kunst der Navigation, der Kunst der Adaption, der Kunst des Schlitten- und Skifahrens, der Kunst, Hunger und Kälte und andere Entbehrungen auszuhalten. Sich selbst. Das muss auch glücklich machen, zumindest hinterher. Man ist eins mit sich selbst. Und die Quelle des Glücks will vielleicht deshalb immer wieder aufgesucht werden. Vielleicht macht es gewissermaßen süchtig und führte dazu, dass es für keinen Entdecker oder Wissenschaftler Ende des 19. und Anfang des 20. Jahrhunderts schwierig war, engagierte Mitstreiter zu finden, wenn es darum ging, eine neue Polarfahrt zu planen. Hjalmar Johansen fuhr mit Roald Amundsen los, obwohl er schon mit Fridtjof Nansen monatelang im arktischen Winter ausgeharrt hatte. Tom Crean war auf drei Antarktisreisen dabei, darunter zweien, die sehr übel endeten. Der kanadisch-amerikanische Polarforscher Robert Bartlett nahm sogar an mehr als vierzig Expeditionen in die Arktis teil, unter anderem an der letzten von Robert E. Peary. Und Alfred Wegener wollte eben auch wieder zurück, trotz des Hungers, des Frosts und des knappen Überlebens bei seiner zweiten Expedition.

GESCHICHTE DER POLARFORSCHUNG – WISSENSCHAFT OHNE REKORDJAGD

Die ersten Polarfahrer stolperten förmlich über irgendwelche neuen wissenschaftlichen Entdeckungen, zu wenig war über die Arktis bekannt. So konnte man reine Entdeckerlust, die viele Polarfahrer antrieb, als Wissenschaft verbrämen. Die Fahrt der *Germania* 1869/70 unter Carl Koldewey, die natürlich den Pol erreichen wollte, brachte beispielsweise immerhin kistenweise Pflanzen und Tiere aus Ostgrönland heim nach Bremen: 89 Gefäßpflanzen, 71 Laubmoose, 52 Flechten, 17 Algen, fünf Gattungen höherer Pilze sowie 13 endophytische Pilze, dazu 218 Tierarten. Jede Fahrt nach Norden vermaß Küsten, zeichnete Karten, lotete Wassertiefen aus und zeichnete Temperaturen auf.

Der Pol selbst war für die Wissenschaft eigentlich ein Nichts – er ist ein einsamer Punkt auf der Erde, nur definiert als derjenige, an dem die gedachten Linien der Längengrade zusammentreffen. Wo alle Zeitzonen zusammenfallen, wo es im Laufe eines Jahres nur einen Tag und eine Nacht gibt. Der deutsche Marineoffizier Carl Weyprecht, der mit Julius Payer die Österreichisch-Ungarische Nordpolexpedition von 1872 bis 1874 geleitet hatte, fand die Suche nach dem Pol höchst unnütz. Er schrieb in einem Brief vom 16. September 1874 an seinen Freund Heinrich von Littrow abfällig von »dem phantastischen Ziele, den Pol zu erreichen und sich dort auf der Erdachse wie in einem Prater-Ringelspiele drehen zu lassen«[1].

Schon früh gab es Entdecker, die stattdessen auf eine gründliche Erforschung des Polarraums setzten. Der erste Internationale Meteorologenkongress in der Wiener Zentralanstalt für Meteorologie und Geodynamik empfahl 1873 die Einrichtung meteorologischer Stationen in den Polargebieten. Aber zunächst blieb es nur bei einer solchen Empfehlung.

Carl Weyprecht selbst brachte frischen Wind in die Debatte. Er verfasste 1875 eine Schrift mit dem Titel *Grundprincipien der arktischen Forschung*, in der er sich für eine systematische Erforschung der Arktis in internationaler Zusammenarbeit aussprach. »Es ist wohl nicht zuviel gesagt mit der Behauptung, daß die Polargebiete für das Studium der Naturwissenschaften die wichtigsten Theile unserer Erde sind«, schrieb er in seinen *Grundprincipien*, in denen er zugleich die bisherige Polarforschung stark kritisierte: »Stellt man die wissenschaftlichen Resultate der vergangenen arktischen Expeditionen zusammen, so wird man finden, daß sie den enormen Mitteln, welche darauf verwendet wurden, durchaus nicht entsprechen … Die wissenschaftlichen Errungenschaften dieser langen Serie von kostspieligen Expeditionen bestehen der Hauptsache nach in der Auffindung des magnetischen Poles, in der Erweiterung unserer Kenntnisse von den naturgeschichtlichen Verhältnissen des hohen Nordens und endlich in der topographischen Beschreibung eines im Detail ziemlich unwichtigen Insel-Conglomerates.«[2] Die Gründe dafür lagen für Weyprecht auf der Hand: »Die Hauptschuld trägt der Umstand, daß der oberste Zweck fast aller Expeditionen die geographische Entdeckung war. Dieser wurde alles Andere untergeordnet und die rein wissenschaftliche Forschung dadurch ganz in den Hintergrund gedrängt. Ursprünglich war es der materielle Gewinn von

Pelz- und Thranthieren, der die Fahrten in das arktische Eis veranlaßte. An seine Stelle trat später der Ruhm der dem großen Publikum in die Augen stechenden geographischen Entdeckung. Die Sucht nach derselben hat solche Dimensionen angenommen, daß heute die arktische Forschung zu einer Art Hetzjagd gegen den Nordpol geworden ist, welche der wissenschaftlichen, nur Wenigen zugänglichen Entdeckung auf allen Gebieten im Wege steht.«[3]

Weyprecht definierte auch, was seiner Meinung nach stattdessen die wichtigsten Aufgaben bei der wissenschaftlichen Polarforschung wären: die Erforschung des Erdmagnetismus und der Nordlichter, die Beobachtung, welchen »Einfluß die Eismassen in der Umgebung der Pole auf die Wärmeverteilung der Erde«[4] haben. Neben Anmerkungen zur Astronomie und Geodäsie, zur Biologie und Geologie stellte Weyprecht vor allem seine fünf »Principien« heraus: »1. Die arktische Forschung ist für die Kenntnis von den Naturgesetzen von höchster Bedeutung. 2. Die geographische Entdeckung in jenen Gegenden hat nur insofern höheren Werth, als durch sie die wissenschaftliche Forschung im engeren Sinne vorbereitet wird. 3. Die arktische Detail-Topographie ist nebensächlich. 4. Der geographische Pol hat für die Wissenschaft keine größere Bedeutung als jeder andere in höheren Breiten gelegene Punct. 5. Die Beobachtungs-Stationen sind ohne Rücksicht auf die Breiten um so günstiger, je intensiver die Erscheinungen, deren Studium angestrebt wird, auf ihnen auftreten. 6. Vereinzelte Beobachtungsreihen haben nur relativen Werth.«[5]

Und er schlug vor, dass mehrere Staaten Forscher in die Polargebiete entsenden sollten, um »mit gleichen Instrumenten und nach gleichen Instructionen durch ein Jahr möglichst gleichzeitige Beobachtungen anzustellen« – was im Internationalen Polarjahr 1882/83 nach einigen Vorbereitungskonferenzen und vielem

Hin und Her auch umgesetzt wurde: An zwölf Stationen in der Arktis und zwei Stationen in der Antarktis wurden vergleichbare Messungen durchgeführt. Diese umfassten Untersuchungen zum Geomagnetismus und zur Erforschung des Polarlichts sowie der Meteorologie, wobei stündlich Temperatur, Luftdruck, Luftfeuchte und Windgeschwindigkeit aufgezeichnet wurden. Am 1. und 15. jedes Monats sollten diese Messungen sogar alle fünf Minuten erfolgen. Teilnehmende Länder waren Großbritannien, das Deutsche Reich, Dänemark, Schweden, Norwegen, die Niederlande, Österreich-Ungarn, Finnland, Frankreich, Russland und die USA.

Die nordpolaren Forschungsstationen lagen rund um den Pol verstreut, mit einem Schwerpunkt im Europäischen Polarmeer. Die nördlichste war die US-amerikanische Fort Conger an der Nordspitze der Ellesmere-Insel auf 81° 44' N. Der Einsatz endete tragisch: Es gelang 1883 nicht, die dort stationierten Männer per Schiff abzuholen, sodass diese sich entschlossen, zu Fuß nach Süden zu marschieren. Sie überwinterten am Kap Sabine auf Pim Island, allerdings konnten dort nur sieben von fünfundzwanzig Männern im Juni 1884 gerettet werden. Im Südpolarmeer gab es zwei Stationen: eine deutsche auf Südgeorgien und eine französische auf Feuerland, wo auch der CO_2-Gehalt der Atmosphäre gemessen wurde.

Das Internationale Polarjahr war ein Erfolg, auch wenn es über fünfzehn Jahre dauerte, bis endlich alle Forschungsergebnisse veröffentlicht waren. Die Internationale Polarkommission, die zuletzt 1891 zusammengekommen war, hatte sich da schon längst aufgelöst. Bemerkenswert war das Polarjahr auch aus politischen Gründen: Erstmals hatte es eine wirklich internationale Forschungszusammenarbeit gegeben. Dass diese später, trotz einiger Bemühungen wie zum Beispiel der belgischen Regierung, die in den Jahren 1905, 1906 und 1908 Gastgeberin einiger internationaler Polarkonferenzen war und auch ein Internationales Polarinstitut gründete, wieder einschlief, hatte mehrere Gründe, die in einem wurzelten: Polarexpeditionen waren teuer. Suchte man Sponsoren dafür, musste man möglichst Sensationelles liefern. Das konnten Entdeckerpersönlichkeiten wie Robert E. Peary oder Roald Amundsen: Sie verkauften sich und ihre Breitengradrekorde, sie verkauften den Schauder der Kälte und der Polarnacht – keine Statistiken über Temperaturen, Luftdruck und -feuchtigkeit. Für Zeitungskonzerneigner wie James Gordon Bennett jr. vom *New York Herald*, der 1879 die Expedition von George W. DeLong in die Arktis finanzierte, lohnte sich das Geschäft nur, wenn exklusive Sensationen zu erwarten waren – ein neuer Rekord oder zumindest ein spektakuläres Scheitern. Und wurden die Expeditionen staatlicherseits, durch nationale Akademien oder Gesellschaften finanziert, gab es immer auch den Hintergedanken, Erfolge als Beweis nationaler Größe zu verkaufen – die lang anhaltende Finanzierung der Suche nach der Nordwestpassage oder dem Südpol durch die Royal Society und die Royal Geographical Society zeigen dies. Daraus folgte, dass sich auch die Wissenschaftsgesellschaften in ihren Expeditionen auf Rekordjagd begaben – Scotts Reise zum Südpol ist ein weiteres Beispiel. Amundsen hatte hingegen erst gar keine wissenschaftlichen Ziele für sich reklamiert.

Ausnahmen waren beispielsweise Expeditionsreisen, wie sie 1891 und 1892–1893 von Erich von Drygalski geleitet wurden. Seine Expeditionen nach Westgrönland wurden durch die Gesellschaft für Erdkunde zu Berlin finanziert. Drygalski bezeichnete Grönland als ein »lebendes Beispiel« für die Eiszeit: »Dort hat man überall den Eindruck des Eises auch in der Gestaltung der Felsen und dem Klima des Landes; das Eis beherrscht die Lebensweise der Organismen, den Charakter der Menschen. Es sind die Verhältnisse, wie wir sie für die frühere Eiszeit Europas und Nord-Amerikas annehmen müssen.«[6] Bei Drygalskis Expedition standen gletscherkundliche Arbeiten im Vordergrund, Ziel war die ganzjährige Messung der Eisbewegung. Schließlich sei das oberste Prinzip der grönländischen Natur das Eis. »Mögen wir Leben und Wirtschaft der Bewohner, mögen wir Nutzbarkeit und Verbreitung der Tiere und Pflanzen, mögen wir den Wert des Bodens und die Gestaltung der Felsen, mögen wir die Wechselfälle des Klimas betrachten, stets finden wir die Wirkung des Eises jetzt und in früherer Zeit.«[7]

Das zweite Internationale Polarjahr fand schließlich 1932/1933 statt; es war von der Wirtschaftskrise gekennzeichnet, brachte aber Erkenntnisse über die Atmosphäre, den Magnetismus der Erde und das Polarlicht hervor. Das dritte fand zusammen mit dem Internationalen Geophysikalischen Jahr 1957/1958 statt, das bislang letzte 2007/2008.

DIE LETZTE GRÖNLANDREISE – VORGESCHICHTE UND VOREXPEDITION, 1929

> »Wir waren nahe daran, im schönen Graz in bürgerlichem Wohlsein zu versinken. Mein Mann lebte ganz seiner wissenschaftlichen Arbeit. Sonntags machten wir in der reizvollen Umgebung mit den Kindern unsere ›Tieftouren‹, wie er zu sagen pflegte, im Herbst Hochtouren in den Alpen, im Winter Skiausflüge. Das schien so in alle Ewigkeit weitergehen zu sollen.«[1]

Die von Else Wegener beschriebenen Lebensverhältnisse änderten sich Ostern 1928. Der Göttinger Meteorologe Wilhelm Meinardus besuchte Wegener und fragte an, ob er eine kleine Sommerexpedition nach Grönland leiten wolle. Ziel war die Messung der Eisdicke mit der seismischen Methode, die der Geophysiker Emil Wiechert entwickelt und der Glaziologe Hans Mothes erstmals auf Gletschern im Ötztal ausprobiert hatte. Dabei wurde ein Bohrloch ins Eis getrieben und darin Dynamit gezündet. Ein Seismometer zeichnete dabei das künstliche Beben und die vom festen Untergrund ausgehenden Wellen auf. Aus der Laufzeit der Wellen ließ sich dann die Dicke des Eises berechnen.

Schon im Januar desselben Jahres hatte Wegener von Johannes Georgi einen Brief erhalten. Der ehemalige Mitarbeiter in Hamburg hatte in den Sommern 1926 und 1927 im Nordwesten Islands eine Reihe von Ballonaufstiegen mit bis zu zwanzig Kilometern Höhe durchgeführt und dabei gewaltige Windgeschwindigkeiten gemessen – den Jetstream, der sich zwischen verschiedenen Temperaturregionen sowie zwischen Hoch- und Tiefdruckgebieten bildet. Um seine Forschungen voranzutreiben, wollte Georgi temporäre meteorologische Stationen an der Ostküste Grönlands und mitten auf dem Inlandeis der Insel errichten. Er bat Wegener brieflich um Rat, und der antwortete am 15. Januar 1928: »Lieber Herr Dr. Georgi, ich gratuliere Ihnen zu Ihren schönen Plänen und wünsche Ihnen herzlich den besten Erfolg.« Und weiter hieß es: »Sie berühren auch die Frage einer Station auf dem Inlandeis. Das ist ja ein alter Plan von Freuchen, Koch und mir. Wäre der Krieg nicht gekommen, so wäre der Plan wohl schon ausgeführt. Aber inzwischen ist Freuchen ein Bein abgenommen worden, Koch ist zu alt geworden und liegt im Krankenhaus, und auch ich habe einen kleinen ›Knax‹ weg und bin kein Jüngling mehr. Ich beabsichtige im 1. Heft der ›Arktis‹ über die Arbeitsbedingungen und wissenschaftlichen Aufgaben einer solchen Station etwas zu schreiben. Sie sehen daraus, wie sehr mich Ihr Plan interessiert.«[2]

Der Briefwechsel mit Georgi und der Besuch von Meinardus ließen in Wegener alte Ideen wiederaufleben. Er schrieb einen detaillierten Plan für eine deutsche Grönland-Inlandeis-Expedition, der zwei feste Stationen vorsah: Beide sollten etwa auf 71° Nord liegen, und zwar mit einer Hauptstation an der Westküste auf etwa 1000 Meter Meereshöhe und einer Station in der Mitte der Insel auf etwa 3000 Meter. »Eismitte« sollte etwa 400 Kilometer von der Küste entfernt von der Weststation aus besetzt und versorgt werden. Wegener selbst würde die Station an der Westküste sowie die gesamte Expedition leiten, während Eismitte von Johannes Georgi betreut würde.

An beiden Stationen war ein ambitioniertes wissenschaftliches Programm vorgesehen: Eisdicken- und Eisdichtemessungen, Messungen der Gletscherbewegungen, Seehöhenbestimmungen auf dem Gletscher, um herauszufinden, ob die Höhe der Eisoberfläche sich verändert, dazu Schweremessungen, um herauszufinden, ob Grönland sich hebt, Temperaturmessungen in tiefen Eisschichten und Forschungen, welche Struktur das Eis in verschiedenen Tiefen hat. An meteorologischen Untersuchungen waren fortlaufende Wetteraufzeichnungen über ein gesamtes Jahr hinweg – auch in Eismitte – mit Temperaturmessungen sowie der Registrierung von Windgeschwindigkeit, Luftfeuchtigkeit und Sonnenscheindauer geplant, dazu so viele Drachen- und Ballonaufstiege wie möglich, um auch Höhenmessungen durchzuführen und ein gestaffeltes Bild durch die Atmosphäre über Grönland zu erhalten. So wollte Wegener unter anderem auch herausfinden, ob Tiefdruckgebiete über das Hindernis Grönland und seine Eiskappe überhaupt hinwegziehen können, was für den beginnenden Flugverkehr auf der Polarroute wichtig war. Denn Flugzeuge bewegten sich damals eher in Höhenlagen von 3000 bis 4000 Metern. »Stößt man da auf ein Tiefdruckgebiet, eine feststehende Front, wäre es nicht so gut, hindurchzufliegen«, sagt die Wissenschaftshistorikerin Cornelia Lüdecke im Gespräch. Und sie nimmt das Ergebnis vorweg: »Tatsächlich gelang es Wegener, nachzuweisen, dass Tiefdruckgebiete über Grönland hinwegziehen. Anhand der Barografenkurven war das deutlich zu erkennen: dass ein Tiefdruckgebiet an der Westküste ankommt und weiterwandert. Denn es wurde auf Eismitte ebenso festgestellt, da dort der Luftdruck sank und später wieder anstieg. Ebenso an der Ostküste.« Vermutet worden war das bereits, aber nie definitiv bewiesen. »Man hatte auch gedacht, dass Tiefdruckgebiete nur weiter südlich, wo die Eismassen nicht ganz so weit aufragen, über Grönland hinwegziehen. Dass das auch im zentralen Grönland passiert, das war wirklich eine neue Erkenntnis.«

Wegener schrieb einen dicken Forschungsförderungsantrag an die Notgemeinschaft der Deutschen Wissenschaft. Diese war im Oktober 1920 gegründet worden, um einerseits Forschern, die keine ausreichenden Einkünfte hatten, wissenschaftliche Arbeit zu ermöglichen und andererseits interessante Forschungsprojekte, die nicht über Haushaltsmittel der Hochschulen zu finanzieren waren, zu unterstützen – als wirkliche Notgemeinschaft. Doch als Wegener 1928 seinen Antrag an sie schickte, hatte sie sich längst zu einer festen, finanzkräftigen Forschungsförderungsinstitution entwickelt, die auch Gelder vom Reichsfinanzministerium und vom Stifterverband der Industrie erhielt. Letzterer erkaufte sich damit die Mitsprache bei der Auswahl von Projekten.

Die Notgemeinschaft setzte eine Grönlandkommission ein, die Wegeners Antrag befürwortete. »Als er der Notgemeinschaft im Sommer 1928 den Plan einer Grönland-Expedition unterbreitete, wußte er ihm zwingende Überzeugungskraft beizulegen«, schrieb deren Präsident, der preußische Kultusminister Friedrich Schmidt-Ott, später. »Schon die Tatsache, daß Alfred Wegener [...] allein zur Heranziehung eines jüngeren Stabes von Polarforschern geeignet schien, drängte zur Ausführung.« Schließlich sollte Deutschland nicht den Anschluss an die wissenschaftliche Polarforschung verlieren. »Aber der Plan und seine Durchführung waren auch allseitig aufs klügste und sorgfältigste ausgearbeitet.«[3] Und er wurde von der Notgemeinschaft noch ergänzt: um eine dritte Station am Scoresby-Sund an der Ostküste, die eigenständig arbeiten und von Meteorologen aus dem Observatorium in Lindenberg überwacht werden sollte.

Die größte Schwierigkeit bei einer solch langen und umfangreichen Expedition war zunächst eine logistische: nämlich, das gesamte Material an die verschiedenen Stationen zu schaffen. Schließlich rechnete man mit etwa 120 Tonnen Gepäck – Nahrungsmittel, wissenschaftliches Material, Bausätze für Quartiere –, das an die Westküste verschifft und vom Schiff über den Küstenstreifen und die Fels- und Schottermoränen auf den etwa auf 1000 Meter Höhe liegenden Gletscher transportiert werden musste. Und von dort musste man etwa zehn bis fünfzehn Tonnen dann nach Eismitte auf eine Höhe von 3000 Metern bringen. So entschied man sinnvollerweise, 1929 eine Vorexpedition in das geplante Gebiet zu unternehmen, an der neben Alfred Wegener noch Johannes Georgi, Ernst Sorge und Fritz Loewe teilnahmen und bei der man herausfinden wollte, wo der geeignete Standort für die Weststation wäre.

Auch wenn die Notgemeinschaft zunächst nur – vor allem aus haushälterischen Gründen – die Mittel für die Vorexpedition bewilligte, ging Wegener davon aus, dass die große Expedition, die von Frühjahr 1930 bis Herbst 1931 geplant war, zustande kommen würde. Er stellte jedenfalls im Oktober 1928 einen Antrag an das österreichische Bundesministerium für Unterricht auf Beurlaubung zu vollen Bezügen von seinen Universitätspflichten für die Dauer beider Expeditionen. Der Antrag wurde auch prompt bewilligt.

Wegener plante und handelte, wie Else Wegener später erzählte: »Der Winter 1928/29 stand natürlich ganz im Zeichen der Vorbereitungen für die Expedition.«[4] Er entwarf ein Haus für die Überwinterung an der Weststation aus großen transportierbaren Platten sowie eine leichtere Konstruktion für Eismitte. »Ich lag mit Hilde der Länge nach auf dem Fußboden, und Alfred maß genau Länge und Breite der geplanten Zwei-Mann-Zelte aus, die sie auf der Vorexpedition benutzen wollten.«[5] Nach dem Messen orderte Wegener die Zelte bei der Sportfirma Schuster in München. Auch schickte er eine Jacke dorthin, die er bei seiner Grönlanddurchquerung am Ende von Inuit bekommen hatte. Solche Jacken mit Kapuze wollte er für die Expeditionsteilnehmer bestellen. Bei den Inuit hießen sie *annoraaq*, was in in ihrer Sprache »etwas gegen den Wind« bedeutete. Die Firma Schuster lieferte und nahm diese Art Jacken hinterher in ihr Programm auf – es war »dies gleichzeitig die Einführung des Anoraks in den europäischen Wintersport«[6], wie Else Wegener resümierte.

Wegener kaufte achtundzwanzig Ponys auf Island, um mit deren Hilfe später das gesamte Expeditionsgepäck von der Anlegestelle des Schiffes bis hinauf auf das Inlandeis zu bringen, und orderte mehrere Dutzend Schlittenhunde auf Grönland. Er wechselte Briefe mit den dänischen Behörden, die sich sehr entgegenkommend zeigten und nicht nur Einreisegenehmigungen für beide Expeditionen erteilten, sondern auch erlaubten, größere Mengen an Benzin, Alkohol und Sprengstoff mit auf die Insel zu bringen.

Sehr wichtig war natürlich die Auswahl der Teilnehmer. Wegener erhielt – so berichtete Else Wegener in der Rückschau – zahlreiche Anfragen und Angebote, er »brauchte Fachwissenschaftler und Spezialtechniker, die aber auch körperlich leistungsfähig waren und die nötige Unternehmungslust, Ausdauer und Selbstverleugnung für eine Forschungsreise in Grönland mitbrachten. Wer in das Polargebiet geht, muß willens und imstande sein, schwere körperliche Arbeit zu verrichten, Entbehrungen, Hunger und Kälte zu ertragen, und darauf gefaßt sein, sein Leben aufs Spiel zu setzen.«[7] Einundzwanzig Teilnehmer umfasste die Expedition schließlich, von denen aber nur Wegener selbst und Vigfús Sigurðsson, der schon bei der Grönlanddurchquerung mit dabei gewesen war, bereits in der Polarwelt überwintert hatten.

Blieb nur noch die Frage der technischen Hilfsmittel: Motorschlitten mit Propellern waren fest eingeplant, denn »die ganz ebene Oberfläche des Inlandeises jenseits der Randzone stellt eine ideale Bahn für Motorschlitten dar, so daß dieser als das naturgemäße und rationellste Beförderungsmittel bei Inlandreisen erscheint«[8], schrieb Wegener selbst. »Flugzeuge würden sowohl in wissenschaftlicher wie in technischer Hinsicht große Vorteile bieten« – und das aus mehreren Gründen: »Weil mit ihrer Hilfe die Transporte schneller beendet werden können« und weil man von ihnen aus Fotos der zu untersuchenden Gletscher aus der Luft machen könnte, »die nicht nur vorzügliches Anschauungsmaterial abgeben würden, sondern auch einen Überblick über die Spaltenbildung, die Anordnung der Moränen und anderes«. Trotzdem aber »können Flugzeuge die Schlittenreisen mit Zugtieren nicht ersetzen«[9].

Die Notgemeinschaft der Deutschen Wissenschaft sperrte sich. Sie genehmigte alles, nur bei den Flugzeugen passte sie. Die Wissenschaftshistorikerin Cornelia Lüdecke zitiert eine interne Aktennotiz, die das in vier Punkten begründet: »1) Der wissenschaftliche Plan würde wesentlich geändert werden. 2) Die Expeditionsversicherung würde sich erheblich verteuern. 3) Es würde in die Rechte der Deutschen Versuchsanstalt für Luftfahrt eingegriffen werden, die ihre kostenlos zur Verfügung gestellten Motoren und auch den Ingenieur zurückziehen würde. 4) Im Schadensfall würde die öffentliche Meinung mangelnde Unterstützungsmaßnahmen vorwerfen, denn üblicherweise würden Fluggesellschaften bei der Einrichtung von nördlichen Fluglinien spezielle Vorkehrungen treffen.«[10] Und in einem privaten Brief vom 17. Dezember 1928 sprach sich Wegener dann selbst auch gegen die Verwendung von Flugzeugen aus. Er hatte Gründe dafür: »Die große Höhe des Inlandeises – schon nahe dem Rande 2000 m, in der Mitte 3000 m – bedingt die Verwendung sehr starker und also teurer Maschinen, die imstande sind, schwerbeladen noch in 3000 m Seehöhe zu starten.« Hinzu kam laut Wegener: »In der Jahreszeit, wo das Schiff Westgrönland erreicht, gibt es, soweit bekannt, nirgends mehr größere Schneeflächen an der Küste, die als Startplatz dienen könnten. Man müßte also mit Schwimmern starten. Die 100 km breite Randzone des Inlandeises besteht aus hartem, sehr unebenen Eis und bietet überhaupt keine Landungsmöglichkeiten, namentlich in der Nähe unserer westlichen Randstation. Man müßte in der Firngrenze zwischenlanden und die Schwimmer durch Kufen ersetzen. Da die Schwimmer bei dieser Landung wahrscheinlich unbrauchbar werden, würden sich der Wiederholung dieses Fluges große Hindernisse in den Weg stellen.«[11] Wolken und Schneefegen würden darüber hinaus die Orientierung erschweren.

Von den Motorschlitten war Wegener hingegen begeistert, vor allem von der Geschwindigkeit, mit der sie angeblich unterwegs waren: »100 km/Stunde maximal, 40–50 km/h im Schnee ist noch immer so überwältigend, daß wir sie nicht entfernt ausnutzen können, wenn die Schlitten die ganze Zeit über betriebsfähig bleiben. Nutzlast etwa 1500 kg bei 2 Mann Besatzung, also mehr als selbst beim großen Flugzeug. Kein Warten auf Flugwetter, sondern Fahrt bei jedem Wetter, auch bei Schneesturm und Nebel. Kompaß und Meßrad liefern zuverlässiges Besteck, sodaß die Route innegehalten und die Depots gefunden werden können. Jederzeit kann für wissenschaftliche Messungen ohne Bruchgefahr angehalten werden.«[12]

Im März 1929 fuhr Wegener nach Finnland, um sich dort die

von der finnischen Luftwaffe genutzten Motorschlitten mit Propellern anzusehen. Begleitet wurde er von seiner Frau und zwei Sachverständigen des deutschen Flugzeugbaus. Doch in Helsinki war überraschenderweise der Winter schon vorbei. Es taute. So konnte Wegener die Schlitten nicht mehr auf unebenem Land ausprobieren, lediglich ein paar Testfahrten auf dem glatten Ostseeeis waren möglich. Wegener beriet sich mit den deutschen Ingenieuren und bestellte dann zwei Schlitten mit geschlossenen Kabinen, allerdings ohne Motoren. Deren Leistung erschien ihm zu hoch: »Statt 500 PS oder mehr brauchen wir nur 100, wodurch sich die Kosten auf den 5. bis 10. Teil reduzieren. Der Benzinbedarf ist entsprechend kleiner.«[13]

Ingenieure der Firma Siemens bauten in Deutschland Flugzeugmotoren in die Schlitten ein. Kostenlos, denn die Deutsche Versuchsanstalt für Luftfahrt und Siemens wollten diese Flugzeugmotoren in 3000 Meter Höhe unter extremen Wetterbedingungen erproben. Das einzige Problem war: Es konnte vor der Abreise nicht mehr getestet werden, ob und wie gut die Schlitten funktionierten. Dafür bereicherten aber zwei für die Motorschlitten verantwortliche Ingenieure das Expeditionsteam.

Von Finnland reisten die Wegeners per Fährschiff nach Stockholm. Dort trennten sie sich: Else Wegener fuhr weiter nach Oslo, um dort die Familie Bjerknes zu besuchen, Alfred Wegener nach Kopenhagen, wo er mit Johannes Georgi, Ernst Sorge und Fritz Loewe zusammentraf, um auf das Schiff nach Grönland zu steigen.

Es war der Frachtdampfer *Disko* des grönländischen Handels, der auch eine besondere Fracht transportierte: den neun Meter langen Motorsegler *Krabbe*, mit dem die vier die Westküste entlangfahren wollten, um einen geeigneten Platz für den Aufstieg auf das Inlandeis zu finden. In Sisimiut (dänisch Holsteinsborg), der heute zweitgrößten Stadt Grönlands, etwa fünfzig Kilometer nördlich des Polarkreises an der Westküste gelegen, wurde die *Krabbe* am 21. April 1928 von Bord gehoben und lief am 26. April mit den vier Wissenschaftlern aus. Erste Station war Ilulissat (dänisch Jakobshavn), wo der Grönländer Tobias Gabrielsen dazustieß, der das Boot in der Zeit, in der die vier an Land waren, betreuen sollte. Am 8. Mai erreichte man Quervainshavn im Ata-Sund, von wo die vier Wissenschaftler ihre erste Schlittenreise auf das grönländische Inlandeis unternahmen. Von hier war im Sommer 1912 der Schweizer Meteorologe Alfred de Quervain zu seiner Durchquerung Grönlands aufgebrochen.

Zwei Ziele verfolgte Wegener auf dieser ersten Tour. Zum einen wollte er eine Aufstiegsstelle auf das Inlandeis finden – zur Reserve, denn eigentlich sollte die große Expedition von einem anderen Punkt weiter nördlich starten –, zum anderen wollte er die neuen, verbesserten Gerätschaften erproben: leichtere Schlafsäcke, leichtere Zelte, leichtere Schlitten. Vor allem die waren eine Neuerung: Zogen bei früheren Expeditionen je zwei Personen einen Schlitten, hatte nun jeder Teilnehmer der Vorexpedition seinen eigenen Handschlitten. Aus dünnem Rohr gefertigt, wogen diese nicht mehr als fünf Kilogramm. Denn Schlitten und Gepäck sollten zusammen nicht mehr als fünfzig Kilogramm auf die Waage bringen, damit man diese dann zur Not auch über unwegsames Gelände tragen konnte und nicht wie bei der Durchquerungsexpedition zurücklassen musste.

Sie schleppten ihr Gepäck über den etwa acht Kilometer breiten Landstreifen am Rande des Inlandeises, und am 19. Mai konnten sie endlich aufbrechen. »Mit Steigeisen an den Füßen zogen sie die Schlitten die steile Schneewehe hinauf«, schrieb Else Wegener unter Rückgriff auf Alfred Wegeners Tagebücher später. »Oben weitete sich der Blick ins Unendliche.«[14] Dreizehn Tage waren die vier unterwegs. Sie bereiteten Messungen der Abschmelzrate des Eises vor, indem sie lange Bambusstöcke in das Eis trieben, an denen sie im nächsten Jahr den Eispegelstand ablesen wollten. Sie merkten, dass die Zelte zwar leicht, aber unbrauchbar waren: Der dünne Boden fror am Firn an und riss beim Loslösen, und die Dächer konnten nur eine sehr geringe Schneelast tragen. Schlecht war auch der sogenannte Amundsen-Pemmikan: Er war noch konzentrierter als der normale, und Wegener und seine Mitstreiter litten nach dem Essen an heftigen Magenverstimmungen.

Abgesehen davon gelangten sie glücklich zurück an Bord der *Krabbe*, mit der sie dann nordwärts dampften, vorbei an kalbenden Gletschern und treibenden Eisbergen, durch Fjorde mit 1000 Meter hohen Felsabbrüchen, auf der Suche nach einer geeigneten Aufstiegsstelle zum Inlandeis. Die eine war unbrauchbar, weil der Gletscher zu stark kalbte, die andere, weil er in zu großen Brüchen zum Ufer abfiel, eine weitere, weil am Ufer zu große Felsbrocken lagen, die den Weg für die Ponys unpassierbar machten. Anderswo befand sich die Gletscherzunge zu weit im Landesinnern. Schließlich kamen sie in den Ignerit-Fjord nördlich der Halbinsel Nuussuaq und der Siedlung Uummannaq, wo in einem Seitenarm in einer Bucht der Qaamarujuk-Gletscher bis fast ans Meer reichte, und das ohne größere Abbrüche. Qaamarujuk bedeutet »helle Bucht«. Sie ankerten, und Fritz Loewe und Johannes Georgi stiegen über den Gletscher auf zu einer Erkundungstour. Vierzehn Stunden später kehrten sie zurück und berichteten, dass der Gletscher, zwar mitunter steil und im Mittelteil mit einigen größeren Abbrüchen, aber ohne Spalten, direkt zum Inlandeis hinaufführe und eine brauchbare Aufstiegsroute darstelle. Es schien der beste Ausgangspunkt für die große Expedition zu sein.

Aber natürlich wollten sie sichergehen, hatten ihnen doch bei der Durchquerungsexpedition die letzten 150 Kilometer vor der Westküste Grönlands mit ihrem zerklüfteten Gelände große Schwierigkeiten bereitet. Eine längere Erkundungstour auf dem Eis erschien daher unumgänglich. Sie kauften in der nahe gelegenen Siedlung Ukkusissat Pelze und Hundefutter, mieteten Hundeschlitten und dreiundzwanzig Hunde und warben sieben Grönländer als Hilfskräfte an. »Ich bin fast erstaunt, wie reibungslos und schnell diese ganze Ausrüstung vor sich gegangen ist. Nirgends die geringsten Schwierigkeiten, nirgends ein unwilliges Wort, nirgends eine Überforderung oder sonstige ärgerliche Zwischenfälle, ohne die so etwas in Europa einfach undenkbar wäre«[15], schrieb Alfred Wegener am 18. Juli 1929 in sein Tagebuch.

Die Schwierigkeiten begannen erst danach. Es galt, das etwa zwei Tonnen schwere Expeditionsgepäck über den Gletscher auf das Inlandeis zu transportieren, hinauf auf 900 Meter Höhe zu einem Nunatak, den sie »Scheideck« tauften. Nunatak wird in der Glaziologie ein isolierter Felsen oder Berg genannt, der über die Oberfläche von Gletschern und Inlandeis hinausragt und der von Gletschern beispielsweise umflossen wird. Dort sollte auch im folgenden Jahr die Weststation errichtet werden. Das Wetter spielte jedoch nicht mit. Am 20. Juli notierte Wegener: »Es ist ein fürchterliches Wetter, ein Föhnsturm, daß wir auf dem Gletscher fast umgeweht werden und das Zelt beinahe wegfliegt. Und dabei gießt es in Strömen, noch mehr als gestern. Gestern lag ich auf der Windseite und wurde links naß, heute bin ich Koch und liege daher an der Türseite und werde rechts naß.«[16]

Doch endlich war alles Gepäck an Scheideck verstaut. Während Loewe und Sorge Eisdicken vermaßen, brachen Wegener und Georgi zusammen mit dem Grönländer Johann Davidson zu einer Hundeschlittenreise ins Landesinnere auf – 200 Kilometer nach Osten, ins weiße Nirgendwo. »Es war lustig, wieder einmal – nach 21 Jahren! – die Hundepeitsche zu schwingen und das Tripp-Trapp all der Hundebeine vor dem Schlitten zu sehen«[17], schrieb Wegener zunächst noch, doch dann frischte der Wind auf, Nebel und Schneefegen setzten den dreien zu.

Das Inlandeis Grönlands steigt vom Rand aus nach innen an. In der etwa dreißig Kilometer breiten Randzone ist es oft sehr brüchig und von Spalten und Furchen durchsetzt, kleine Bäche und Tümpel bilden sich, da hier in der Regel mehr Eis abtaut, als neu hinzukommt. Weiter im Landesinnern wird die Firngrenze überschritten. Dort schmilzt der Schnee nicht mehr ab und wird durch das Antauen im Sommerhalbjahr zu Firn. Die Schneedecke wird vom landauswärts wehenden Wind gestaltet und zu Schneewehen aufgetürmt. Erst etwa 250 Kilometer von der Küste entfernt schläft der Wind langsam ein, und die Schneedecke erstreckt sich glatt wie ein Bettlaken. Doch so weit kamen Wegener, Georgie und Davidson nicht. Und das war auch nicht ihr Ziel.

»Es war ermüdend, Morgen für Morgen Schlitten, Hunde und Zelt erst durch langwierige Grabungen aus den großen, über Nacht entstandenen Schneewehen zu befreien. Durch den Wind litten auf dem Marsch [...] die Augen. Johann bekam auf dem rechten, dem Wind ausgesetzten Auge trotz der Schneebrille eine sehr schwere Augenentzündung und war mehrere Tage völlig blind. Georgi erfror sich den kleinen Finger der rechten Hand so stark, daß eine große Blase stehen blieb. Nein, es läßt sich nicht leugnen: Die Reise ins Innere durch die Windzone ist hart, unsäglich hart. Es ist ein wilder Kampf, und wer nicht unter allen Umständen entschlossen ist, durchzukommen, auch wenn der Himmel einstürzt, der soll lieber zu Hause bleiben.«[18]

Hier klingt erneut an, was Wegener schon bei den ersten Grönlandreisen erwähnte: ein Lob der Härte gegen sich selbst, des Durchhaltevermögens.

Handeln, instinktiv handeln, nicht immer denken. Einfach existent sein. Auch das kann eine Sehnsucht sein. Wegener beschrieb das nicht, trotz aller Selbstreflexion. Vielleicht war er zu sehr Wissenschaftler, der immerfort messen wollte; er hatte damit ja auch die perfekte Begründung, in die Arktis zu gehen. Aber er spürte es wohl: »Des Menschen Wille ist sein Himmelreich! Bei objektiver Betrachtung hätte ich es zweifellos besser haben können, wenn ich in Graz geblieben wäre und dort meine Vorlesungen abgehalten, Bücher geschrieben und zwischendurch schöne Erholungstouren in die Alpen mit Frau und Kindern gemacht hätte«, notierte er am 30. August 1929 in seinem Tagebuch. »Welcher Teufel hatte mich eigentlich geritten, daß ich all diese Herrlichkeiten freiwillig von mir schob und ohne jeden zwingenden Grund in diese von allen guten Geistern verlassene Gegend zog, wo nur das widerliche Schneefegen herrscht? Das Sprichwort vom Esel, dem es zu gut geht und der deshalb auf das Eis (in meinem Falle Inlandeis) geht, paßt eigentlich in fataler Weise auf meinen Fall. Und dennoch fühle ich keine Ernüchterung, sondern nur den Triumph, ja ein leises Bedauern darüber, daß unsere Zeit es nicht zuließ, noch weiter zu gehen.«[19]

Weiter gehen, immer weiter gehen, in der endlos scheinenden weißen Wüste. Doch sie kehrten stattdessen um, erreichten problemlos wieder Scheideck, wo sie auf Loewe und Sorge trafen, und dann die Bucht, in der die *Krabbe* lag. Die Expedition hatte sich gelohnt: Loewe und Sorge hatten eine Eisdicke von 1200 Metern gemessen, Wegener, Georgi und Davidson recht problemlos die Hälfte der Strecke bis zur geplanten Eismitte-Station zurückgelegt, und vor allem hatten sie den Punkt gefunden, wo sie im nächsten Jahr anlanden und die Weststation einrichten konnten. »Sie hatten ihre Aufgabe glänzend gelöst und waren bei der Heimkehr guter Dinge. Alfred wirkte ganz verjüngt«[20], schrieb Else Wegener später.

DIE LETZTE GRÖNLANDREISE – DIE HAUPTEXPEDITION, 1930/31

Zurück in Graz, begann der Countdown, schließlich sollte die große Grönlandexpedition im April 1930 beginnen. Knappe vier Monate blieben für die restlichen Vorbereitungen. Wegener hielt seine Vorlesungen an der Hochschule, aber auch einen Vortrag vor dem Stifterverband der Notgemeinschaft der Deutschen Wissenschaft, da diese die letzten Gelder für die Expedition noch nicht bewilligt hatte. Im Dezember 1929 kam das Geld, »etwas knapp, aber Alfred Wegener wollte ja kein Luxusunternehmen starten«[1], wie seine Frau es formulierte.

Wegener reiste viel: Kopenhagen, Berlin, Graz. Berlin, Kopenhagen, Graz. Immer wieder gab es etwas zu besprechen oder persönlich zu klären. Mal ging es um Finanzen, mal um Ausrüstungsgegenstände, mal um Genehmigungen der dänischen Behörden. Denn um das Handelsmonopol Grönlands zu verteidigen, hatte die dänische Regierung die Insel einem strengen Einreiseverbot unterworfen.[2] Weder Händler noch Touristen noch Wissenschaftler durften die Insel ohne Genehmigung besuchen. Forscher mussten einen Antrag bei der Kopenhagener Kommission für Geologische und Geografische Untersuchungen in Grönland stellen, die dann eine Einreiseverfügung mit genauen Auflagen für den Aufenthalt erließ. Das war keineswegs eine Routineangelegenheit; dem norwegischen Polarforscher Otto Sverdrup war beispielsweise 1898 die Einreise verweigert worden, ebenso wie vor ihm Robert E. Peary im Jahr 1893. Aber inzwischen wurde das großzügiger gehandhabt, und Alfred Wegener kam vermutlich zugute, dass er schon an zwei dänischen Expeditionen auf Grönland teilgenommen hatte.

Es gab viel zu planen, zu überlegen und zu entscheiden. »Gewiß, wir durften hier und da zu einer Verbesserung oder wenigstens Veränderung beitragen, und gerade Alfred Wegener pflegte uns immer wieder um unsere Meinung zu fragen, weil ihm jeder Unfehlbarkeits-Dünkel so völlig fern lag«, schrieb Johannes Georgi später. Aber am Ende entschied Wegener doch selbst, trug er doch die Verantwortung für die Forschungsreise. Doch niemand nahm ihm das übel: »Rückschauend darf Wegeners bezwingende Einwirkung auf seine Kameraden auf zwei Wurzeln zurückgeführt werden: Auf seine Sachkenntnis in allen Fragen der Polartechnik, der Glaziologie, Meteorologie und Aerologie, und auf sein gesundes Urteil solchen Fragen gegenüber, in denen er keine eigene Erfahrung besaß. Zum anderen auf ein ungewöhnlich hohes Verständnis für die seelischen Voraussetzungen, die zu erfolgreicher Arbeit in der Arktis, in den Bergen, ja man darf sagen zu jeder Art von wissenschaftlicher oder sportlicher Tätigkeit erfüllt sein müssen.«[3]

Man brauchte Pferdefutter und Packsättel, Schlitten für Pferde, Hunde und Menschen, Proviant für die Weststation und diejenige mitten auf dem Inlandeis und für die Reisen von da nach dort. Wie viel wovon? Und wie viele Tage würden die Pferde brauchen, um alles Gepäck auf das Inlandeis zu bringen? Wie viel Heu musste man für die Tiere mitnehmen?

Am Ende waren es zwei Eisenbahnwaggons voll, wie Else Wegener ihren Eltern am 24. März 1929 aus Berlin schrieb, wo sie mit ihrem Mann zusammentraf, bevor sie gemeinsam nach Kopenhagen reisten. Denn wie im Jahr zuvor startete Wegener in Kopenhagen mit dem Frachtdampfer *Disko* des grönländischen Handels, der auch diesmal eine außergewöhnliche Fracht an Bord hatte: nicht die *Krabbe*, die in Grönland lag, sondern mehrere eingebaute Pferdeställe und neben der ganzen normalen Ausrüstung der Entdeckungsreise zwei Kisten, »deren Größe die Leute als Umzugsauto bezeichneten«[4] und in denen die Propellerschlitten verpackt waren.

Am 1. April 1930 lichtete die *Disko* den Anker. »Abschied, eine Aufnahme für das Buch, und dann – ja, nun ist der Faden abgeschnitten, jetzt beginnt die Expedition«[5], schrieb Alfred Wegener in sein Tagebuch. Man war unterwegs. »An die Stelle des Abfahrtstrubels ist die dumpfe Dösigkeit getreten, die schwerer Seegang hervorruft.«[6] Erste Station war Reykjavík auf Island, wo fünfundzwanzig Pferde an Bord genommen wurden: »Sie sind drall und sehen einfach ›herzig‹ aus.«[7]

Mit Wegener waren sechzehn Personen an Bord, darunter Johannes Georgi und Ernst Sorge, die gemeinsam in Eismitte überwintern sollten, Fritz Loewe, der die Gletscherbewegungen im Westen beobachten wollte, sowie der Isländer Vigfús Sigurðsson, der schon gemeinsam mit Wegener und Koch Grönland durchquert hatte. In Sisimiut wurde die *Disko* entladen, da von dort die Fahrt mit dem Kutter *Gustav Holm* weitergehen sollte: »Der Haufen unseres ausgeladenen Gepäcks bietet einen imponierenden Anblick. Wäre unsere Teilnehmerzahl und unsere Pferdezahl nicht auch ziemlich groß, so könnte man sagen, ein hoffnungsloser Anblick! Aber wir werden es schon heraufbringen, auch wenn es noch erheblich mehr wird. [Der Expeditionsassistent Georg] Lissey hat neulich zusammengestellt, daß wir 2500 Kolli haben, was allgemein Entsetzen hervorrief. Aber wenn man jedes

Kolli zu 40 Kilogramm rechnet, so kommt man auf die geschätzten 100000 Kilogramm.«[8]

100 Tonnen Gepäck. 100 Tonnen, die sie am Ignerit-Fjord über den Qaamarujuk-Gletscher, über Eis und Moränen hoch auf fast 1000 Meter zum Scheideck zu bringen planten, wo sie die Weststation aufbauen wollten. Dann musste von dort aus die Eismitte-Station eingerichtet werden. Noch war Wegener optimistisch, auch wenn er schon am 29. April notierte: »Es war ein sehr strenger Winter. Die Nordostbucht hat solides Eis gehabt, und es ist sehr fraglich, ob wir die Kolonie Umanak und die Kamarujukbucht erreichen können.«[9]

Ein Teil der Expeditionsgruppe reiste per Hundeschlitten weiter, die anderen auf der ziemlich überladenen *Gustav Holm*. Benzinkanister stand neben Benzinkanister auf dem Deck, und Rauchen war dort strengstens verboten. Wegener musste mit seinen Zigaretten oder Pfeifen unter Deck bleiben. Am 4. Mai erreichte die *Gustav Holm* die Einfahrt zum Umanak-Fjord (Uummaannaq-Fjord). Denn über diesen wollten sie bis zur Gletscherkante fahren.

Doch das Wetter spielte nicht mit. »Die Schwierigkeiten beginnen. In der Nacht zu heute kamen wir an die Eiskante, die noch vor Umanak liegt. Ein Versuch, das Eis zu brechen und in die Bucht hineinzukommen, mißlang. Nun müssen wir durch Tüchtigkeit gutmachen, was das Glück versäumt hat.«[10]

Zu viel Meereis versperrte die Einfahrt. Man war zum Warten verdammt. Wartete, und nichts passierte. So beschloss Wegener, das Schiff ausladen zu lassen und alles zu der nur zehn Kilometer entfernten Siedlung Ukkusissat zu bringen. Doch dort war erneut Endstation, denn das Wasser in der weiteren Fahrrinne war auch noch gefroren. Mit Booten kam man also auch von hier nicht weiter, gleichzeitig war das Eis aber zu mürbe, als dass es beladene Schlitten getragen hätte. »Georgi erzählt, das Eis in der Kamarujukbucht sei jetzt schon so schlecht, daß man einen Stock glatt hindurchstecken könnte. Die Pferde könnten dort schon jetzt nicht mehr gehen«[11], notierte Wegener am 5. Mai in sein Tagebuch. Die *Gustav Holm* dampfte ab, die Expedition wartete. Einen Tag, zwei Tage, fünf Tage: »Wie soll man nur die Geduld aufbringen, um zu warten, bis freies Fahrwasser herrscht?«[12] Zehn Tage: »Noch immer liegt das Eis unverändert, noch immer schneit es, noch immer liegen die Berge in dichten Wolken. – Himmel, Geduld! Georgi bastelt unentwegt an seinen Instrumenten, Lissey schmiert seine Stiefel, worin ich ihm gleich nachfolgen werde, die Isländer haben gekocht, Petroleum geholt und werden gleich anfangen, Schach zu spielen.«[13] Siebzehn Tage: »Himmel, Geduld, Geduld! Auch die kleine Bucht, wo wir letzthin vor Anker lagen, ist wieder mit Eis gefüllt.«[14] Neunundzwanzig Tage: »Um 6 Uhr morgens standen wir auf, aber Petrus gestattete nicht, uns etwas vorzunehmen. Bis nachmittags schneite und regnete es so erbärmlich, daß wir draußen in wenigen Minuten gänzlich durchweicht wären.«[15] Einunddreißig Tage: »Das Wetter ist trübe und meine Stimmung auch.«[16]

Mehr als einen Monat wartete die Expedition schon. Langeweile und Frustration im Team drohten. Zudem hatten sie nur eine bestimmte Menge an Heu für die Pferde an Bord gehabt. Neues war schwer zu besorgen, und dennoch konnte man an ihm nicht sparen. Einen Monat lang hatten die Pferde gefressen, ohne auch nur eines der 100 000 Kilogramm Gepäck nach oben zum Scheideck zu bringen. »Unsere Heuhaufen schwinden beängstigend«[17], schrieb Wegener später.

Erst nach achtunddreißig Tagen nervtötender Wartezeit brach das Eis. Aber nicht vollständig, mit fünfundsechzig Dynamitsprengungen wurde nachgeholfen, damit eine Fahrrinne entstand.

Endlich am Anlegeplatz, musste das Material noch über zerklüftete Moränen und Eisfelder hoch auf den Gletscher gewuchtet werden – vom Meeresspiegel auf etwa 1000 Meter Höhe. Über die Gletscherzunge war das nicht möglich, da die in der Sommersonne brüchig wurde. So bauten die Männer Transportwege durch die Felslandschaft, damit sie mithilfe der Ponys die Kisten aufs Eis schaffen konnten. »Alle wurden wir Transportarbeiter und schufteten von Abendrot bis zum Morgenrot. Wir arbeiteten nämlich des Nachts. Am Tage war es zu heiß für Mensch und Tier in der brennenden, gleißenden Sonne auf dem Gletscher. Daß wir in Grönland so schwitzen sollten, hatte uns in Europa auch nicht geschwant. Uns Polarsäuglingen kam alles überhaupt recht wenig expeditionsmäßig vor. Das Ganze ähnelte sehr dem Betrieb einer Baustelle im Hochgebirge. Von wissenschaftlichen Arbeiten war nicht die Rede. Nur Transport, Transport und noch einmal Transport! Packpferd, Träger, Pferde- und Hundeschlitten und Motorboot, alles war dauernd in Bewegung. Nur die Förderung nicht aufhalten! war die Parole«, so der Expeditionsassistent Georg Lissey.[18]

Jede Nacht zogen die Pferdekarawanen über den Gletscher bergauf, doch die Material- und Gepäckberge am Fuße schienen nicht kleiner zu werden. Die Wege mussten immer wieder ausgebessert oder verändert werden – der Gletscher schmolz. Oberflächenbäche schnitten sich tiefer ins Eis hinein, und die Spalten vergrößerten sich täglich durch die Sonneneinstrahlung. »Die Spalten sind gefährlich. Überall droht man durchzubrechen; dabei sind die Klüfte stellenweise so breit, daß man, hinter dem langen Schlitten gehend, kaum mehr hinüberkommt. Noch schlimmer ist der Quergang! Da rutschen die beladenen Schlitten, zumal es stellenweise bergab geht, seitlich mit einer Kufe in die nur mit unzuverlässigen Schneebrücken geschlossenen Spal-

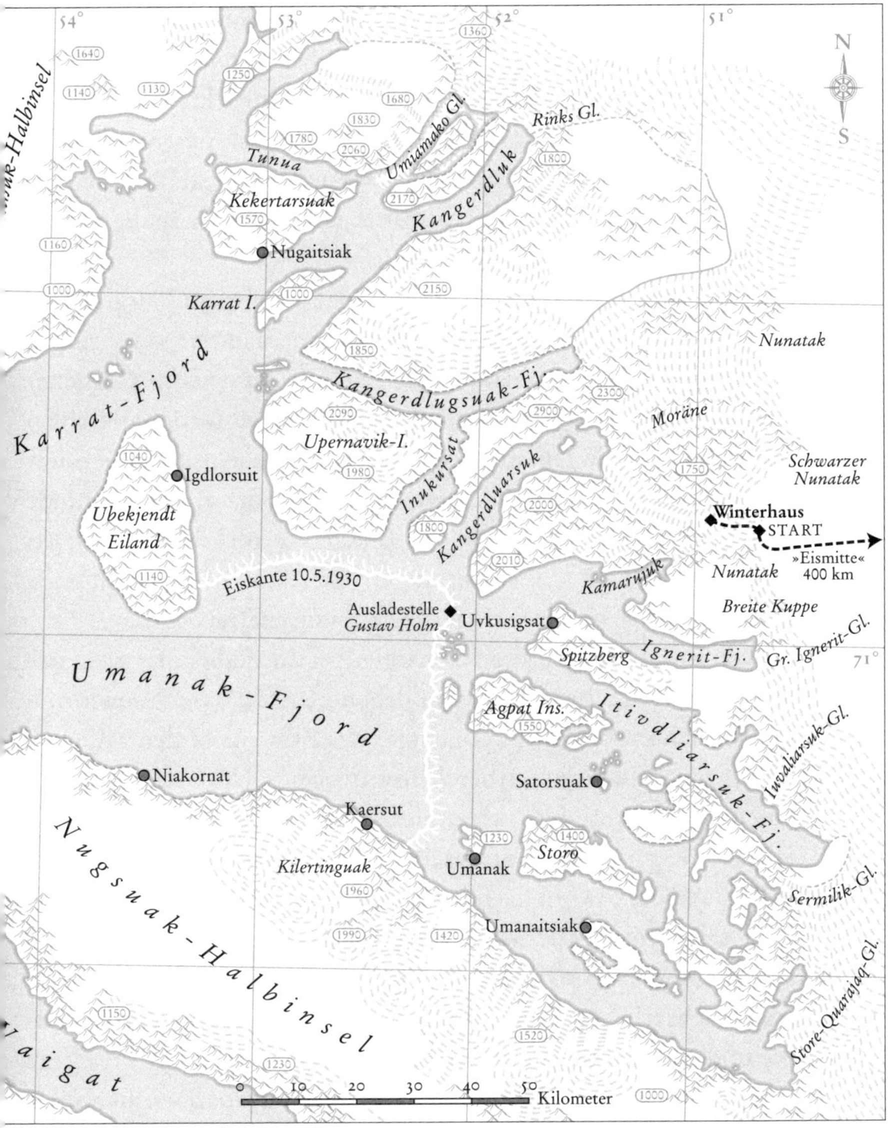

Der Umanak-Fjord. Start der Expedition nach »Eismitte«.

ten hinein und schlagen um. Man steht auf dem weichen Schnee, in den Schlitten und Mann jederzeit einbrechen können, und arbeitet krampfhaft, den Schlitten wieder aufzurichten. Vorn vorn zerren heulend die Hunde, und im Augenblick des Aufrichtens schießt der Schlitten plötzlich vorwärts. Kaum kann man sich anklammern, um gleich darauf über einer andern Spalte zu enden.«[19] So schilderte es Fritz Loewe.

»Wegener selbst war überall«, notierte Johannes Georgi. »Bald legte er beim Bau des Moränenweges mit Hand an oder führte eine Kolonne von grönländischen Helfern an eine im Gletscher auszubauende Traverse. Bald war er mit dem Motorboot ›Krabbe‹ nach der Kolonie Umanak oder den anderen Ansiedlungen unterwegs, um neue Grönländer für Transportarbeiten, Hunde und Schlitten für die Reise ins Innere, getrockneten Fisch als Hundefutter und schließlich sogar das spärliche grönländische Gras als Futter für unsere Pferde heranzuschaffen.«[20]

Der Stimmung war die Plackerei nicht zuträglich. Es meuterte zwar niemand, aber die Nerven lagen blank. Dass Wegener und damit auch die anderen Teilnehmer der Reise nicht den Mut verloren, war erstaunlich. Aber Alfred Wegener hatte schon 1928 in einem Brief formuliert, wie man schädliches Zweifeln vermeiden könne: »Wir brauchen auf unserer Expedition die Suggestion, daß unsere Arbeit sowohl nach ihrer wissenschaftlichen Qualität wie in reisetechnischer Hinsicht eine Rekordleistung ersten Ranges ist. Wir müssen uns in die Vorstellung hineinarbeiten, daß die wissenschaftlichen Probleme, denen wir nachgehen – das Inlandeis und sein Klima –, überhaupt die interessantesten Probleme sind, die es auf der Welt gibt, und andererseits, daß wir bahnbrechend vorgehen in der richtigen Anwendung neuzeitlicher technischer Hilfsmittel und in ihrer Verbindung mit den alten Methoden der Zugtiere. Nur eine solche – objektiv gesprochen übertriebene – Wertung der eigenen Arbeit befähigt zu übernormaler Leistung. Das gilt für jeden Sport, für Alpinistik, und auch für Polarreisen.

Wer in den Alpen einen neuen Aufstieg auf einen bisher unerstiegenen Gipfel sucht, für den versinkt die Welt mit ihren Interessen, bis ihm die Bezwingung dieses Berges als der einzige Sinn seines Lebens erscheint. Und er *braucht* diese Illusion, denn ohne sie käme er ja nicht hinauf. Wird sie – z. B. durch Unfall eines Gefährten – hinweggeblasen, so sieht er plötzlich das Törichte seines Beginnens ein, und die Folge ist ein Erlahmen seiner Klettertätigkeit. Er kann weder vor noch zurück. Versuchte er es dennoch, so stürzte er ab an Stellen, die er vorher mit nachtwandlerischer Sicherheit spielend bewältigte. Ich weiß von meinen früheren Grönlandreisen, daß alle großen Leistungen auch dort durch die gleiche Suggestion getragen werden. Die meisten polaren Unglücksfälle bieten bei objektiver Betrachtung etwas Rätselhaftes: Die Schlittenpartie bleibt plötzlich ohne sichtbaren Grund liegen, hat plötzlich die Fähigkeit zu reisen eingebüßt. Der Grund ist immer das Schwinden dieser Illusion, die lähmende Einsicht, daß man irgendwie ein Stümper ist, daß man etwas verkehrt gemacht hat. Alle Teilnehmer einer Expedition unterliegen unbewußt dieser Suggestion, daß sie es besser machen als alle anderen. Und dreiviertel ihrer Leistung beruhen auf dem Ehrgeiz, dies zu tun und zu zeigen. Der Leiter einer Expedition muß, wenn er seine Aufgabe richtig versteht, diese Suggestion bewußt nähren und darüber wachen, daß sie nicht erlischt. Denn ihr verdankt er den größten Teil aller Erfolge!«[21]

Ob Wegener das immer gelang, ist nicht bekannt. Wohl aber gelang es ihm zu einem Gutteil, denn es ging voran. Zu langsam zwar, wie er selber schrieb, doch schaffte er es offenbar, seine Zweifel für sich zu behalten. Am 19. Juli notierte er: »Meine Depotkontrolle gibt ein ungünstiges Bild vom Gesamtstand der Transporte. Wir schaffen doch nur etwa halb so viel wie vorgesehen.«[22] Zwei Tage später, am 21. Juli: »Ja, nun heißt es die Zähne zusammenbeißen und Transporte machen, Transporte und nochmals Transporte, wenn wir alles hinbekommen wollen.«[23] Und am 5. August: »Ich bin heute niedergedrückt und pessimistisch. Die Sache scheint stark vorbeizuglücken, weil unsere Transportmittel durchgängig mit zu kleinem Nutzeffekt arbeiten, Zähigkeit, Ausdauer, nicht nachlassen und nicht den Mut verlieren, das ist das, was wir brauchen.«[24]

Johannes Georgi war am 15. Juli 1930 mit Ernst Sorge und ein paar Grönländern losgefahren, um die Station in Eismitte einzurichten, mindestens vier Wochen später als geplant. Und allmählich schlug Wegener in seinem Tagebuch einen anderen Ton an als bei früheren Expeditionen. Auch da hatte es hin und wieder Probleme gegeben, und er hatte über körperliche Anstrengung gestöhnt. Aber immer war der Grundton optimistisch gewesen, immer hatte Wegener auch über die Schönheit der Landschaft, über kleine Entdeckungen nebenher, über die Freude an der Arbeit geschrieben. All das war jetzt nicht mehr der Fall – stattdessen rechnete und rechnete er und überlegte, ob es gelänge, schnell genug Proviant, Brennstoff und anderes nach Eismitte zu bringen. »Wir treiben, wie es scheint, allmählich in eine immer unangenehmere Zwangslage hinein. Der kurze Sommer ist bald vorbei, der Weg bis zu der Stelle, wo unser Winterhaus stehen soll, noch lang. Die zentrale Firnstation macht mir ernstlich Sorgen. Die Georgische Schlittenreise brachte nur 700 Kilogramm hinein, wovon Georgi, der gleich dort bleibt, leider gleich einen Teil verbraucht. Loewe wird wohl noch weniger, 600 Kilogramm, hineinschaffen, das ist wirklich nicht so viel für so viele Hunde und Schlitten. 3500 Kilogramm müssen wir aber auf alle Fälle hineinbekommen, sonst können drei Mann nicht den Winter über dort bleiben.«[25]

Währenddessen schleppten die anderen immer noch Material auf den Gletscher, richteten dort langsam die Station ein, spurten Wege und legten Depots auf dem Weg nach Eismitte an – da nicht die Übersicht zu verlieren fiel schwer. Die Wissenschaftshistorikerin Cornelia Lüdecke beschreibt im Gespräch die mannigfaltigen Aufgaben, die es parallel zu bewältigen galt: »Einerseits musste mit den Ponys, mit Schlitten dauernd Material von unten hoch gebracht werden, andererseits musste so schnell wie möglich diese ›Eismitte‹-Station eingerichtet werden. Wegener war auf allen Baustellen unterwegs und hat dabei nicht gesehen, dass nicht alles wichtige Material zur Eismitte-Station gebracht worden war.« Denn Logistik sei nicht seine Kernkompetenz gewesen: »Die ganzen anderen, wesentlich kleineren Expeditionen hatten die Dänen organisiert. Das war nicht sein Ding. Das musste er auch nicht können. Er war ja Universitätsprofessor.«

Wegener machte Fehler. Immer wieder. So legte er keinen Wert darauf, sofort eine Funkstation in Eismitte zu installieren. Er hatte bei all seinen bisherigen Polarexpeditionen nie Funk benötigt – dass direkte Kommunikation überlebenswichtig sein könnte, daran dachte er nicht.

Hinzu kam, dass die Männer immer mehr unter Erschöpfung litten. Der eine klagte über dauernde Müdigkeit, ein anderer über Rheumatismus, ein dritter über nicht nachlassende Schmerzen im Rücken. Der Arbeitsrhythmus war brutal. »Ruhelos wälzten wir uns auf unseren Lagern. Die Sonne machte das Zelt zum Treibhaus«, schrieb Georg Lissey in der Rückschau. »Kaum hatten wir in den Schlaf gefunden, weckte uns Vigfus schon wieder. ›Es ist gleich 8 Uhr. Raus!‹ Immer noch todmüde, kroch man dann schlaftrunken aus seinen Decken hervor, zog Skihose, Anorak,

Strümpfe und Bergstiefel an und setzte sich an den Frühstückstisch. Waschen ist nur Energieverschwendung! Viel wichtiger ist Kaffee. Mit einem Liter dieses braunen Getränks spülten wir den faden Geschmack der allabendlichen Portion Hafergrütze hinunter.«[26]

Wegener wusste: Die Expedition war davon abhängig, dass endlich die großen Motorschlitten auf die Eisfläche hochkamen. Und dass sie danach vernünftig funktionierten. Denn nur so konnte die Versorgung von Eismitte noch vor spätestens Ende September gelingen. Aber bisher steckten die großen Kisten mit den Schlitten irgendwo im Gepäck, irgendwo auf halber Höhe des Gletschers fest. Wegener flüchtete in Autosuggestion. »Wir wollen uns nicht beirren lassen und ruhig weiterarbeiten«, schrieb er am 9. August. »Was es mir leicht macht, über alle die zahllosen kleinen Widerwärtigkeiten des täglichen Lebens hinwegzukommen, das ist doch die große Aufgabe, die vollendet werden soll.« Aber er wusste auch, dass diese Selbstbeeinflussung vielleicht nicht bei allen Expeditionsteilnehmern funktionierte: »Hinge alles allein von meiner eigenen Arbeitskraft ab, so würde ich diesen Schwierigkeiten gern die Stirn bieten. Aber die Energie meiner die ganze Zeit über hart angespannten Kameraden beginnt nachzulassen, und das könnte unsere größte Schwierigkeit werden.«[27]

Er schwankte ständig zwischen Verzweiflung und Hadern, Hoffnung und Mut. Er schrieb von seiner Befürchtung, dass sie es nicht schaffen würden, dann wieder, nur wenige Tage später, änderte sich der Ton. Pferdefutter schien es auf einmal im Überfluss zu geben, die isländischen Arbeiter verpflichteten sich, länger zu bleiben, und die Männer, die auf dem Weg nach Eismitte Depots anlegten, waren mit ihren Schlitten auch schneller als erwartet unterwegs. Und endlich, endlich waren auch die beiden

Motorschlitten oben auf dem Inlandeis angekommen. Der mitgereiste Diplomingenieur Curt Schif von der Deutschen Versuchsanstalt für Luftfahrt in Berlin beschrieb sie wie folgt: »Der Aufbau der Schlitten, stromlinienförmig, mit Kabinenführersitz, einem geräumigen Laderaum und hinten sitzendem Motor mit Druckpropeller, war trotz der mit Rücksicht auf Gewichtsersparnis leichten Bauweise äußerst fest. Vier breite und starke Skier aus Hickoryholz saßen paarweise, durch Gummizüge abgefedert, drehbar auf zwei Achsen. Das vordere Kufenpaar war nach Art einer Automobilsteuerung lenkbar. Ein luftgekühlter Siemens-Sh-12-Flugmotor von 112 PS Leistung diente jedem Schlitten als Antrieb. Für den Brennstoff war ein Behälter, der 200 kg faßte, im Schlitten eingebaut.«[28]

Die Kisten wurden ausgeladen und die knallroten Schlitten montiert. Das ging nicht problemlos vonstatten: Die Aufhängung der Achsen war für die unebene Oberfläche des Inlandeises nicht geeignet und musste umgebaut werden. Man behalf sich damit, dass man ein Stück von den Stahlkufen eines Pferdeschlittens einfügte. Die Schlitten wurden »Schneespatz« und »Eisbär« getauft, und dann suchte man sich einen Startpunkt etwa ein Dutzend Kilometer östlich vom Hauptlager Scheideck, also Richtung Inland, weil ab da das Eis glatter und besser befahrbar war. »Als wir beim Depot waren, hörten wir plötzlich das Singen eines Motors. Wir standen festgebannt und lauschten. Noch zweimal tönte diese Sphärenmusik, und jedes Mal packte es mich so, daß ich stehen blieb und lauschte, bis der Motor wieder abgestellt wurde. Ich hatte das Gefühl: Hier wird ein Traum Wirklichkeit. Ich bin stolz auf die Propellerschlitten, denn sie bedeuten einen wesentlichen Fortschritt in der Polarforschung.«[29] Das notierte Wegener am 29. August 1930, und einen Tag später schrieb er euphorisch: »Ein wunderbarer Tag liegt hinter mir. Es dauerte lange, bis die letzten Verbesserungen an den Motoren vorgenommen waren und dann alles zusammengepackt war. Wir hatten je 350 kg auf den Schlitten, als es losging. Schließlich war aber alles klar, und die Motoren wurden angelassen. ›Schneespatz‹ sprang sofort an, aber ›Eisbär‹ ließ sich nötigen. Immer wieder wurde bei geänderter Propellerstellung versucht, aber vergebens. Dann aber hinein, und nun ging es, nicht schnell, aber doch mit erhoffter Geschwindigkeit, das humplige Inlandeis hinauf. Von Zeit zu Zeit machten wir halt, um den Motor wieder verschnaufen zu lassen.

Ja, nun ist unser Traum Wirklichkeit geworden. Ich bin, gemütlich in geschlossener Kabine sitzend und Pfeife rauchend, auf das Inlandeis gefahren. Eine unerhörte Schlemmerei ist das Ganze. Es kommt mir noch immer ganz unwirklich vor. Wir haben nur selten und auf kurze Augenblicke Vollgas gegeben und haben alle den Eindruck, daß die Schlitten ungefähr das leisten, was wir von ihnen erwarten. Ich habe einen starken Eindruck davon, daß wir in einer neuen Epoche der Polarforschung stehen, die dadurch charakterisiert ist, daß es uns geglückt ist, die neuen technischen Hilfsmittel in rationaler Weise anzuwenden. Bin schon die ganzen letzten Tage in gehobener Stimmung, denn wir siegen jetzt auf der ganzen Linie.«[30]

Doch die Euphorie schwand schnell. Einen Tag später war Wegener enttäuscht, denn die erste Fahrt mit den Schlitten mit Nutzlast auf dem Inlandeis verlief nicht wie erwartet. Es hatte frisch geschneit, der Neuschnee pappte an den Kufen der Schlitten fest, und es war schwer, sie überhaupt in Gang zu bringen. Zwar konnte knapp eine halbe Tonne aufgeladen werden, mehr aber auch nicht. Die größten Schwierigkeiten resultierten nicht aus dem zugeladenen Gewicht, sondern aus der Topografie und den meteorologischen Verhältnissen: Neuschnee, starker Gegenwind oder auch hügeliges Gelände ließen die Schlitten schnell scheitern. »Die ›unbegrenzten Möglichkeiten‹ der Propellerschlitten stellen sich doch als ziemlich begrenzt heraus«[31], schrieb Wegener am 31. August. Am Ende wurde nur Benzin verbraucht.

Dennoch testete und testete er die Schlitten immer wieder. Und immer wieder waren die Resultate eher enttäuschend. Am 3. September brauchten sie zweieinhalb Stunden, um die Schlitten überhaupt flottzumachen. Bergauf schaffte man selbst bei günstiger Bahn nur zwanzig bis dreißig Kilometer pro Stunde, und an Tagen mit starkem Gegenwind waren die Schlitten gar nicht zu gebrauchen. Warum experimentierte Wegener dann so lange mit den Schlitten herum? Die Wissenschaftshistorikerin Cornelia Lüdecke vermutet, dass der Grund Industrieforschung gewesen sei. Und sie kritisiert Wegener: Nach der langen Wartezeit wäre es wesentlich sinnvoller gewesen, die Eismitte-Station mit Hundeschlitten einzurichten. Da hätte man gewusst, dass und wie das funktioniert. Stattdessen schleppte man die schweren Propellerschlitten über den steilen Gletscher hinauf, nur um zu testen, ob sie dort funktionieren würden. Und enttäuscht zu werden.

Für Industrieforschung spricht auch, dass im Abschlussband der Expedition ein Artikel über die Vorzüge und Nachteile der Propellerschlitten veröffentlicht wurde. Der Ingenieur Curt Schif zog darin ein eigentümliches Fazit: »Die Schlitten hatten in den wenigen Tagen, an denen sie gefahren waren, Beträchtliches geleistet.« Und weiter: »Die Reisebedingungen auf dem Inlandeis waren um diese Zeit für Motorschlitten wie auch für Hundeschlitten zu schlecht.«[32] Nur, dass die Hundeschlittenfahrten im September 1930 noch bis nach Eismitte durchkamen, die Motorschlitten aber immer nur bis zum Depot auf halber Strecke (also bei Kilometer 200) zwischen der Weststation Scheideck und Eismitte. Zuletzt am 17. September, auf der Rückfahrt, verreckten dann beide mit Motorschäden. Ein Fehler war wahrscheinlich gewesen, dass man das finnische Schlittenmodell vorab auch auf anderen Untergründen als dem glatten Meereis hätte testen sollen, ein anderer, dass – wie Curt Schif schrieb – »die Motoren für die im Randgebiet liegenden Steigungen und bei dem starken Gegenwind etwas zu schwach waren«[33]. Auch Wegener monierte das: »Unsere Motoren haben nur 100 PS gegen 150 bei den Finnen. Und dabei sind unsere Schlitten größer und schwerer, und sie sollen Lasten, nicht Personen befördern. So schnell beweglich wie die finnischen Schlitten sind wir keinesfalls, können es nicht sein. Wir hätten nicht schwächere, sondern stärkere Motoren gebraucht als in Finnland. Aber die hätten wir freilich nicht umsonst bekommen.«[34]

Wegener hatte sich gefügt. Fügen müssen. Er selbst war allerdings kein Anhänger von Forschung für die Industrie oder die Wirtschaft: »Ich habe die Überzeugung, daß die heutige Bevorzugung ›wirtschaftlich wertvoller‹ Forschung sowohl unklug wie unmoralisch ist. Unklug; denn Hunderte von Beispielen zeigen, daß jede wirtschaftlich wertvolle Entdeckung auf zahlreichen anderen beruht, die keinen erkennbaren wirtschaftlichen Nutzen haben. Schaltet man aber die letzteren aus, so kommt auch die ›wirtschaftlich wertvolle‹ Forschung zum Stehen. – Unmoralisch; denn dem Forscher muß die Entdeckung der Umwelt mit ihren Gesetzen das Allerheiligste sein, dem er sein Dasein weiht. Die Nutzbarmachung für das Leben ist nicht seine Sache, braucht es auch nicht zu sein; denn dafür finden sich schon andere. Schielt er nach praktischem Nutzen, so vergeht er sich am Allerheiligsten und hat aufgehört, Forscher zu sein.«[35]

Dass er nun so lange an den Propellerschlitten festhielt, lag wahrscheinlich auch daran, dass das Zeitfenster der Expedition sich immer weiter schloss. Denn während an der Weststation alles einigermaßen nach Plan lief, weil man dort nicht so unter Zeitdruck stand, das Winterquartier einzurichten, wusste Wegener, dass es in Eismitte, an der zentralen Firnstation, nicht gut aussah: Dort war bislang nur wenig Proviant, das Winterhaus fehlte noch, und die Petroleummenge war auch nicht ausreichend. So schienen die Propellerschlitten ihm vielleicht der letzte Strohhalm, an den er sich lange – vielleicht zu lange – klammerte.

Doch Anfang September verlor Wegener alle Illusionen. Während Ernst Sorge mit der dritten Versorgungsfahrt nach Eismitte unterwegs war – er sollte dort mit Johannes Georgi den Winter über bleiben –, merkte Wegener, dass die Reise dorthin mit den Propellerschlitten nicht zu bewerkstelligen war. Sein Tagebucheintrag vom 6. September liest sich wie ein Aufschrei: »Was nun? Jetzt ist die Katastrophe da. Es ist unmöglich, die zentrale Firnstation in der vorgesehenen Weise auszurüsten. Eine neue Hundeschlittenreise muß organisiert werden, und diese Hundeschlittengruppe muß ganz hinein gehen nach 400 Kilometer. Vermutlich werde ich selber an ihr teilnehmen müssen.« Und er fragte sich, ob es überhaupt noch möglich wäre, die Eismitte-Station den Winter über zu betreiben. »Die Situation, in der sich die Expedition infolge dieses Versagens der Motorschlitten befindet, ist einfach unerträglich. Wir können doch nicht die Besatzung der Station zurücknehmen. Das wäre doch für das ganze Programm eine Katastrophe! […] Himmel, in was für eine Situation sind wir unversehens hineingetrieben.«[36]

In Eismitte wohnte zu dieser Zeit Johannes Georgi immer noch allein – seit Ende Juli, kurz unterbrochen durch einen eintägigen Besuch eines Versorgungstrupps Mitte August. Am 13. September kam dann der nächste, dem auch Ernst Sorge angehörte. Anderthalb Monate allein in Eismitte, 400 Kilometer, mindestens sechs Tagesmärsche mit Hundeschlitten vom Hauptquartier entfernt. Ohne jede Verbindung. Auch im folgenden Jahr würde er noch einmal drei Monate dort allein verbringen. Seine Briefe und Tagebücher legen eindrucksvoll Zeugnis ab vom Leben in der Einsamkeit. Die Expeditionskameraden verließen ihn am 1. August 1930. »Mein erstes Geschäft: Kleider vom Leib und waschen, zwar nur mit Schnee, aber auch das erfrischt. Lufttemperatur –10° bis 8°, aber wenig Wind (NW) und starke Strahlung: Adamskostüm sehr behaglich.«[37] Er richtete die Station ein, maß dreimal täglich Temperatur und Luftdruck, führte erste Ballonaufstiege durch, verbesserte sein Equipment – er nähte »einen Fußsack aus Renntierfell (sic!) zum Sitzen und Überziehen über das Ende des Schlafsackes«[38] – und machte sich Sorgen um seine Familie daheim. Am 17. August schrieb er in einem Brief an seine Frau: »Weißt Du, ich habe dauernd Sorge, daß Dir etwas passiert. Es ist ja so gefährlich bei Euch in Europa. Elektrische, Autos, die ganze Hast und Mechanisierung.«[39] Es liest sich ein bisschen absurd, bedenkt man, dass Georgi zu dieser Zeit bei Temperaturen von maximal um den Gefrierpunkt mitten im Inlandeis Grönlands saß.

Die Tagebücher und Briefe verraten aber auch, warum er so lange durchhielt. Ein Grund ist wohl ein Brief, den ihm Wegener am 22. Januar 1930, also noch vor der Reise, schrieb und in dem es hieß: »*Was auch geschieht, die Sache darf nicht darunter leiden. Sie ist unser Heiligtum, sie bindet uns zusammen. Sie muß hochgehalten werden unter allen Umständen, auch mit den größten Opfern.* Das ist, wenn Sie so wollen, meine *Expeditionsreligion*, und sie ist erprobt.«[40]

Den zweiten Grund formulierte er selbst in einem Brief an seine Frau aus Eismitte. Am 6. September 1930 schrieb er: »Ein Mann hat das Bedürfnis, irgend etwas *Besonderes* zu leisten. Gerade diese Wochen hier allein, das erstemal, daß überhaupt so etwas versucht wurde, sind für mich eine solche Leistung, bei der *Alles* auf die Probe gestellt wird: die wissenschaftliche, die körperliche und die seelische Spannkraft, die letztere natürlich in einem bedeutenden Maße. Ich kann sie aufbringen, aber ich weiß, was es bedeutet, vor allem unter äußerst primitiven Lebensverhältnissen. Schon auf der Zugspitze werden von *der Seite* an die Meteorologen im Winter hohe Anforderungen gestellt. Aber hier ist der Kampf gegen Kälte, Wind und Schnee natürlich noch viel unmittelbarer. Und dieses Erlebnis wird mir für das ganze weitere Leben, wenn ich wieder in ›normale‹ Verhältnisse untergetaucht bin, eine Rückenstärkung bedeuten!«[41]

Männlichkeits- und Resilienzstärkung durch monatelanges Alleinsein unter widrigen Umständen. Oder vielleicht ist Georgis Satz auch Teil der großen Autosuggestion, die Wegener gefordert hatte.

Am 18. August 1930 kam ein Versorgungstrupp in Eismitte an. Er blieb eine Nacht, brachte Instrumente und Werkzeuge sowie Briefe von Wegener. Der beschrieb mit Datum vom 31. Juli sehr optimistisch die Fortschritte beim Entladen des Gepäcks und beim Hochschaffen auf die Weststation: »Hier geht alles ungefähr den gewollten Gang, auch wenn es hin und wieder etwas hapert. Ein Pferd fiel in eine Spalte und endete in der Bratpfanne.« Die Motorschlitten seien fast oben an der Eiskante. *»Und dann dauert es nicht mehr lange, bis sie kommen.«* Und er schloss den Brief: »Alles arbeitet angestrengt, aber die Stimmung ist zuversichtlich. *Wir schaffen es!*«[42]

Am 13. September kam Ernst Sorge mit der dritten Versorgungsfahrt in Eismitte an. Die anderen fuhren am 18. September wieder zurück an die Westküste. Georgi und Sorge überschlugen rasch die vorhandenen Vorräte und schrieben einen Brief an Wegener, den sie den Zurückfahrenden mitgaben: »Die Lebensmittel würden für zwei Mann 10–11 Monate, für 3 Mann 7 Monate reichen. Der Brennstoffvorrat genügt noch längst nicht. Bei einem Tagesbedarf von 4 Litern reicht ein Dunk [ein Kanister, G. W.] 10 Tage, 3 Dunke einen Monat, 27 Dunke 9 Monate. Es liegt also noch ein Bedarf von 17 Petroldunken vor (Gewicht 680 kg).«[43]

Georgi und Sorge waren vor allem darüber besorgt, dass der Hundeschlittentransport, mit dem Sorge eintraf, unterwegs nicht wie geplant von den Motorschlitten überholt worden war. Diese sollten unter anderem das aus vormontierten Stücken zusammensetzbare Winterquartier, das Firnhaus, nach Eismitte bringen. Die beiden Wissenschaftler konnten nicht wissen, dass die Motorschlitten nicht oder nur unzulänglich funktionierten, ahnten aber, dass da irgendetwas schieflief: »Die Tatsache, daß uns die Propellerschlitten nicht eingeholt haben, schafft eine neue und für uns gefährliche Lage. Wir beide sind damit einverstanden, auch falls das Firnhaus infolge Versagens der Propellerschlitten nicht hierher gebracht werden kann, hier zu zweit zu überwintern.« Dafür sei allerdings noch einiges an Ausrüstung unabdingbar: Zelt und Skier, ein heugefüllter Strohsack sowie Kisten mit persönlichem und wissenschaftlich-technischem Material. Georgi beklagte vor allem die geringe Anzahl von Ballons zur Höhenmessung. Sie schlossen den Brief mit den Worten: »Ist dieser Bedarf bis zum 20. Oktober nicht hier oder uns nicht bestimmt angekündigt, so würden wir an diesem Tag mit Handschlitten abmarschieren. Wir hoffen jedoch, daß Sie jeden Tag mit Propellerschlitten eintreffen werden und daß damit alle Schwierigkeiten behoben sind.«[44]

Als die beiden den Brief an Wegener schrieben, hatte der sich aber schon längst entschlossen, einen weiteren Hundeschlittentransport nach Eismitte zu schicken. Er selbst wollte den Transport anführen, Fritz Loewe und dreizehn Grönländer, darunter Rasmus Villumsen, sollten ihn begleiten. Er wusste, es war gefährlich. Denn eigentlich hatte er selbst eine Regel aufgestellt: Zu dieser Jahreszeit hat man in solchen Breiten keine mehrtägigen Schlittenreisen mehr zu unternehmen.

Sie waren gerade aufgebrochen, da trafen sie auf den zurückkehrenden dritten Transport, und Wegener bekam Sorges und Georgis Brief überreicht, der ihn nur noch in seiner Absicht bestärkte, nach Eismitte zu reisen. Denn von dort Ende Oktober ohne Hundeschlitten nach Westen zu reisen – das war mehr als nur lebensgefährlich. Zudem: Die Station und die Forschung dort waren ihm immer noch wichtig.

Ein Grönländer kehrte mit der dritten Transportgruppe zurück zur Weststation, die anderen zwölf zogen mit Wegener und Loewe weiter. Es ging unendlich langsam voran. Die Temperatur sank täglich, und der Wind von vorn nahm immer mehr zu. Es war strapaziös, und so kam es schon am 28. September, nach sechs Tagesreisen, in denen sie gerade einmal 62 von 400 Kilometern geschafft hatten, zum ersten heftigen Rückschlag: Acht Grönländer wollten unbedingt umkehren, sie sahen sich den Schneestürmen und dem Nebel nicht gewachsen. Wegener musste erneut umplanen. Er gab den Rückkehrern einen Brief an Karl Weiken mit, der die Weststation managte: »Meine Befürchtungen sind eingetroffen. Unsere Schlittenreise ist durch die Ungunst des Wetters zusammengebrochen. Von den zwölf Grönländern fahren heute acht nach Hause. Es hat große Mühe gekostet, die andern vier bei uns zu halten. Und ob es gelingt, mit ihnen bis 400 zu kommen, muß sich noch zeigen. Wir haben heute früh –28,2 Grad, Schneefegen und Gegenwind, eine liebliche Witterung. Wir versuchen jetzt das fehlende Petroleum nach 400 hineinzubringen, sonst nur Kleinigkeiten. Ob Georgi und Sorge dann dort bleiben oder mit uns herausfahren, muß sich noch zeigen. Wenn es geht, möchte ich ja die Station den Winter über halten, aber nur dann. Das Ganze ist eine schwere Katastrophe, und es nutzt nichts, es sich zu verheimlichen. Es geht jetzt ums Leben.«[45]

Und er schrieb noch, auch zur Begründung, warum sie weiterzogen: »Sorges Plan, am 20. Oktober mit Handschlitten abzumarschieren, halte ich für undurchführbar. Sie würden nicht durchkommen, sondern unterwegs erfrieren.«[46] Und so schleppte sich die dezimierte, nun sechsköpfige Wegener-Truppe weiter.

Johannes Georgi und Ernst Sorge hatten sich nach der Abreise der anderen am 18. September in ihrer Station eingerichtet. Sie teilten sich zunächst das sogenannte Sommerzelt, maßen täglich mehrmals Temperatur und Luftdruck, ließen Ballone aufsteigen und bauten sich tief im Firn unterirdische Gänge und für die Überwinterung. Am 5. Oktober maß Ernst Sorge minus 37 Grad in dem Zelt, in dem er und Georgi übernachteten. Die beiden beschlossen, nun unter die Schneeoberfläche zu ziehen, um vor der erbarmungslosen Kälte Schutz zu suchen. Ernst Sorge beschrieb später, wie es dort aussah: »Das grönländische Inlandeis besteht in den oberen Schichten aus ›Firn‹. Es hat etwa dieselbe körnige Beschaffenheit wie nasse Reiskörner, die in der Kälte zusammenfrieren. Dieser Firn erwies sich als ein vorzüglicher, leicht zu bearbeitender, sehr fester Baustoff und zugleich als ausgezeichneter Kälteschutz. Wir hatten in den letzten Wochen mit Messer, Fuchsschwanzsäge und Spaten unterirdische Gänge und Räume aus dem Firn herausgeschnitten. Am 5. Oktober ›zogen wir um‹, das heißt wir brachten unsere Ausrüstung in die Firnhöhle und schliefen von nun an nicht mehr im Zelt, sondern unten. Die Firndecke von 1,60 m Stärke hielt jede Kälte ab. Schlafkojen aus Firn waren beim Ausschachten gleich stehengelassen worden. Der Zugang zur Firnhöhle wurde durch 3 Vorhänge aus Säcken, Gummi- und Renntierfellen (sic!) abgeschlossen.«[47]

Die Firnhöhle scheint eine gewisse romantische Ausstrahlung besessen zu haben, vielleicht vor allem im Vergleich zur klirrenden Kälte über dem Eis: »Unser erster und stärkster Eindruck war der, als ob wir in einer Krypta aufgebahrt lägen. Alles weiß wie Marmor, unsere Lager rechtwinklig wie Marmorsockel von Sarkophagen. Zauberhaft blau schimmerte von oben der letzte Rest des Tageslichtes durch die Firndecke. Dazu das matte Licht einer kleinen Lampe, die das Gewölbe geisterhaft unwirklich erhellte, so daß man den Raum erst nach und nach auftauchen sah. Alles das machte auf uns einen geheimnisvollen, etwas unheimlichen Eindruck. Wir fühlten uns in dem von keinem Wind beunruhigten Raum bald geborgen. Die kleine, von Georgi aus einer Konservenbüchse und photographischen Glasplatten angefertigte Petroleumlampe bewährte sich vorzüglich.«[48]

Es schien dort unten ein leichteres Leben als zuvor oben zu sein. Ernst Sorge pries den Firn als Baustoff: »Braucht man Firn zum Wasserkochen, so schneidet man sich ein Stück aus der Wand heraus. Durch Wiederholung dieses Verfahrens entstehen zugleich nützliche Wandschränke. Will man Abwaschwasser oder sonstige Flüssigkeiten fortgießen, so sticht man mit dem Skistock ein Loch in den Boden und gießt das Zeug hinein. Es verschwindet spurlos. Ist das Lager zu hoch oder zu schräg, nimmt man Schlafsack, Strohsack und Rentierfelle fort und schneidet es sich passend zurecht. Steht eine Kiste auf dem Boden wacklig, so dreht man sie einige Male hin und her, dann steht sie tadellos fest. Will man etwas an der Wand aufhängen, so braucht man nur einen Draht oder einen Holzpflock in die Wand zu stechen. Dann hast du auch gleich die besten Wandhaken für Töpfe, Kleider und Instrumente.«[49]

Es steckte aber auch eine Portion Galgenhumor darin oder der Versuch, die Kälte und die Ungewissheit nicht zu dicht an sich herankommen zu lassen. Johannes Georgi schrieb später, dass sie sieben Monate lang »bei einer Raumtemperatur von –10° bis –20° leben mußten«[50]. Die Außentemperaturen betrugen im Winter in Eismitte oft minus 50 Grad Celsius, und Fotos zeigen Sorge und Georgi mit Mütze, Pelzjacke oder auch Schlafsack bis über den Kopf gezogen und in dicke Pelze gehüllt bei der Arbeit in ihrer Firnhöhle.

Etwa zur gleichen Zeit, als Georgi und Sorge die Winterhöhle bezogen, befand sich Wegeners Trupp bei Kilometer 151. Noch trennten ihn knapp 250 Kilometer von Eismitte. Die Gruppe schrumpfte weiter. Drei Grönländer wollten umkehren. Wegener ließ sie ziehen und gab auch ihnen einen Brief mit, datiert auf den 6. Oktober. Er berichtete darin, wie langsam sie wegen des weichen, tiefen Schnees nur vorwärtskamen – maximal waren es fünfzehn Kilometer am Tag, manchmal nur zehn, an anderen Tagen kamen sie gar nicht voran: »Wir reisen von hier mit drei Schlitten weiter, die später auf zwei reduziert werden sollen, und hoffen so, wenn auch praktisch ohne Nutzlast, Georgi und Sorge zu erreichen, sei es bei der Station Eismitte oder schon auf dem Rückmarsch.« Sein Ziel sei es, die Station Eismitte auch im Winter, und sei es nur als klimatologische, weiter zu betreiben. Sollten Georgi und Sorge zurückkehren wollen, würden Loewe und er dort überwintern. »Freilich mit 1,3 Liter Petroleum pro Tag, also unter sehr primitiven Verhältnissen, aber doch, wie wir meinen, genügend gesichert.« Zudem hätten die Rückkehrer dann genügend Hundegespanne sowie Rasmus Villumsen als Begleiter zur Verfügung und fänden unterwegs genügend Depots vor, was die

Die Routen der Entdecker durch Grönland und entlang seiner Küsten.

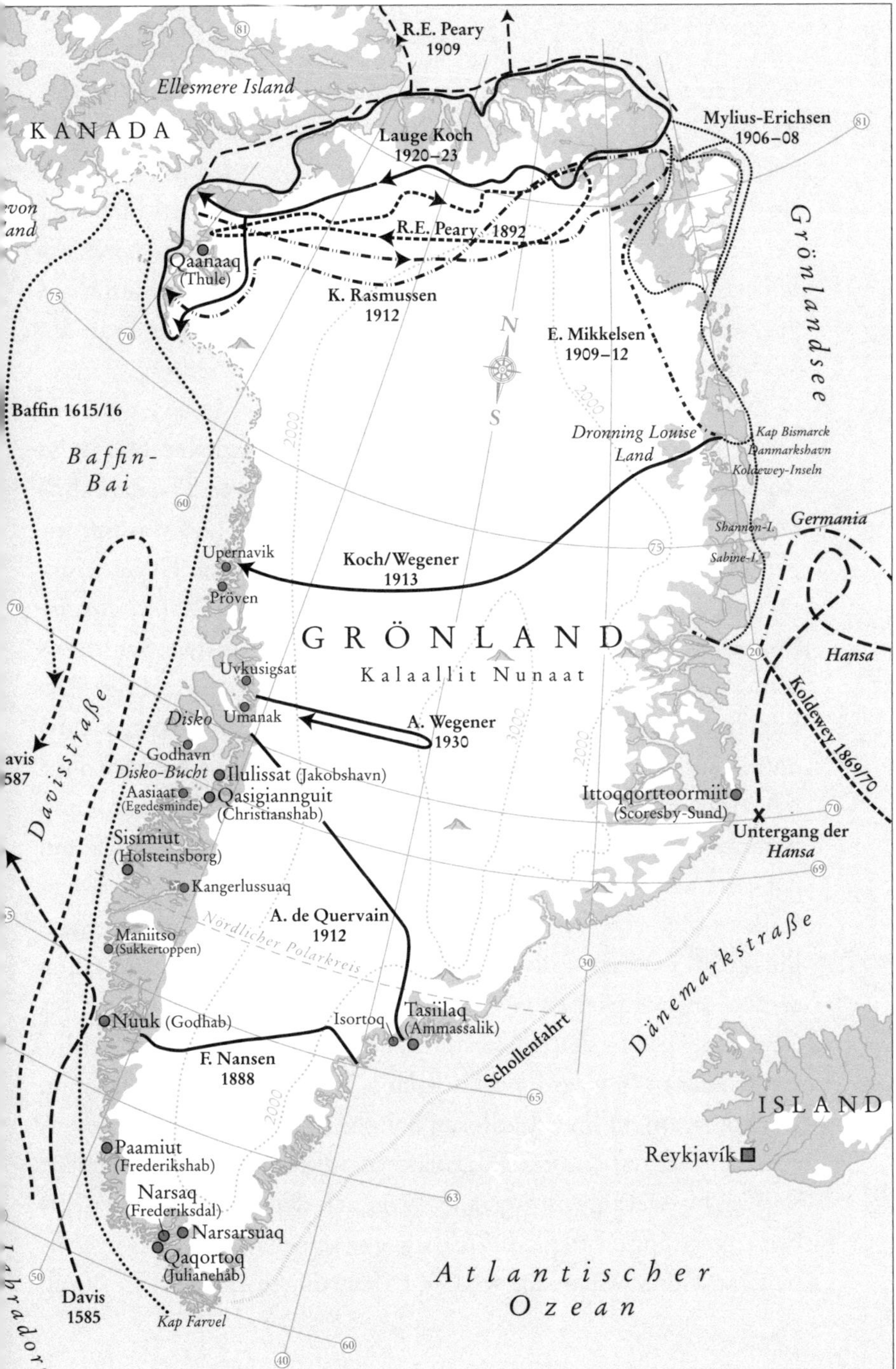

R.E. Peary 1909
Ellesmere Island
KANADA
Lauge Koch 1920–23
Mylius-Erichsen 1906–08
R.E. Peary 1892
Qaanaaq (Thule)
K. Rasmussen 1912
E. Mikkelsen 1909–12
Grönlandsee
Baffin 1615/16
Baffin-Bai
Dronning Louise Land
Kap Bismarck
Danmarkshavn
Koldewey-Inseln
Germania
Shannon-I.
Sabine-I.
Upernavik
Koch/Wegener 1913
Pröven
GRÖNLAND
Kalaallit Nunaat
Hansa
Uvkusigsat
Umanak
Disko
A. Wegener 1930
Koldewey 1869/70
Godhavn
Disko-Bucht
Ilulissat (Jakobshavn)
Aasiaat (Egedesminde)
Qasigiannguit (Christianshab)
Ittoqqortoormiit (Scoresby-Sund)
Untergang der Hansa
Davisstraße
Sisimiut (Holsteinsborg)
Kangerlussuaq
A. de Quervain 1912
Maniitso (Sukkertoppen)
Nördlicher Polarkreis
Dänemarkstraße
Nuuk (Godhab)
Isortoq
Tasiilaq (Ammassalik)
Schollenfahrt
F. Nansen 1888
ISLAND
Reykjavík
Paamiut (Frederikshab)
Narsaq (Frederiksdal)
Narsarsuaq
Qaqortoq (Julianehåb)
Atlantischer Ozean
Davis 1585
Kap Farvel
0 100 200 300 Kilometer

Rückreise ermöglichen würde. Ansonsten bestünde die Gefahr, dass sie in den Gebieten, wo die Niederschläge so stark seien, eventuell stecken bleiben und umkommen würden. Er kündigte Karl Weiken, der ihn in seiner Abwesenheit als Expeditionsleiter vertrat, drei Rückkehrer an und beendete den Brief mit den Worten: »Es geht uns gut, bisher keine Erfrierungen, wir hoffen auf guten Ausgang. Lassen Sie und Ihre Kameraden sich nicht in der Verfolgung der wissenschaftlichen Aufgaben beirren.«[51]

Zu dritt waren sie nun unterwegs – Wegener, Loewe und Villumsen. Nebel und Schneestürme waren ihre Begleiter. Das Land war wie in Watte gehüllt, eine milchig weiße Kälte. Die drei ahnten mehr, als dass sie wussten, wohin sie gingen. Die Markierungen waren verweht, Schneewehen überall. Immer Gegenwind. Es ging kaum vorwärts. Fritz Loewe beschrieb die Schlittenreise hinterher folgendermaßen: »Die Hunde des ersten Schlittens schwammen, ruderten bis zum Bauch im losen Pulverschnee. Die folgenden Schlitten kamen etwas besser vorwärts, solange sie die Kufen auf der Spur des vorausfahrenden Schlittens halten konnten. Aber sie war manchmal in dem diffusen Licht der jetzt schon dämmrigen Tagesstunden nicht genau zu verfolgen, und kaum rutschte der Schlitten seitlich von der festen Bahn herab, so versank er mit seinen 250 Kilogramm Last sofort bis an die Querhölzer im weichen Pulver. Wollte man ihn dann wieder in Gang setzen, so bedurfte es verzweifelter Arbeit, bei der man sich bis über die Knie in den Schnee einwühlte. Endlich war der Schlitten wieder in Bewegung, aber nach wenigen Augenblicken schon steckte er erneut im grundlosen Schnee fest.«[52]

Sie erreichten Kilometer 170 am 10. Oktober. Es wurde kälter, dreißig bis vierzig Minusgrade. Wegener, der von den letzten Tagen angestrengt war, plädierte entgegen seiner sonstigen Gewohnheit für einen Wartetag, weil er Erfrierungen im Gesicht durch den lebhaften Gegenwind fürchtete. Am 13. Oktober war die Hälfte geschafft – Kilometer 200. Sie standen vor dem großen Depot, das mehrere Hunde- und Propellerschlittenfahrten hier aufgetürmt hatten und das nun langsam in Schneeverwehungen versank: aufgestapelte Kanister mit Petroleum und Benzin, Kisten mit Konserven und Pemmikan, der Bausatz des Winterhauses für die Eismitte-Station.

16. Oktober: Kilometer 230. 20. Oktober: Kilometer 292. Das war der Tag, an dem die beiden aus Eismitte aufbrechen wollten. Doch in der Zwischenzeit hatten Georgi und Sorge ihren Plan geändert. Ernst Sorge schrieb später: »Wir warteten und warteten auf die vierte Schlittenreise, die uns unser Winterhaus, Petroleum und Instrumente bringen sollte. Aber niemand kam. Nach unserem Brief vom 18. September an Wegener sollten wir am 20. Oktober zur Küste abmarschieren. Nun gaben wir noch eine Woche Wartezeit zu. Aber auch zum 27. kam niemand. Und da faßten wir nach gründlicher Überlegung den Entschluß, entgegen unserer Mitteilung, den ganzen Winter hier in ›Eismitte‹ zu bleiben. Uns war bekannt, daß die Station ein Hauptpunkt in Wegeners Programm war. Und da wir nunmehr in unserer Firnhöhle eine Lebensmöglichkeit während des Winters sahen, blieben wir hier. Am meisten bedauerten wir das Fehlen von Radio. Daher gab es keine Möglichkeit, die Kameraden von unserer Lage zu benachrichtigen. Wir hofften nur, daß keine Schlittenreise unterwegs war. Sie dürfte ohne Erfrierungen kaum abgehen.«[53]

Liest man Sorges und Georgis Expeditionsberichte, so stellt man fest, dass es nicht nur die Liebe zur Wissenschaft oder die Pflichterfüllung war, die die beiden in Eismitte hielt. Natürlich kam auch die Furcht vor der Wanderung durch 400 Kilometer Eiswüste hinzu, weil die Handschlitten wohl auch schwerer zu bewegen waren als geplant. Aber sie hatten auch ihre Routinen gefunden, sie nahmen täglich die meteorologischen Daten auf, maßen die Dicke der Firnschichten und fanden immer wieder Gelegenheit, die Natur zu bewundern: einen Schneesperling, der plötzlich auftauchte, einen Polarfuchs, der sich einige Wochen bei ihnen aufhielt, den eisklaren Himmel tagsüber, die Sternenwelt über ihnen nachts.

24. Oktober: Alfred Wegener, Fritz Loewe und Rasmus Villumsen erreichten Kilometer 335. Ein Ruhetag, weil sie fest damit rechneten, dass Georgi und Sorge nun hier eintreffen würden. Und wieder sprachen sie darüber, wie sie weiter vorgehen sollten: Weiter, zurück, in Eismitte überwintern?

Die Hunde hungerten, es gab nicht genug Futter, und sie begannen, ihr Ledergeschirr aufzufressen. Das Marschtempo lag immer noch bei täglich etwa fünfzehn Kilometern. Alles hatte seine Routine: Loewe und Villumsen kümmerten sich morgens um die Tiere, während Wegener das Zelt zusammenpackte und das Frühstück zubereitete. Der Pemmikan, die fleisch-, fett- und getreidehaltige Nahrung, war so hart gefroren, dass er mit dem Hammer zerschlagen werden musste. Dann ging es wieder auf und neben die Schlitten: gegen den eisigen Wind, gegen den Nebel, gegen den Schnee.

Die Temperaturen stiegen selten auf Werte von über minus 50 Grad Celsius. Die drei waren ständig in eine Wolke gehüllt, da die ausgeatmete Feuchtigkeit sofort zu kleinen Eiskristallen gefror und wegen der niedrigen Temperatur die Luft ständig mit Wasserdampf übersättigt war. Die Kälte bestimmte alles, das Denken und das Fühlen, sie zog in die Knochen. Jedes feste Zugreifen schmerzte, eine Plage war das Ordnen der Zugleinen der Hundeschlitten, das mit bloßen Händen und den Zähnen gemacht werden musste, genau wie das Aufschlagen des Zeltes in der Dunkelheit. Nachts regnete der Reif vom Zeltdach auf sie herab.

Jeden Tag wurde es dunkler und auch kälter. Sie mussten immer mehr zurücklassen – vom wissenschaftlichen Material hatten sie sich schon vor Wochen getrennt. Es waren noch 65, dann nur noch 50 Kilometer. Der Weitermarsch der drei wurde eine Flucht nach vorn. Das Hundefutter war fast aufgebraucht. Die Tiere wurden wild und versuchten nachts immer wieder ins Zelt einzubrechen. Dazu waren die Kleidungsstücke der drei inzwischen durchfeuchtet. Loewe litt an leichten Erfrierungen an den Fingern, die unbedenklich schienen, aber stark schmerzten. Auch seine Füße waren mitgenommen, und am 27. Oktober bemerkte er, dass seine Zehen völlig empfindungslos waren. Wegener begann, sie zu massieren, aber es war zu spät. Sie waren erfroren, die Blutzirkulation ließ sich nicht mehr wiederherstellen. Sie schauten immer wieder nach Osten – hoffend und bangend, dass Georgi und Sorge dort im Eisnebel auftauchten. Es ging nur noch ums Überleben – schon lange sprachen sie nicht mehr davon, dass sie die Station Eismitte für den Winter mit Petroleum und Lebensmitteln hatten versorgen wollen.

Und trotz aller Beschwerlichkeiten, trotz Frost, Hunger und der nagenden Unsicherheit, gab es auf der panischen Schlittenreise Momente, die vom Zauber der Arktis und der Wissenschaft künden. Fritz Loewe berichtete später davon: »Wir gingen bei Dämmerung, die nun schon gegen vier Uhr nachmittags eintrat, nachdem der Wind abgeflaut war, zusammen spazieren und blickten noch immer nach Osten. Aber nichts zeigte sich. Der leichenfarbene Erdschatten hob sich über der weißmatten Unendlichkeit. Während wir vor unserem Zelt hin und her stampften, sprach Wegener, aufgeschlossen, wie wir ihn kaum je sahen, von seinem Glauben an den Sinn der menschlichen Entwicklung, an die Erlösung der Menschheit durch die Erkenntnis, an der mitzuwirken die Richtschnur seines Handelns sei. Als es darüber dunkel geworden war, Schlitten, Hunde und Zelt als schwarze Schatten unter dem funkelnden Sternenhimmel lagen, leitete über uns, ein Symbol solchen Glaubens, der glänzende Bogen des Nordlichts den Blick aus seinen farbigen Bändern, längs seiner verschlungenen Formen ins Unendliche.«[54]

Am 30. Oktober 1930 trafen Alfred Wegener, Rasmus Villumsen und Fritz Loewe nach einer vierzigtägigen Schlittenreise in Eismitte ein. Ernst Sorge erinnerte sich, dass er und Johannes Georgi am Vormittag, um Körperwärme zu sparen, nach der Arbeit wieder in die Schlafsäcke gekrochen waren, als sie plötzlich über ihnen einen Hundeschlitten rauschen hörten. Sie kamen! Die ersehnte Schlittenreise von der Weststation war da. Sie sprangen auf und liefen die Eistreppe hinauf ins Freie. Rasmus Villumsen war der Erste. Sie führten ihn in ihre Firnhöhle und zogen ihm die vereisten Pelze aus. Wenige Minuten später waren auch Wegener und Loewe da.

Die Freude von Sorge und Georgi war groß, aber auch gedämpft, führten die Schlittenreisenden doch weder wissenschaftliche Geräte noch Petroleum oder Nahrungsmittel mit sich. Immerhin Post. Ansonsten halb verhungerte und abgekämpfte Hunde und ihr nacktes Leben, dazu stellte sich heraus, dass sich Fritz Loewe Zehen, Hacken und Finger blau gefroren hatte. Er wurde gleich ausgezogen, auf eine Koje in einen trockenen, warmen Schlafsack gepackt und von Georgi und Sorge abwechselnd massiert. »Georgi und ich staunten immer wieder über die kaum glaubliche Leistung, bei Temperaturen von unter minus 50 Grad gegen den Wind mit Hundeschlitten zu reisen. Und daß Loewe das sogar die letzten vier Tage noch mit erfrorenen Zehen durchgehalten hat«[55], schrieb Ernst Sorge später. »Es machte auf uns fast einen übernatürlichen Eindruck, daß Wegener so frisch, froh und gesund aussah wie nach einem Spaziergang. Wegeners Energie war durch die vierzigtägige harte Schlittenreise nicht erschöpft, im Gegenteil: Sie war erst richtig angefacht worden. Er hielt jetzt sozusagen nichts mehr für unmöglich. Er freute sich, daß wir uns entschlossen hatten, in ›Eismitte‹ zu überwintern. Den Ausfall dieser Station im Expeditionsplan hätte er nie verschmerzt.«

Wegener ließ sich berichten, fragte die meteorologischen Daten ab und die Messungen der Firnschichten und notierte alles in seinem Tagebuch. Fünf Menschen in der Firnhöhle. Kuschelig kam es den Neuankömmlingen vor, kuschelig bei minus 5 Grad, denn wärmer wurde es in der Höhle nie. Sie waren aufgedreht, glücklich, aßen und tranken Kaffee. Und schmiedeten Pläne für das kommende Jahr: War ursprünglich im Expeditionsplan nur eine Grönlanddurchquerung in direkter Linie zum Scoresby-Sund geplant, wollte Wegener nun eine weitere zur Ammassalik-Insel weiter südlich durchführen. »Wir mußten die Ausrüstung für diese Durchquerungen aufschreiben, und Wegener steckte die Zettel ins Notizbuch, um uns im nächsten Frühjahr das Gewünschte zu schicken.«[56]

Fritz Loewe lag im Schlafsack, den er auch das kommende halbe Jahr kaum verließ. Die fünf besprachen das weitere Vorgehen: Sie beschlossen, dass Wegener und Rasmus Villumsen zurück zur Küste fahren sollten. Loewe war nicht reisefähig, wäre er mitgekommen, hätte das seinen Tod bedeutet. In Eismitte konnten Sorge und Georgi ihn in Ruhe pflegen – so wenig Hilfsmittel auch dort waren. Die Männer gingen die Vorräte durch: Der Proviant sollte bei sparsamem Wirtschaften für drei Mann reichen. Sie entschieden, dass Wegener und Villumsen noch 135 Kilogramm Lebensmittel mit auf die Rückreise nehmen sollten. Es war fast ironisch: Angetreten, Proviant nach Eismitte zu bringen, nahmen sie nun von dort welchen mit – und ließen mit Fritz Loewe noch einen weiteren, sehr kranken Esser vor Ort.

Zwei Ruhenächte gönnten sich Wegener und Villumsen. Sie waren optimistisch. Es war etwas wärmer geworden – nur noch minus 39 Grad, und die Hunde waren ausgeruht. Drei hatten sie schlachten müssen, siebzehn konnten sie vor ihre Schlitten spannen. Das Eis schien gut befahrbar, und der Wind blies aus der richtigen Richtung. Von Osten, er sollte sie sozusagen zur Küste schieben. Am 1. November 1930 brachen sie auf. Es war Alfred Wegeners fünfzigster Geburtstag.

Sie sollten nie an der Weststation ankommen.

DIE LETZTE GRÖNLANDREISE – DER WINTER IN »EISMITTE«, 1930/31

Wegener selbst war in glänzender Verfassung; er wie Rasmus hatte nur am letzten Vormarschtag leichte Erfrierungen von Fingerspitzen erlitten. So reisten die beiden am Sonnabend, den 1. November ab, bei −41° photographiert und gefilmt. Ein auf beiden Seiten bewegender Abschied, vielleicht für immer, und für uns doppelt schmerzlich, weil wir hier, ohne helfen zu können, abwarten müssen, bis wir im Mai erfahren, ob die beiden durchkamen.«[1] Das schrieb Johannes Georgi in seinem Buch *Im Eis vergraben* (1933), und er war emotional tief aufgewühlt: »Ich brauche nicht zu beschönigen, daß ich mich, nachdem die beiden Schlitten im Nebel verschwunden waren, in den Barometerraum zurückzog, um mich zu fassen. Und ein paar einfache Worte, die Sorge und ich in dieser Stimmung wechselten, bedeuteten mehr als große Schwüre guter Kameradschaft.«

Sie saßen nun zu dritt in ihrer Eishöhle, abgeschnitten von jeglicher Versorgung. Vor April oder Mai im nächsten Jahr konnten sie mit keiner eintreffenden Schlittenreise rechnen – bis dahin mussten Proviant und vor allem auch Brennstoff reichen. Loewe lag in seinem Schlafsack und sprach in den ersten Tagen von nichts anderem, als dass seine erfrorenen Zehen bald amputiert werden müssten. Und sie hatten nichts, weder chirurgische Instrumente noch ausreichend Verbandstoff oder Desinfektions- und Schmerzmittel. Und wussten auch nicht so genau, wie man mit Erfrierungen umzugehen hatte.

»Am 9. November sahen die Zehen ganz entstellt und eingefallen aus. Die Sehnen ragten schon als Rippen über das zersetzte Fleisch empor«[2], notierte Ernst Sorge später. Sie mussten handeln – und sie taten es. Sorge beschrieb die blutige Operation, die aber notwendig war und wahrscheinlich Loewes Leben rettete, durchgeführt von Johannes Georgi, einem Meteorologen, Glaziologen und Polarforscher: »Georgi schliff sich sein Taschenmesser so scharf und dünn wie eine Rasierklinge – schweren Herzens; denn der Liebesdienst, den er Loewe morgen erweisen sollte, kostete wahrhaftig Überwindung. Bange Erwartung ließ uns in der Nacht nicht zum Schlafen kommen. Ausnahmsweise wurde am 10. November der Ofen geheizt und neben Loewes Koje gesetzt; denn Loewe konnte bei der Operation unmöglich sein nacktes Bein längere Zeit in den kalten Raum (–8 Grad Celsius) hinausstrecken. Auf dem Petroleumkocher wurde Firn geschmolzen, um warmes Wasser zum Auswaschen und Reinigen der Wunden zu bekommen. Wir versuchten zuerst, die Zehen durch Schnee von –6 Grad örtlich zu betäuben, aber anscheinend ohne Erfolg. Der Schnee war wohl nicht kalt genug. Aber ein neues künstliches Frierenlassen der Gliedmaßen erschien uns zu gewagt. Daher schnitt Georgi schließlich mit seinem scharfen Messer das Fleisch rings um die Zehenwurzeln ab, kniff den 5. bis 2. Zehenknochen mit einer Blechschere durch und trennte die sehr empfindliche große Zehe an der weichsten Stelle durch. Ich hatte die Aufgabe, mit der Taschenlampe zu leuchten und mit meinem Körpergewicht Loewes Bein festzuhalten. Georgis Geschicklichkeit bei dieser schwierigen Operation war ebenso bewundernswert wie Loewes tapferes Aushalten. Wir hatten ja keine Betäubungsmittel! Danach wurden die frisch und lebhaft blutenden Wunden mit einer Chinosollösung ausgewaschen und mit Watte und Mullbinden verbunden. – Loewe war nach der Operation sehr aufgeräumt und gesprächig. Die Spannung und die Qual hatten nachgelassen. Fünf Tage später mußten auch Loewes Zehen des linken Fußes daran glauben.«[3] In Johannes Georgis Buch über die Expedition ist ein Foto[4] der Operationswerkzeuge abgedruckt: eine große und eine kleine Blechschere, ein Taschenmesser, eine Haushaltsschere, eine Pinzette und eine Kombizange.

Die Operationen verliefen vergleichsweise gut, doch dauerte es bis Ende Januar 1931, bis Fritz Loewe erstmals wieder aufstehen konnte. Und Sorge und Georgi trieb nach der erfolgreichen Operation ein Gedanke um: Was wäre bei einer Blinddarmentzündung – »ein Vergnügen bei unserem Mangel an jeglicher Behandlungsmöglichkeit. Hoffentlich bleiben wir davon verschont.«[5] Das Glück hatten sie, nicht verschont blieb Georgi aber von einer eiternden Zahnwurzel, die er sich mit der umgearbeiteten Kombizange halbwegs selbst entfernte.

Das Leben war hart, verlief aber in erprobten Bahnen. Sie zeichneten ihre Wetterdaten auf, vermaßen den Firn, saßen dick vermummt an ihren improvisierten Schreibtischen und verbrachten viel Zeit in ihren Schlafkojen, da sie nur eingeschränkt heizen und die Höhle beleuchten konnten. Loewe lag die ganz Zeit auf seinem »Schmerzenslager«[6], wie Georgi schrieb, und litt deshalb zwischendurch immer wieder an entzündeten Körperstellen. Doch er klagte kaum: »Loewe ist ein prächtiger Mensch und das Muster eines Patienten. Nun liegt er hart, der rechte Fuß schmerzt bei jeder Bewegung, er hat keine Unterhaltung, und doch ist er geduldig, und sogar wenn er schimpft, tut er es ironisch.«[7]

Die drei verstanden sich gut. Die Tage zogen langsam und recht ereignislos vorüber, die Männer litten unter Läusen, die vermutlich die letzte Schlittenreise mit Loewe eingeschleppt hatte und die sie durch das Auslegen der Kleidung im Eis außerhalb der Höhle zu bekämpfen versuchten. Sie mussten ihre Höhle befestigen, da der Firn nachsackte, und eine Persenning unter die Decke spannen, da ab und zu Wasser herabtropfte. Sie feierten Weihnachten mit ein paar aufgesparten Rotweinpralinen, getrockneten Feigen und Bananen, ein wenig Schokolade und einem Papierblumenstrauß als Weihnachtsdekoration – »draußen herrschte unterdessen wieder strenge Kälte von –51°, und ein schönes Nordlicht stand am wunderbar klaren Sternenhimmel«[8]. Am Heiligen Abend gab es einen Salat aus Äpfeln und Apfelsinen – das Obst lagerte schon Wochen gefroren –, und am ersten Weihnachtstag »machte Sorge einen famosen Schmorbraten aus Walfischfleisch, mit Kartoffeln (aus getrockneten K.) und Dosenschnittbohnen. Als Nachtisch gab es wundervolle Birnen, leider nur eine kleine Dose, deren Inhalt durch Sorge mittels *Briefwaage* verteilt wurde, dann Kaffee mit Keks und Makronen.«[9] Silvester wurde wie Weihnachten ohne Alkohol gefeiert, da die Kiste mit den Vorräten irgendwo bei Kilometer 62 – also 338 Kilometer von ihnen entfernt – in einem Depot stand.

Sie sprachen über Literatur, lasen Schopenhauer und die Bibel, feierten Sorges 32. und Loewes 37. Geburtstag, und Loewe verbreitete »durch sein unglaubliches Gedächtnis auf allen möglichen Gebieten der Wissenschaft, des Sportes und der Literatur dauernd Anregung und Freude«[10]. Morgens und abends sagten sie eine Zeit lang ein Gedicht von Heinrich Heine auf:

»Herz, mein Herz, sei nicht beklommen,
Und ertrage Dein Geschick,
Neuer Frühling gibt zurück,
Was der Winter Dir genommen.

Und wie viel ist Dir geblieben,
Und wie schön ist noch die Welt!
Und, mein Herz, was Dir gefällt,
Alles, alles darfst du lieben.«[11]

Am 3. Mai 1931 schrieb Johannes Georgi in einem Brief an seine Frau, dass er »schwerlich zwei Überwinterungskameraden gefunden hätte, mit denen das Zusammenleben und Arbeiten besser funktioniert hätte«[12]. Sie hatten den Winter gut überstanden, und am 4. Mai standen Georgi und Sorge mittags draußen vor der Höhle, als Sorge plötzlich fragte, ob der schwarze Punkt im Westen gestern auch schon da gewesen sei. Er verneinte es selbst, denn er sah, dass der Punkt rasch näher kam. Es waren die Propellerschlitten. Sie hielten an: »Wie seltsam, daß Wegener nicht als erster aussteigt. Noch sehen wir uns nach seiner wohlbekannten Gestalt die Augen aus, als schon die ersten Kameraden uns um den Hals fallen und, vor jeder Begrüßung, fragen: ›Ist Wegener bei euch?‹«[13]

Damit war allen sofort klar: Alfred Wegener und Rasmus Villumsen waren tot. Die nach Eismitte gekommene Schlittenreise hatte zwar schon bei Kilometer 189 Wegeners Skier gefunden, die dort im Schnee steckten, aber vermutet, dass diese auf der Hinfahrt nach Eismitte dorthin gelangt waren, und gehofft, dass Alfred Wegener, Fritz Loewe und Rasmus Villumsen ebenfalls dort überwintert hätten.

Zwei Motorschlitten und sieben zusätzliche Hundeschlitten waren von der Weststation nach Eismitte gekommen. Sie blieben fünf Tage, am 9. Mai war wieder Abreise. Karl Weiken und Ernst Sorge fuhren per Hundeschlitten zurück zur Weststation, auch um unterwegs nach Spuren von Wegener zu suchen, die Propellerschlitten nahmen Fritz Loewe an Bord. Johannes Georgi blieb erneut allein in Eismitte zurück – bis zum 24. Juli. Dreieinhalb Monate, dann wurde er von Motorschlitten abgeholt.

Nach der Abreise der anderen schrieb Georgi weiter an seinem Brieftagebuch an seine Frau, und die Einträge legen Zeugnis von dem emotionalen Zustand ab, in dem er sich befand: »Nur gut, daß ich mir jetzt keinen Zwang zur Selbstbeherrschung mehr auferlegen muß. Noch kann das Gefühl das Schreckliche nicht in vollem Maße aufnehmen, so stark der Verstand auch sagt: Es ist keine Hoffnung, keine Möglichkeit mehr, daß Wegener noch am Leben ist. Der Abschied am 1. November also doch ein Abschied fürs Leben. Und wie strahlend siegesgewiß er abreiste. Oh, meine Ahnungen, als Sorge einige Zeit nach Wegeners Abreise einen Bericht über Scott's letzte Fahrt vorlas und ich ihn bitten mußte aufzuhören. Da fühlte ich es, ohne es zu wissen. Und der treue Rasmus, der einzige, und nicht so hoffnungsvolle Begleiter, unser guter Freund!«[14]

»Hier sitze ich und heule wie ein Kind«[15], schrieb er weiter, und davon, dass er gebrochen sei, dass er Gespenster sehe, nicht im Dunkeln sein wolle und zum ersten Mal seit neun Monaten nachts die Tür fest verschlossen habe. Unfähig zur Arbeit, unfähig, sich in der Firnhöhle aufzuhalten, unfähig zu schlafen. »Hier ist's jetzt in mir und außer mir öde und leer.«[16] Und die Gedanken an Wegener und dessen Schicksal bestimmten auch die weiteren Wochen. Georgi reflektierte über die Expedition, über die Motive, sich derlei Strapazen auszusetzen. Und warum Rasmus Villumsen sie sich so bereitwillig aufbürdete, besaß er doch nicht die große Überzeugung von der absoluten wissenschaftlichen Notwendigkeit der Unternehmung, die ihn selbst und alle anderen durchhalten ließ. »Die Expedition ist hart, aber eine so große Sache *muß* ja eine Not- und Schicksalsgemeinschaft aller darstellen, so wie ich es besonders zwischen Sorge, Loewe und mir gefühlt habe. Man steckt mittendrin bis zur letzten Faser […].«[17]

Es gehört schon ein gewaltiges Maß an Resilienz dazu, in diesem Zustand wieder allein zu sein, sich langsam wieder auf die Arbeit zu konzentrieren, Daten aufzunehmen, Ballons aufsteigen zu lassen. »Es geht mir jetzt wieder besser«, schrieb er am 18. Mai 1931. »Nur fehlt noch die frühere Arbeitsfrische. Vielleicht, weil doch der Bogen überspannt worden ist.«[18] Georgi erwartete täglich ungeduldiger die Ankunft der Motorschlitten: »Diese Alleinzeit, es sind jetzt fast 1½ Monate, hat mir ziemlich zugesetzt«[19], notierte er am 21. Juni 1931. Und er musste doch noch mehr als einen Monat, bis zum 24. Juli, auf deren Ankunft warten. Ein persönliches, kein wissenschaftliches Fazit seiner Zeit im Eis hatte er schon Ende Mai gezogen: »12 Monate Inlandeis machen einen Menschen doch recht mürbe.«[20]

DAS GRAB IM EIS

Mit zwei Schlitten und siebzehn Hunden waren Wegener und Rasmus am 1. November 1930 – Wegeners fünfzigster Geburtstag – in Eismitte losgezogen. Wegeners Plan war gewesen, etwa 200 Kilometer, die Hälfte der Strecke bis zu den Depots, so zu reisen. Er hatte vermutet, dass bis dahin so viele Hunde sterben würden, dass man von dort aus mit einem Schlitten, den Rasmus Villumsen führen sollte, weiterreisen müsste. Er selbst würde auf Skiern dem Schlitten folgen.

Seit ihrer Abreise fehlte von beiden jede Spur – und als im Mai 1931 die Motor- und Hundeschlitten Eismitte erreichten, war klar: Alfred Wegener und Rasmus Villumsen hatten es nicht geschafft. Sie waren irgendwo in der weißen Wüste verloren gegangen und vermutlich verstorben. »Obwohl nun eigentlich keine Hoffnung mehr bestand, musste gesucht werden, bis wir Beweise für Wegeners und Rasmus' Schicksal in Händen hatten«, sagte Ernst Sorge nach seiner Rückkehr nach Deutschland 1932 im Deutschen Rundfunk. »Ich übernahm die Suche nach Wegener und Rasmus und fuhr mit Weiken und den Grönländern zusammen nach Westen zurück. Jedes Depot und jedes verdächtige Anzeichen wurde untersucht.«[1]

Sorge und Weiken merkten rasch: Wegeners Plan war nicht aufgegangen. Die Verluste an Hunden mussten größer gewesen sein. Denn schon bei Kilometer 285 – die Kilometer wurden von der Weststation Richtung Eismitte gemessen – fanden Sorge und Weiken eine zurückgelassene Kiste mit Hundefutter und bei Kilometer 255 dann Wegeners Schlitten, also 55 Kilometer vor der eigentlichen Marke, bis wohin Wegener es mit beiden Schlitten hatte schaffen wollen. Das harsche Wetter mit Temperaturen um minus 50 Grad hatte seinen Tribut gefordert. Dazu kamen die dünne Höhenluft – die beiden waren auf 2000 bis 3000 Meter über dem Meeresspiegel unterwegs – und die Tatsache, dass Wegener und Rasmus oft bei relativer Dunkelheit marschiert waren. Denn am 16. November begann auf ihrem Routenverlauf die Polarnacht; sie verfügten also meist nur über einen schmalen Lichtstreifen am Horizont und den glücklicherweise am 6. November aufziehenden Vollmond.

»Bei 189 km Küstenabstand standen Wegeners Skier im Abstand von drei Metern, in der Mitte zwischen ihnen ein abgebrochenes Stück von Wegeners Skistock. Wir fühlten: Das bedeutet etwas Besonderes. Die Aufgrabung förderte Rentierhaare, Bindfadenstückchen und schmutzigen Schnee zutage, so dass an dieser Stelle zweifellos ein Zeltplatz gewesen sein musste.«[2] Dort hatte die Hundeschlittenexpedition unter Weiken schon auf ihrer Hinfahrt nach Eismitte den Schnee durchwühlt, aber nichts entdeckt. Nun grub man tiefer. »Wir merkten bald, dass hier jemand begraben lag. Sehr sorgfältig in zwei Schlafsacküberzüge eingenäht. Wer, blieb aber zweifelhaft, bis wir Wegeners Gesicht sahen. Offene Augen, freundlichen Blick wie stets im Leben. Die Gesichtszüge ruhig, entspannt, ohne jedes Anzeichen von Krampf. Wegener war völlig angekleidet, und der ganze Anzug war von Kopf bis Fuß in vorzüglichem Zustand. Insbesondere waren die Pelzstiefel dick und weich ausgestopft und nicht vereist.«[3]

Es lag kein Treibschnee auf dem Körper. Es gab außer ein paar kleinen Stellen an der Nase und den Händen keinerlei Zeichen von Erfrierungen. Alfred Wegener starb vermutlich an Herzversagen infolge der großen Anstrengung beim Skilaufen. »Es ist wahrscheinlich, daß der Versuch, auf der welligen Oberfläche im November 1930, zumal bei Dämmerlicht, dem Hundeschlitten zu folgen, zu dieser Überanstrengung geführt hat«[4], hieß es im Expeditionsbericht. Und Johannes Georgi erinnerte in seinem Buch an Wegeners Grundsatz für Schlittenreisen, der schnell zu einer Überforderung für einen Skifahrer werden konnte: »Die Reise darf niemals zum Stocken kommen. Sie muß stets im Fluß bleiben. Kein Aufenthalt, der vermieden werden kann. Das natürliche Tempo der Hundeschlittenreise ist das Geschwindigkeitsmaß, dem sich alles andere anzupassen hat.«[5]

Man kann den Rückmarsch von Wegener und Rasmus Villumsen ansatzweise rekonstruieren und damit auch das Todesdatum Alfred Wegeners ungefähr bestimmen. Fritz Loewe hat das später getan, auch ausgehend davon, dass sich Wegener eine Marschstrecke von zwanzig Kilometern am Tag gesetzt hatte, die, so Loewe, auch wegen der von Osten kommenden Winde und der gut sichtbaren Fahrspur realistisch gewesen war. »Nimmt man eine Marschgeschwindigkeit von 15 km am Tag und 2 Liegetage am 8. und 12. November an, so hätte Wegener die Stelle seines Todes, 189 km vom Inlandeisrand, am 16. November erreicht.«[6] Und so wird seither der 16. November 1930 als Wegeners Todestag angenommen.

Ernst Sorge untersuchte die Taschen Wegeners, fand aber weder dessen schriftliche Aufzeichnungen noch die Tagebücher. Auch die Pfeife und seine Pelzhandschuhe fehlten. »Rasmus muß bei Wegeners Tod noch frisch und in guter Verfassung gewesen sein. Rührend ist die Sorgfalt, mit der er Wegener bestattet, bewundernswert die Umsicht, mit der er das Grab angelegt und bezeichnet hat. Offenbar hat er Wegeners Zeugsack, der auch das Tagebuch der letzten Reise enthielt, auf der Weiterfahrt mitgenommen, um ihn zur Weststation zu bringen.«[7]

Wegener wurde erneut in einer Gruft aus Firnblöcken beigesetzt. Über dem Grab stellte Sorge wieder die Skier auf, versehen mit schwarzen Flaggen, dazwischen ein kleines Holzkreuz, aus Wegeners Skistock gefertigt. Später wurde von Expeditionsteilnehmern an der Stelle ein großes Kreuz errichtet. Wie alle Spuren der Expedition auf dem Inlandeis ist auch dieses inzwischen von meterhohem Firn bedeckt.

Auf der Weiterreise nach Westen fand die Gruppe noch weitere Plätze, an denen Rasmus vermutlich gelagert hatte. »In einer kleinen, aber auffallenden Schneewehe nördlich von km 171 fanden sich Rentierhaare, Pemmikanreste und anderes. Bei km 170 schien Rasmus mehrere Tage gelegen zu haben. Hier fanden sich Reste verschiedener Mahlzeiten und unter anderm ein Beil, das Wegener und Rasmus von ›Eismitte‹ mitgenommen hatten. Beim Nachgraben bei dem Schneemann km 155 fanden sich keine Spuren eines Zeltlagers, doch Spuren, daß mehrere Hunde hier längere Zeit gelegen hatten. Von einer früheren Reise stammte dieses Lager wahrscheinlich nicht.«[8] Zwischen der Kilometermarkierung 170 und der Weststation waren alle Lebensmitteldepots unberührt.

Am 16. Mai traf die Gruppe in der Weststation ein, und am 5. Juni 1931 machte sich Ernst Sorge wieder auf, um das Inlandeis weit nördlich und südlich des markierten Weges nach Rasmus Villumsen abzusuchen. »Täglich schwärmten wir aus, fuhren mit leeren Hundeschlitten Bogen von 30 bis 50 Kilometern Länge nach allen Seiten, verlegten nach und nach unsern Zeltplatz weiter nach Westen und suchten mit Ferngläsern unablässig den Horizont ab. Wichtig war dabei, daß kein Gebiet zwischen den einzelnen Bogenfahrten unbeachtet blieb, sondern daß ein breiter Streifen des Inlandeises lückenlos abgesucht wurde.«[9]

Die Suche wurde durch die wellige Topografie des Geländes erschwert. Neun Tage durchkämmte Sorge es zusammen mit einigen Grönländern, dann richtete er sich allein bei Kilometer 120 ein Lager ein. Acht Tage blieb er noch auf dem Inlandeis. »Breiter und breiter wurde der abgesuchte Streifen, immer trotziger mein Entschluß, Rasmus zu finden.« Auch wegen Wegeners Tagebüchern, die er unbedingt retten wollte. »Und immer schwebte mir vor Augen, wie viele einzigartige Eintragungen Wegener in sein Tagebuch gemacht hatte. Er selber hatte es uns in ›Eismitte‹ erzählt. Die Notizen vom Rückweg waren mindestens ebenso wichtig. Und all das war jetzt verloren!«[10]

Sorge durchmaß das Inlandeis, zog hierhin und dorthin, immer auch irritiert von Schneefegen und Luftspiegelungen und den Schatten, die Schneewehen warfen. Ständig dachte er, ein Lager oder eine von Rasmus aufgestellte Markierung zu identifizieren. Er grub um Schneewehen herum, steckte lange Messingröhren in den weichen Schnee, um zu tasten, ob sich darunter etwas verbarg, und spornte sich selbst immer wieder dazu an, mit noch größerer Ausdauer zu suchen. Doch als das Futter für die Hunde zur Neige ging, musste er aufgeben. Der Suchtrupp hatte fast 3000 Kilometer auf dem Inlandeis zurückgelegt.

»Das Schicksal von Rasmus liegt völlig im Dunklen. Entweder ist er bald umgekommen, dann wird er jedes Jahr tiefer und tiefer mit Schnee zugedeckt; oder aber er ist in das Randgebiet gekommen, dann kann er günstigenfalls durch die alljährliche Abschmelzung sichtbar werden. Es ist aber ebensogut möglich, daß er am Rand in ein Gebiet von großen Spalten geraten ist und an einer völlig unzugänglichen Stelle, vielleicht in einer Gletscherspalte liegt.«[11]

Rasmus Villumsen wurde nur zweiundzwanzig Jahre alt. Er blieb verschollen, ebenso wie Wegeners Tagebuch.

Schlittenreisen sollten auf dem grönländischen Inlandeis nur zwischen April und September stattfinden – so hatte es Alfred Wegener selbst formuliert. Er hatte bei seiner ersten Grönlandreise erlebt, was es bedeutete, wenn man zu spät im Jahr im Eis unterwegs ist. Mylius-Erichsen war erfroren, er selbst war 1912 mit Glück gerettet worden.

Was war es also, was Wegener antrieb, dass er doch noch loszog – Ende September, wider besseres Wissen? Wissenschaftlicher Ehrgeiz oder eine Angst, versagt zu haben? Der Engländer Robert Falcon Scott war am Südpol unsterblich geworden, weil er gestorben war. Als überlebender Zweiter am Südpol wäre sein Ruhm hinter dem Ersten, Roald Amundsen, einfach verblasst. Sein Tod hingegen kündete vom Kampf gegen die Elemente, es war Heldenstoff. Konnte Alfred Wegener nicht nach Hause zurückkehren, ohne sein Forschungsziel erreicht zu haben? Gab es ein Ziel, etwas, das größer war als er selbst? War das der Antrieb für seinen letzten Aufbruch? Statt als Gescheiterter zurückzukehren, lieber gar nicht? Warum akzeptierte er nicht, dass seine letzte Expedition von Anfang an unter einem ungünstigen Stern stand? Die Umstände waren schwierig gewesen, man hätte das jedem erklären können. Das Schiff war zu lange im Eis eingefroren, und damit hatte sich der Zeitplan erheblich verschoben.

Heute können wir mit klarem Blick betrachten, was zu der unglücklichen Verkettung führte, durch die Wegener und Rasmus ihr Leben verloren. Aber über diese Perspektive verfügte Wegener selbst natürlich nicht. Er handelte aus einem Verantwortungsgefühl für die Leute in Eismitte heraus, Wegener war kein Draufgänger, er war ein bedachtsamer, abwägender Mensch. Er wollte die Station und damit das wissenschaftliche Programm sichern.

Denn anders als bei Amundsen und Scott, diesem doch fast erkenntnisfreien Wettlauf zum Pol, ging es beim Überwintern in Eismitte ja um Wissenschaft, weniger darum, ein Polarheld zu werden.

Alfred Wegener zu kritisieren fällt schwer – man durchlebt ja nie eine solche Situation. Ihn zu verstehen aber auch – er verhielt sich zumeist sehr rational, hier schien er aber seinen klaren Verstand zugunsten eines gefühlsbetonten Verantwortungssinns abgeschaltet zu haben.

Er »ist als ein Held gestorben, für die Wissenschaft und seine Freunde«[12], schrieb Friedrich Schmidt-Ott, der Präsident der Notgemeinschaft der Deutschen Wissenschaft, die die Expedition finanziert hatte. Und seine Witwe Else Wegener: »Er liegt jetzt in dem Lande, für dessen Erforschung er so viele Jahre seines Lebens hingab, das ihn immer wieder lockte durch seine wissenschaftlichen Probleme und die Größe seiner Natur, in der nur der leben kann, der alles daransetzt, sich selbst zu behaupten. Über der Behauptung des eigenen Lebens stand ihm das seiner Kameraden, und als er dieses gesichert wußte, seine Wissenschaft. Es hielt ihn nicht dort, wo er in verhältnismäßiger Sicherheit den Winter hätte überstehen, aber nicht seine wissenschaftlichen Pläne hätte durchführen können. Er ging in die Winternacht hinaus und erlag ihren Anstrengungen. Aber durch seine hohen Ziele ist sein Sterben geheiligt.«[13]

Zu viel Heldentum steckt in diesen Sätzen, zu viel Pathos. Sie stehen in einer Ausgabe von *Alfred Wegeners letzte Grönlandfahrt* aus dem Jahr 1941. Handelt es sich also um eine kriegsbedingte Hinzufügung im Sinne der Nationalsozialisten? Doch die Erstausgabe, zu finden in der Bibliothek der Freien Universität Berlin, stammt aus dem Jahr 1932 – und schon hier finden sich diese Formulierungen. Das Heldenpathos war der Zeit nicht fremd. »So groß unsere Trauer um Alfred Wegener auch ist«, sagte Ernst Kohlschütter, Astronom, Geodät und damals Vorsitzender der deutschen Gruppe der Internationalen Studiengesellschaft zur Erforschung der Arktis mit Luftfahrzeugen, bei der Trauerfeier am 9. Januar 1932, »freuen wir uns doch, daß ein deutscher Forscher das Beispiel dieser erhabenen Auffassung von Führerpflicht gegeben und sein Leben eingesetzt hat, um das Leben seiner Kameraden zu retten.«[14]

Die Wissenschaftshistorikerin Cornelia Lüdecke vermutet, dass die Heldenkarte sehr bewusst gespielt wurde, um von der Schuldfrage abzulenken. Denn die stand natürlich bald im Raum: Warum mussten Wegener und Rasmus sterben? Schicksal reichte als offizielle Begründung aus, obwohl sowohl Johannes Georgi als auch Kurt Wegener, der nach dem Tod seines Bruders die Expeditionsleitung übernommen hatte, eine Untersuchung gefordert hatten. »Ein öffentlicher Skandal um die Expedition sollte auf alle Fälle vermieden werden«[15], schreibt Lüdecke, und sie zitiert einen vertraulichen Brief, den Else Wegener am 6. Oktober 1931 an Schmidt-Ott richtete: »Mein Mann hatte so gehofft, daß seine Expedition freibleiben sollte von Zänkereien. Es ist sehr bitter für mich, daß dieser Wunsch jetzt ins Gegenteil verkehrt wird. Ich bitte die Notgemeinschaft dringend, Alles zu tun, damit die Expedition friedlich zu Ende geht, und vor allem jedwede öffentliche Aufrührung des unglücklichen Themas zu vermeiden. Ich glaube durch die persönlichen Berichte der Expeditionsteilnehmer an mich, zusammen mit den Telegrammen und den offiziellen Berichten an die Notgemeinschaft, ein ziemlich klares Bild der Lage erhalten zu haben und bin zu der Überzeugung gekommen, daß jeder der Herren damals so gehandelt hat, wie er es nach der damaligen Lage für das Beste und Richtige hielt. Wir dürfen jedoch nicht vergessen, daß die einzelnen Gruppen getrennt waren und daher nicht wußten, was gleichzeitig bei den anderen vorging. Ich bitte Sie nochmals dringend, alles zu tun, was in Ihrer Macht steht, damit die unsinnige Schuldfrage nicht aufgerollt wird.«[16]

Sehr verständlich von Else Wegeners Warte aus. Zum einen hätte eine längere öffentliche Auseinandersetzung sie immer wieder neu an ihren Schmerz erinnert, zum anderen vielleicht auch das hohe Ansehen ihres Mannes ein wenig erschüttert. Denn neben tragischen Verwicklungen wie dem schlechten Wetter, das eine sechswöchige Wartezeit erzwang, waren einige Fehler doch hausgemacht.

So war der Finanzrahmen der Expedition von der Notgemeinschaft zu eng gesetzt, was sich insbesondere darin niederschlug, dass Wegener entgegen seiner ursprünglichen Planung keine Flugzeuge zum Transport des Gepäcks auf das Inlandeis zur Verfügung standen. Die Deutsche Versuchsanstalt für Luftfahrt hatte eigentlich, wie sie in einem Brief schrieb, die »wichtige und ganz besonders günstige Gelegenheit zur systematischen Erprobung von Flugmotoren bei niedrigsten Lufttemperaturen«[17] nutzen wollen. Kurt Wegener resümierte später: »Wer ein Maximum des Erfolgs anstrebt, ohne Rücksicht auf Kosten, dem können Flugzeuge nicht warm genug empfohlen werden.«[18]

Was Ernst Sorge und Fritz Loewe bestätigen konnten. Die beiden kehrten zwei Jahre nach der Wegener-Expedition ab Mai 1932 nach Grönland zurück, und zwar als wissenschaftliche Berater beim Dreh von *S.O.S. Eisberg* unter der Regie von Arnold Fanck. Der Spielfilm orientierte sich an den Schicksalen der Polarexpeditionen von Alfred Wegener und Umberto Nobile mit dem Luftschiff *Italia* 1928, das auf der Rückfahrt vom Nordpol im nordöstlichen Teil des Spitzbergenarchipels abgestürzt war. Es ging um eine Rettungsexpedition für einen Professor, die dann ihrerseits gerettet werden musste – und zwar durch einen Kunstflieger. Die Hauptrolle spielte Leni Riefenstahl, der prominente Kunstflieger Ernst Udet stellte sich selbst dar. Ernst Sorge war von Udets Flugkünsten so verblüfft, dass er am 7. August 1932 an Johannes Georgi schrieb: »Udet fliegt bei jedem Wetter so unglaublich sicher (im Fjord war Föhnsturm mit 20 m/s Wind), daß mein erster Gedanke war: Wenn Udet auf Wegeners Expedition mitgewesen wäre, würde Wegener heute noch leben.«[19]

Ernst Sorge und Johannes Georgi mussten sich nach der Wegener-Expedition ebenfalls Vorwürfe anhören: Georgi hatte eifersüchtig darüber gewacht, dass er die zentrale Station nicht nur leitete, sondern sie auch selbst einrichtete. Sie sollte sein Projekt werden. Er entschied sich außerdem dafür, sie 400 Kilometer entfernt von der Weststation anzulegen, obwohl auch nur 300 Kilometer Entfernung im Gespräch gewesen waren. Er ließ Materialien nach Eismitte bringen, ohne zuvor eine Prioritätenliste erstellt zu haben – darauf vertrauend, dass schon alles Notwendige dorthin geschafft würde. Ähnlich hatte Ernst Sorge gehandelt, der mit der dritten Hundeschlittenreise nach Eismitte kam. Auch er vertraute voll auf die Motorschlitten und brachte deshalb eigene wissenschaftliche Gerätschaften, die er für Messungen im nächsten Sommer benötigte, mit, nicht aber zum Beispiel große Mengen an Petroleum oder Lebensmitteln, die für die Überwinterung nötig waren. So kam es auch dazu, dass Sorge und Georgi am 14. September 1930 ihren Ultimatumsbrief an Wegener geschickt hatten, in dem sie eine weitere Versorgungsreise nach Eismitte verlangten: Andernfalls würden sie am 20. Oktober zur Weststation zurückreisen. Das widersprach einer der zentralen Regeln der Expedition: keine Schlittenreisen nach Mitte September. Die beiden hätten sich also sofort der dritten Versorgungsreise, die am 14. September von Eismitte zurückfuhr, anschließen sollen oder Wegener mitteilen müssen, dass sie sich zur Überwinterung entschlossen hätten. Dann wären Alfred Wegener, Rasmus Villumsen und Fritz Loewe vielleicht früh genug umgekehrt.

Aber auch Wegener selbst war nicht ganz unschuldig: Vieles an seiner Expedition war relativ kurzfristig vorbereitet worden. Die anderen Grönlandreisen, an denen er teilgenommen hatte, waren von anderen organisiert worden und auch wesentlich kleiner. Es gab vor der Abreise aus Kopenhagen nicht einmal ein Treffen aller Teilnehmer, auf dem sie sich hätten kennenlernen können. Am Ausladeort des Schiffes herrschte weitgehend Chaos. Niemand wusste genau, was in welcher Kiste gelagert war und in welcher Reihenfolge diese auf das Inlandeis hinaufgebracht werden sollten. »Auch waren einige Proviantlieferungen durch fehlerhafte Verpackung schon von Anfang an verschimmelt«[20], schreibt Lüdecke.

So musste Wegener nach drei Monaten konstatieren: »Sonderbar unökonomisch arbeitet unsere Organisation.«[21] Dass der Grund dafür auch bei ihm selbst lag, notierte er nicht, aber andere Expeditionsteilnehmer sahen es durchaus so: »Wegener [erledigt] alle Abmachungen über die Arbeit des kommenden Tages in irgendwelchen Privatunterhaltungen, von denen die anderen nur zufällig etwas erfahren«[22], konstatierte Fritz Loewe in seinem Tagebuch, und er erinnerte sich auch, dass Wegener häufig seine Unzufriedenheit mit dem Fortgang der Expedition sowie der Arbeit der anderen zeigte und ständig überall selbst anpacken wollte – anstatt, wie es seine Aufgabe gewesen wäre, die Expedition zu leiten, zu wissen, welche Aufgaben die nächstwichtigen waren, immer den Überblick über den Fortgang der Transporte, Vorräte und angelegten Depots zu behalten und auch zu loben. Glaubt man Loewe, waren Menschenführung und Organisation nicht Wegeners Kernkompetenzen; vielleicht war er zu sehr Wissenschaftler dafür.

Dazu kam ein tatsächlich großer Fehler: Wegener hatte die Einrichtung einer Kurzwellenfunkstation auf Eismitte als nicht wesentlich erachtet. Georgi und Sorge versuchten ihn hartnäckig davon zu überzeugen, doch er meinte, dass »bei der zentralen Firnstation die Sende-Station, da nicht absolut lebenswichtig, nötigenfalls zurückbleiben oder später nachgeschafft werden« könne, »falls die Transportschwierigkeiten zu groß werden«; »das sehr leichte Empfangsgerät kann natürlich unter allen Umständen sofort mitgenommen werden«.[23] Allerdings waren Sender und Empfänger eine Einheit, und so wurde nicht einmal der Empfänger nach Eismitte geschafft. Es wurde also auf ein sehr sinnvolles Kommunikationsmittel verzichtet, vielleicht auch, weil Wegener es von seinen vorigen Expeditionen nicht kannte und den Morseapparat nicht zu bedienen imstande war. So konnten Sorge und Georgi nach dem 14. September nicht mehr mit der Weststation kommunizieren und mitteilen, dass sie sich entschlossen hatten, in Eismitte zu überwintern.

Ungeachtet aller Fehler – die Expedition musste zu einem Ende gebracht werden. So wurde nach Alfred Wegeners Tod von der Notgemeinschaft der Deutschen Wissenschaft dessen Bruder Kurt als neuer Expeditionsleiter eingesetzt. »[...] unser Ziel ist doch stets das gleiche gewesen: die Erkenntnis des Baues der Welt«, schrieb dieser in seinem Vorwort zu *Alfred Wegeners letzte Grönlandfahrt*, und »diese Gemeinsamkeit der Interessen« sei es wohl auch gewesen, »die die Notgemeinschaft veranlaßte, mir die Leitung der Expedition nach dem Tode meines Bruders zu übertragen«[24].

Ob es nicht doch vor allem der prominente Name war? Spielten Prestigegründe für die Notgemeinschaft eine Rolle? Denn sie taufte auch die Expedition um: Aus der »Deutschen Inlandeis-Expedition 1930/31« wurde die »Deutsche Grönland-Expedition Alfred Wegener«, und da ergab es umso mehr Sinn, wenn ein Wegener auch die Rückkehr der Wissenschaftler anleitete.

Es hätte Alternativen gegeben. Schließlich waren mit den spezifischen Dimensionen der Expedition andere besser vertraut. Zum Beispiel Karl Weiken, der bis zum Eintreffen Kurt Wegeners im Sommer 1931 die Leitung der Weststation innehatte. So muss es nicht wundern, dass bald Konflikte entstanden: über die tägliche Arbeit, über Kurt Wegeners Anteil daran, darüber, dass er sich wohl die meiste Zeit in das Winterhaus an der Westküste zurückzog, um Pressemitteilungen zu verfassen und an dem Expeditionsbericht zu schreiben, wobei er sich nur auf die Tagebücher seines Bruders stützte und die Erfahrungen der anderen Wissenschaftler ignorierte. Fritz Loewe urteilte harsch, Kurt Wegener sei »wirklich für die Expedition nichts nütze«[25], und eine Gruppe von Wissenschaftlern schrieb: »Die wissenschaftlichen Ergebnisse dieses Sommers haben glücklicherweise, bis auf die Messungen bei 200 km, trotz K. Wegeners Expeditionsleitung durchgesetzt werden können.«[26]

Und die Ergebnisse der Expedition ließen sich wirklich sehen: Ganzjährige Beobachtungsreihen meteorologisch-klimatologischer Art sowie glaziologische, geophysikalische Untersuchungen an drei Standorten auf Grönland lieferten Daten, die heute noch nützlich sind. Georgi konnte mit seinen Messreihen einen klimatologischen Querschnitt bis in große Höhen darstellen, und die Vermessung der Gletscher ergab neue Erkenntnisse über deren Zuwachs, Verdunstungsraten und Abschmelzung. Es wurden Eisdicken bis zu 1800 Metern vermessen, und Kurt Wölcken, Geophysiker und Meteorologe in der Westgruppe, kam zu dem Schluss, dass Grönland »mindestens eine Eismasse von drei

Millionen Kubikkilometer« enthalte. »Das ist soviel wie die Masse des gesamten europäischen Festlandes mit allen Hoch- und Mittelgebirgen. Grönland enthält vierzigmal soviel Wasser wie Nord- und Ostsee zusammengenommen; würde das hier aufgespeicherte Eis schmelzen, so stiege das Weltmeer um nicht weniger als acht Meter, und weite tiefliegende Gebiete in allen Erdteilen würden unter Wasser gesetzt werden.«[27] Das lag schon sehr nah an heutigen Berechnungen: Denen zufolge beträgt das Volumen des grönländischen Eisschildes ungefähr 2,6 bis 2,7 Millionen Kubikkilometer, und würde dieses Eis komplett abschmelzen, stiege der Meeresspiegel global um etwa 7,2 Meter.

WAS BLEIBT

> »Man hat Wegener zuerst als Märchenerzähler verspottet und zuletzt mit dem großen Kopernikus verglichen. Der letztere Vergleich ist nicht ganz berechtigt, doch als ›Revolutionär‹ im Bereich der Geowissenschaften steht Wegener gewiß – was bisher wohl nie ausgesprochen wurde – noch über seinem viel berühmteren Berliner Landsmann Alexander von Humboldt, ohne daß damit dessen legendärer, noch heute lebendiger Ruhm im geringsten geschmälert werden sollte.«[1]

Martin Schwarzbach, einer der wissenschaftlichen Pioniere im Bereich der Paläoklimatologie

Das Suchen, das Fragen, das Entdecken machten den Kern der Wissenschaft aus, sagt die Meeresbiologin Antje Boetius, Leiterin des Alfred-Wegener-Instituts in Bremerhaven, im Gespräch, auch wenn man nicht wisse, was herauskomme. Ein kreativer Prozess, der nie ende, und das sei in der Wissenschaft nicht anders als bei allen anderen kulturellen Leistungen des Menschen. »Man kann sich ja genauso fragen: Wann ist ein Gedicht fertig? Sind die Worte jemals ästhetisch genug in der Zusammenstellung? Ist ein Bild jemals fertig, ist ein Kunstwerk jemals fertig?« Die Entscheidung treffe man jeweils selbst. Und sie fügt hinzu:

»Dieser Prozess des Denkens, dieses Sich-durch-Raum-und-Zeit-Bewegen, mit Kreativität, mit großen Fragen, das finde ich in der Kunst wie in der Wissenschaft eine befriedigende Situation. Gerade dass es nie fertig ist, ist für mich ungeheuer befriedigend.«

Das wird auch Alfred Wegener so empfunden haben – das motivierte ihn dazu, immerfort zu messen, immerfort neue Phänomene zu entdecken, sich immerfort neue Fragen zu stellen. Er konnte wohl nicht durch den Tag gehen, ohne Strukturen, Muster, Phänomene zu sehen und zu staunen. Aber er staunte nicht wie ein Künstler, sondern fragte sich sofort: Welche Gesetzmäßigkeiten liegen hier vor?

Woher stammt diese Neugier? Was bringt manche Menschen dazu, unbekanntes Eis oder Land zu betreten, irgendwohin zu segeln, wo noch niemand war? Was ist das für ein Bedürfnis, das durch dauerndes Forschen, Beschreiben und Analysieren befriedigt wird? Es gibt eine einfache Antwort darauf: Der Mensch ist evolutionär so geprägt, er muss es sein, weil das sein Überleben sichert, sowohl individuell als auch als Gattung. Aber das erklärt nicht, warum sich manche Menschen dabei großen Gefahren und Strapazen aussetzen.

Es gibt unterschiedliche Arten von Neugier: Die Psychologie unterscheidet zwischen perzeptueller und epistemischer Neugier. Das Erste ist eine Neugier gegenüber neuen Dingen, neuen Erlebnissen, neuen Eindrücken. Das kann touristischer Art sein, aber auch der Versuch, ein neues technisches Gerät zu benutzen – es ist eine Art von Neugier, die relativ schnell abnimmt, sobald das Unbekannte bekannter geworden ist. Die epistemische Neugierde hingehen entspricht eher einem zwingenden Bedürfnis, Wissen zu erwerben, um Unsicherheiten auszuschließen. Man will um des Verstehens willen verstehen. Sie ist Lust und Last zugleich, geprägt von dem Wunsch, Neues zu lernen, und der Angst, etwas nicht zu wissen. Man muss einfach wissen, denn das Nichtwissen ist schlimmer als die Anstrengung, etwas zu erfahren. Dass Wegener diese Neugier verspürte, ist wahrscheinlich. Und er fand darin viele Nachfolger.

Denn bis heute versuchen Forscher herauszufinden, wie sich das Klima in Jahrtausenden änderte. Und bis heute finden diese Forschungen überwiegend in der Arktis und Antarktis statt. Denn nirgends sind die klimatischen Veränderungen der Vergangenheit besser dokumentiert und ablesbar als an den Bohrkernen, die man beispielsweise aus dem grönländischen Inlandeis herausbohrt. Anders als das Meereis, das sich jedes Jahr neu bildet, sind die Eisschilde und die Gletscher der Erde langfristige, langsam wachsende Ablagerungen aus Schnee, der sich angesammelt hat und dann durch sein Eigengewicht immer stärker komprimiert wurde. Zwischen den einzelnen Schneeflocken werden dabei kleine Bläschen Atmosphäre eingeschlossen, Gase, Pollen und andere Substanzen. Entnimmt man nun einen Bohrkern – man kann auf Grönland ein, zwei Kilometer tief bohren –, kann man aus diesen herauslesen, welche Gase und Partikel in welcher Menge in der Atmosphäre vorhanden waren, und man kann auch das entsprechende Zeitfenster bestimmen. So lässt sich das Klima im Laufe der Erdgeschichte rekonstruieren und beispielsweise die Frage beantworten, wann der CO_2-Gehalt der Atmosphäre das letzte Mal so hoch war wie heute.

Die Arktis spielt bei dieser Frage eine so große Rolle, weil sich der Klimawandel dort schneller als anderswo vollzieht und das Gesicht der Nordpolarregion verändert. Die bislang nur in Ausnahmefällen schiffbare Nordostpassage entlang der russisch-sibirischen Küste beispielsweise wird durch die Erderwärmung als Transportweg immer interessanter. Für Russland wäre sie die einfachste und kostengünstigste Möglichkeit, sibirische Bodenschätze, vor allem Öl und Gas, zu verschiffen. »Russland verspricht sich von der nördlichen Seeroute letzten Endes, dass diese in einigen Jahrzehnten sogar den Suezkanal ablöst«[2], so der Politikwissenschaftler Michael Paul im Gespräch. Auch China sieht eine Polarroute als Möglichkeit, die eigene Versorgungssicherheit zu verbessern.

Große Teile der Nordpolarregion liegen auf den Staatsgebieten von acht Ländern: den USA, Russland, Kanada, Norwegen, Dänemark mit Grönland sowie Island, Schweden und Finnland, wobei die drei Letzteren keinen direkten Zugang zum Nordpolarmeer besitzen. Diese Länder sind gemeinsam im Arktischen Rat organisiert, in dem außerdem die Urvölker der Region, die Inuit und Samen, vertreten sind. Daneben gibt es noch Länder mit Beobachterstatus, darunter Deutschland und China. Als der Rat 1996 gegründet wurde, waren der Umweltschutz und die nachhaltige Entwicklung der Arktis seine wichtigsten Ziele.

Das wird sich ändern, denn »je besser arktische Räume zu Land oder zu See zugänglich sind, desto mehr Aufmerksamkeit finden Territorialfragen«[3], konstatiert Michael Paul. Schmelzendes Meereis ließ schon neue Inseln auftauchen, der Anstieg des Meeresspiegels führt dazu, dass sich die *baseline*, von der aus die seewärtige Ausdehnung (Breite) der Meereszonen gemessen wird, verschiebt. Steigt der Wasserspiegel, rückt diese Basislinie landeinwärts, was bedeutungsvoll für die Einflussgrenzen der jeweiligen Arktisanrainer ist.

Denn das Seerechtsabkommen der Vereinten Nationen teilt das Meer in verschiedene Rechtszonen auf: Der jeweilige Küstenstaat genießt souveräne Rechte im Küstenmeer, dem Luftraum darüber, dem Meeresboden und dem Meeresuntergrund. Allerdings haben andere Staaten das Recht der friedlichen Durchfahrt durch das Küstenmeer.

Anschließend an das Küstenmeer erstreckt sich auf 200 Seemeilen die sogenannte ausschließliche Wirtschaftszone. Hier besitzt ein Staat automatisch das alleinige Recht, Rohstoffe wie Öl, Gas oder polymetallische Knollen abzubauen, Forschung zu betreiben, die Fischbestände auszubeuten oder künstliche Inseln und Bauwerke wie Ölplattformen oder Windparks zu errichten.

Das Interesse der meisten Arktisanrainer geht aber über die ausschließliche Wirtschaftszone hinaus und richtet sich auf den Festlandsockel. Dieser umfasst als Verlängerung des eigenen Landgebiets den Meeresboden und den Meeresuntergrund jenseits des Küstenmeers. Der Festlandsockel kann auf Antrag bei den UN über die 200-Seemeilen-Zone erweitert werden. Die Voraussetzung dafür ist, dass der Staat beweisen kann, dass »die geologische Struktur des Kontinental-/Festlandsockels eine Erweiterung seiner Landmasse darstellt«[4]. Im definierten Festlandsockel genießt ein Land dann hoheitliche Rechte, um die Ressourcen zu nutzen.

Innerhalb des Arktischen Ozeans erstrecken sich auf etwa fünf Millionen Quadratkilometer, also etwa einem Drittel des gesamten Meeres, Festlandsockelmassen. Russland, Dänemark, Norwegen und Kanada versuchen seit Jahrzehnten mithilfe seismologischer Studien nachzuweisen, dass die Bergrücken am Boden des Arktischen Meeres natürliche geologische Fortsätze ihres Festlands sind. Kanada reichte im Mai 2019 einen 2100 Seiten starken Antrag bei der UN-Festlandsockelkommission ein, der Ansprüche auf rund eine Million Quadratkilometer Meeresfläche einschließlich des geografischen Nordpols anmeldete. Den aber reklamiert auch Russland für sich – am 2. August 2007 pflanzte ein russisches Tauchboot eine Kapsel aus Titan mit einer russischen Flagge in 4261 Metern Tiefe in den Meeresboden. »Dies sei nicht das 15. Jahrhundert, erklärte dazu der kanadische Außenminister

Peter McKay. Man könne nicht um die Erde reisen, eine Flagge setzen und erklären: ›Wir beanspruchen dieses Territorium für uns‹«[5], so Michael Paul.

Im August 2015 legte Russland bei der UN-Festlandsockelkommission einen Antrag vor, in dem es mehr als eine Million Quadratkilometer Raum beanspruchte – und erweiterte diesen Antrag 2021 noch um eine knappe Dreiviertelmillion Quadratkilometer. Nun reicht das beanspruchte Gebiet vom russischen Festland über den Nordpol bis zur ausschließlichen Wirtschaftszone Kanadas und Grönlands. Auch Dänemark beansprucht den Nordpol für sich. Kernpunkt bei allen Ansprüchen ist die Frage, zu welchem Kontinent der etwa 1800 Kilometer lange sogenannte Lomonossow-Rücken gehört, der von den Neusibirischen Inseln über den mittleren Teil des Ozeans unter dem geografischen Nordpol bis zur Ellesmere-Insel nahe Grönland verläuft. Russland behauptet, der Lomonossow-Rücken sei eine Erweiterung des eurasischen Kontinents, dänische Wissenschaftler, er sei eine Erweiterung Grönlands, Kanada, er sei eine Erweiterung seines eigenen Kontinentalschelfs. Die Festlandsockelkommission der UN wird irgendwann entscheiden müssen – und die Geologie und die Plattentektonik werden mitreden.

Erst im Juni 2022 wurde der Territorialkonflikt um die Hans-Insel, ein unbewohntes und kahles Eiland in der Nares-Straße zwischen Kanada und Dänemark, gelöst. Beide Länder hatten seit 1973 Anspruch auf die etwas mehr als einen Quadratkilometer große Insel erhoben – und im Jahr 1984 hisste Dänemark erstmals eine Flagge dort. Kanada protestierte und tauschte später die dänische gegen eine kanadische. Das ging dann Jahrzehnte so weiter: Die vorhandene Flagge wurde durch die andere ersetzt, zudem wurde immer auch eine Flasche landesüblicher Spirituosen hinterlegt – Dänemark lieferte eine Flasche Aquavit,

Kanada den Whiskey. Seit Juni 2022 ist die Insel offiziell mittig geteilt.

Doch nicht nur Wegeners Forschungen zeitigen bis heute Folgen in Politik und Wissenschaft. Auch um ihn selbst entwickelte sich zunächst geradezu ein Personenkult. Der Meteorologe Heinrich von Ficker stilisierte ihn beispielsweise in seinem Nachruf zum deutschen Wissenschaftshelden – was mehr über die politische Befindlichkeit eines Teils des deutschen Bürgertums aussagt als über Wegener selbst: »Kraft und Kühnheit waren in ihm, ließen ihn neue Wege suchen und finden – neue Wege im Reich der Wissenschaft und in der Eiswelt Grönlands. Äußerer Erfolg war ihm nichts, die Sache alles. Er war ein Wikinger der Wissenschaft, immer auf der Fahrt nach unbekannten Gestaden. Wo immer er auftrat und sprach, taten sich seinem Wort, seinem Blick die Herzen der Jugend auf, die spürte, was dieser Mann war: Forscher und Held! – Wahrlich, solange unserem deutschen Volke Männer wie Wegener geboren werden, braucht uns um unseres Volkes Zukunft nicht bange zu sein!«[6]

Auch nach 1933 wurde Wegener von den Nationalsozialisten als deutscher Held gefeiert: als einer, der loszog, seine Männer zu versorgen, und sich für sie und die Wissenschaft opferte. Dazu trug auch Arnold Fancks Film *S.O.S Eisberg* bei, der am 30. August 1933 im Ufa-Palast am Berliner Zoo Premiere feierte. »Riefenstahl, schon ganz eingenommen vom Nationalsozialismus, hob zur Uraufführung den rechten Arm zum Hitlergruß, was ihr Verhältnis zum jüdischen Produzenten Kohner endgültig zerstörte.«[7] Zerstört war nach den Dreharbeiten auch das Verhältnis zwischen den beiden Wissenschaftlern Ernst Sorge und Fritz Loewe, die im Winter 1930/31 noch gemeinsam in Eismitte ausgeharrt hatten. »Sorge zeigte seinen Expeditionskameraden Loewe wegen angeblicher Greuelberichte über Konzentrationslager an, sodaß dieser in Schutzhaft genommen wurde.«[8] Bereits im Februar 1934 hatte Loewe als Jude seine Anstellung am Aeronautischen Observatorium in Lindenberg verloren. Nach seiner Inhaftierung im August 1934 wanderte er mit der Familie aus, zunächst nach England, dann nach Australien.

Alfred Wegeners Witwe Else lebte in den 1930er-Jahren hoch angesehen in Graz. Sie gab 1932 das Buch *Alfred Wegeners letzte Grönlandfahrt. Die Erlebnisse der Deutschen Grönland-Expedition 1930/1931 geschildert von seinen Reisegefährten und nach Tagebüchern des Forschers* heraus, das danach riesige Auflagen erlebte. Ihre beiden jüngeren Töchter – die älteste starb bereits 1936 im Alter von nur zweiundzwanzig Jahren – heirateten sehr prominent. Lotte ehelichte 1938 unter großem Applaus des offiziellen Deutschlands den damals berühmten österreichischen Bergsteiger Heinrich Harrer. Dieser, einer der Erstdurchkletterer der Eiger-Nordwand, trug bei der Hochzeit seine SS-Uniform – er war schon 1933 der SA im Untergrund beigetreten und 1938 der SS. Beides bezeichnete er später als »dummen Fehler« und »ideologischen Irrtum«[9]. Die Ehe wurde geschieden, als Harrer in Tibet weilte. Tochter Käthe heiratete 1939 den Gauleiter der Steiermark, Sigfried Uiberreither. Dieser wurde 1941 von Hitler als Chef der Zivilverwaltung für die Untersteiermark eingesetzt, 1942 auch zum Reichsverteidigungskommissar für den Gau Steiermark. 1943 folgte seine Ernennung zum SA-Obergruppenführer. Gegen Uiberreither wurden nach dem Krieg mehrere Verfahren eingeleitet, unter anderem wegen des Befehls zu Massenerschießungen von Freiheitskämpfern bei Graz – die letzten fanden am 7. Mai 1945, einen Tag vor seiner Flucht aus Graz, statt. Uiberreither konnte aus dem amerikanischen Kriegsgefangenenlager Dachau fliehen und sich eine neue Identität zulegen. Unter dem Namen Friedrich Schönharting lebte er bis zu seinem Tod

1984 in Sindelfingen, zusammen mit seiner Ehefrau Käthe, der Tochter Alfred Wegeners. Diese starb 2012.

Im Jahre 1980, als Deutschland dem Antarktisvertrag beitrat, wurde das Helmholtz-Zentrum für Polar- und Meeresforschung in Bremerhaven gegründet und nach Alfred Wegener benannt. Antje Boetius, die Direktorin des Alfred-Wegener-Instituts, umreißt die Forschungsschwerpunkte: »Wir forschen an den großen Herausforderungen der Menschheit. Das sind vor allem Klimawandel, Umweltfragen, Fragen des Umgangs mit der Natur und den extremen Lebensräumen der Erde, besonders Polarregionen. Wir unterstützen auch mit Logistik und Infrastruktur die Erforschung und das Monitoring der Arktis, der Antarktis und der Nordsee, also der Bereiche, die sehr stark vom Klimawandel betroffen sind. Und neben der Grundlagenforschung stellen wir auch Daten und Informationen bereit für Behörden, die daraus den Umweltzustand ermitteln und dann politisch gesetzte Ziele unterfüttern und prüfen: Sind wir auf dem richtigen Weg?«

Und da wäre dann noch ein Alfred Wegener gewidmetes Gebäude: »Ein Raum, noch zwei weitere hinten dran, das ist relativ beengt. Das sind 57 Quadratmeter alles in allem«, sagt Peter Böthig, der Leiter des Kurt-Tucholsky-Literaturmuseums in Rheinsberg, zu dem auch das Alfred-Wegener-Museum in Zechlinerhütte gehört. Er weiß, dass das Museum eher winzig ist, zu klein für den großen Forscher. Aber es ist das einzige, das an ihn erinnert. Es basiert auf Schenkungen von Else Wegener aus den 1960er-Jahren, die in den Bestand des damaligen Neuruppiner Heimatmuseums aufgenommen wurden, und zeigt mehr als siebzig Exponate, und zwar, wie Böthig sagt, »sehr schöne. Auch Originale, die das Leben und natürlich die wissenschaftlichen Leistungen von Alfred Wegener dokumentieren.« Darunter sind sein Studienbuch, sein Freiballon-Führerschein oder seine Schlittschuhe. Vor allem ein Exponat hat es Peter Böthig angetan, zwei etwa ellenlange Metallteile, gut korrodiert: »Das sind originale Zeltnägel aus der Basisstation, also Weststation, der großen Grönlandexpedition von 1930/31 der Firma Schuster aus München. Das waren Alpinisten-Ausstatter, und es gibt Tagebuch-Eintragungen, in denen Wegener genau diese Zeltnägel erwähnt.« Am Ende der Expedition ließ man alles Material oben auf dem Gletscher in 1000 Meter Höhe zurück, und in langen Jahren hat seither der Gletscher vieles nach unten zur Abbruchkante transportiert. »Ein Extremsportler aus Berlin, der mit seinem Kajak da entlanggepaddelt ist, hat diese großen Zeltnägel gefunden und dem Museum übergeben. Hier haben sie jetzt einen Ehrenplatz erhalten.«

Der Gletscher arbeitet. Er spuckt Dinge aus – Zeugnisse einer Reise. Eines Lebens.

Zurück nach Eismitte, an den Ort, der Wegener so wichtig war, dass er sein Leben dafür einsetzte. Ein Punkt im Eis. Der französische Polarforscher Paul-Émile Victor kam 1949 dorthin und sah sich um: »Irgendwer reichte mir sein Fernglas. Es ist nun fast zwanzig Jahre her, dass dieser Ort verlassen wurde. Eismitte müsste sich wohl so fünfzehn Meter unter unseren Füßen befinden. Nichts von den wenigen oberirdischen Anlagen konnte sich über so viele Jahre halten. Und doch, als ich das Glas nahm und begann, die Gegend ringsherum abzusuchen, kam niemandem, auch mir nicht, der Gedanke, dies lächerlich zu finden, obwohl es gewiss nutzlos war. Wir alle schwiegen, mit pochendem Herzen suchte ich den Horizont ab.

Als ich das Fernglas senkte und unser Schweigen beendete, fragte mich einer: Nun? ... Nichts?

Nein, antwortete ich. Nichts ... gar nichts.«[10]

ANHANG

ANMERKUNGEN

Prolog

1 Ernst Sorge, Überwinterung in »Eismitte«, in: E. Wegener, 1941, S. 168

Ein Forscher mit einer großen Sehnsucht

1 Gide, S. 449
2 Interview mit Prof. Dr. Antje Boetius, 15. Mai 2020. Alle folgenden Zitate Boetius' stammen, wenn nicht anders vermerkt, aus diesem Interview.
3 Zit. nach Weigl, https://doi.org/10.1007/978-3-476-03323-9_11
4 Vorspann der dreiteiligen ARD-Serie »Mythos Tour«, https://www.ardmediathek.de/serie/mythos-tour-oder-dokuserie/staffel-1/Y3JpZDovL2Rhc2Vyc3RlLmRlL215dGhvcy1ob3Vy/1
5 Salter, S. 155
6 Nansen, S. 312

Eine Jugend zwischen Stadt und Land

1 Zit. nach Schwarzbach, S. 18
2 Bisky, S. 270
3 Zit. nach https://www.berliner-zeitung.de/b-history/wohnen/mietskasernenstadt-berlin-als-wohnen-todkrank-machte-li.224536
4 Zit. nach https://www.geo.de/magazine/geo-epoche/10369-rtkl-sozialgeschichte-berlin-um-1900
5 Zit. nach Schwarzbach, S. 18
6 Interview mit Dr. Peter Böthig, 10. Juni 2020. Alle folgenden Zitate Böthigs stammen, wenn nicht anders vermerkt, aus diesem Interview.
7 Vgl. E. Wegener, 1960, S. 10; Greene, S. 9
8 E. Wegener, 1960, S. 12
9 Informationen zur politischen Bildung, Nr. 315, 8. 8. 2012, https://www.bpb.de/shop/zeitschriften/izpb/das-19-jahrhundert-315/
10 Ebd.

Studium und erste Forschung

1 Zit. nach Reinke-Kunze, 1994, S. 17
2 E. Wegener, 1960, S. 12
3 Greene, S. 29
4 Zit. nach Wutzke, 1988, S. 15
5 Dilthey, S. 18
6 Schwarzbach, S. 24

7 Zit. nach Wutzke, 1988, S. 21
8 E. Wegener, 1960, S. 13
9 Zit. nach Reinke-Kunze, 1994, S. 22
10 Zit. nach E. Wegener, 1960, S. 15
11 Zit. nach Wutzke, 1988, S. 24
12 Zit. nach E. Wegener, 1960, S. 15
13 Greene, S. 85
14 Interview mit Dr. Cornelia Lüdecke, 8. Mai 2020. Alle nicht anders ausgewiesenen Zitate von ihr stammen aus diesem Gespräch.
15 Zit. nach Wutzke, 1988, S. 28
16 Zit. nach Benndorf, S. 340

Geschichte der Polarforschung – die »heroische« Epoche

1 Zit. nach Peary, S. 11
2 Zit. nach Felsch, S. 171
3 Zit. nach Officer/Page, S. 74
4 Zit. nach Fleming, S. 30
5 Felsch, S. 82
6 Zit. nach ebd., S. 142
7 Zit. nach Officer/Page, S. 151
8 Zit. nach Felsch, S. 103
9 Zit. nach ebd., S. 105
10 Zit. nach ebd., S. 104
11 Zit. nach Reinke-Kunze, 1992, S. 18
12 Zit. nach Felsch, S. 174
13 Zit. nach Fleming, S. 134
14 Zit. nach Felsch, S. 204 f.
15 Zit. nach ebd., S. 205
16 Zit. nach Fleming, S. 148
17 Zit. nach ebd., S. 140
18 Zit. nach Felsch, S. 210
19 Zit. nach Fleming, S. 173
20 Zit. nach ebd., S. 175
21 Zit. nach ebd., S. 305
22 Zit. nach Brunner, S. 158

Erste Polarfahrt, 1906–1908

1 Friis, S. 9
2 Zit. nach Krause, 2016, S. 6
3 Ebd., S. 7
4 Ebd.
5 Ebd.
6 Laut Krause, 2016, S. 8, schrieb Mylius-Erichsen einen Brief, laut Greene, S. 91 f., reiste Wegener nach Kopenhagen. Auch E. Wegener, 1960, S. 16, schreibt, dass er nach Kopenhagen gereist sei.
7 Zit. nach Krause, 2016, S. 8
8 Zit. nach E. Wegener, 1960, S. 18. Alle Tagebucheinträge Wegeners zu dieser Reise sind, wenn nicht anders vermerkt, diesem Band entnommen.
9 Zit. nach Wutzke, 1988, S. 30
10 Ebd.
11 Friis, S. 49
12 Zit. nach E. Wegener, 1960, S. 20
13 Ebd.
14 Ebd.
15 Ebd., S. 23
16 Ebd., S. 27
17 Zit. nach Reinke-Kunze, 1994, S. 31 f.
18 Ebd., S. 32
19 Zit. nach E. Wegener, 1960, S. 31
20 Ebd., S. 35
21 Ebd., S. 36
22 Ebd., S. 37
23 Ebd., S. 32
24 Ebd., S. 38
25 Ebd., S. 41
26 Ebd.
27 Ebd., S. 46
28 Bei Wegener im Tagebuch immer als Jürgen Brönlund.

29 Zit. nach Krause, 2016, S. 215
30 Ebd., S. 235
31 Ebd.
32 Ebd., S. 271
33 Ebd., S. 279
34 Ebd., S. 284
35 Ebd., S. 290
36 Ebd., S. 125

Marburger Jahre

1 Ebd., S. 284
2 Zit. nach E. Wegener, 1960, S. 65
3 Ebd.
4 Ebd., S. 67
5 Zit. nach Krause, 2016, S. 9
6 Zit. nach Wutzke, 1988, S. 89
7 Zit. nach Reinke-Kunze, 1994, S. 43
8 E. Wegener, 1960, S. 74
9 Zit. nach ebd., S. 75
10 Ebd., S. 67
11 Zit. nach ebd., S. 179

Kontinentalverschiebung und Plattentektonik

1 Hofbauer, S. 17
2 Interview mit Prof. Dr. Martin Meschede, 22. Mai 2020. Alle Zitate von ihm stammen, wenn nicht anders vermerkt, aus diesem Gespräch.
3 W. Frisch/M. Meschede: Plattentektonik und Gebirgsbildung. Darmstadt: Wissenschaftliche Buchgesellschaft 2005
4 A. Wegener, 1912, S. 276
5 Ebd.
6 Zit. nach E. Wegener, 1960, S. 75
7 Zit. nach Reinke-Kunze, 1994, S. 53
8 Zit. nach Seidel
9 Ebd.
10 Zit. nach Roßmann, S. 260 f.
11 Zit. nach https://founders.archives.gov/documents/Franklin/01-38-02-0103#BNFN-01-38-02-0103-fn-0001; Übersetzung GW
12 Zit. nach Seidel
13 A. Wegener, 1920, S. 12
14 Ebd., S. 1
15 Zit. nach E. Wegener, 1960, S. 75 f.
16 Zit. nach Reinke-Kunze, 1994, S. 63
17 Zit. nach Schwarzbach, S. 93
18 Hofbauer, S. 15
19 Ebd., S. 16
20 Ebd., S. 15
21 Zit. nach Schwarzbach, S. 93 f.
22 Hofbauer, S. 14
23 Zit. nach Wutzke, 1988, S. 97
24 A. Wegener, 1920, S. 1
25 Zit. nach E. Wegener, 1960, S. 76
26 Ebd., S. 163
27 Schwarzbach, S. 78
28 Ebd., S. 69
29 A. Wegener, 1920, S. 125
30 A. Wegener, 1929, S. 172
31 Schwarzbach, S. 71
32 Zit. nach Reinke-Kunze, 1994, S. 66
33 Zit. nach Schwarzbach, S. 95
34 Zit. nach Reinke-Kunze, 1994, S. 68
35 Zit. nach Schwarzbach, S. 92
36 Zit. nach Reinke-Kunze, 1994, S. 69
37 Zit. nach E. Wegener, 1960, S. 163

Geschichte der Polarforschung – der Kampf um den Nordpol

1 Zit. nach Fleming, S. 418
2 Peary, S. 273
3 Ebd., S. 281
4 Ebd., S. 280
5 Ebd., S. 275
6 Ebd., S. 286
7 Zit. nach Officer/Page, S. 227
8 Powter, S. 23
9 Zit. nach Emersleben, S. 71
10 Ebd., S. 74
11 Ebd., S. 61 f.
12 Ebd., S. 93
13 Ebd., S. 199
14 Zit. nach Fleming, S. 452
15 Ebd.
16 Zit. nach Emersleben, S. 264

Durch Grönland, 1912–1913

1 Zit. nach Reinke-Kunze, 1994, S. 73
2 Koch, S. 265
3 Krause, 2016, S. 24
4 Zit. nach E. Wegener, 1960, S. 79
5 Ebd., S. 72
6 Wutzke, 1998, S. 42
7 Zit. nach E. Wegener, 1960, S. 71
8 Ebd., S. 80
9 Ebd., S. 81
10 Ebd., S. 89
11 Ebd., S. 95 f.
12 Tagebuch Wegener, 12.12.1912. Zit. nach ebd., S. 107
13 Ebd., S. 110
14 Koch, 1919, S. 47
15 Zit. nach E. Wegener, 1960, S. 115
16 Ebd., S. 112
17 Ebd., S. 116
18 Ebd., S. 119
19 Ebd., S. 123
20 Ebd., S. 125
21 Koch, 1919, S. 48
22 Zit. nach E. Wegener, 1960, S. 117
23 Ebd., S. 125
24 Ebd., S. 129 f.

Hochzeit, Krieg und bürgerliches Leben

1 E. Wegener, 1960, S. 133
2 Ebd., S. 135
3 Ebd.
4 Ebd., S. 136 f.
5 Ebd., S. 137
6 Ebd., S. 139 f.
7 Zit. nach Voß, S. 84
8 Zit. nach E. Wegener, 1960, S. 140
9 Ebd., S. 141 f.
10 Zit. nach Wutzke, 1988, S. 155
11 E. Wegener, 1960, S. 149 f.
12 Zit. nach Reinke-Kunze, 1994, S. 92
13 E. Wegener, 1960, S. 150
14 Ebd.
15 Zit. nach Reinke-Kunze, 1994, S. 95
16 Zit. nach Wutzke, 1988, S. 168
17 Zit. nach E. Wegener, 1960, S. 155
18 Vgl. Horst Rademacher: Eis so fein wie Wolle. In: FAZ, 11. November 2015
19 Zit. nach E. Wegener, 1960, S. 158
20 Zit. nach ebd., S. 157 f.
21 Ebd., S. 160
22 Zit. nach ebd., S. 161
23 Zit. nach Wutzke, 1988, S. 169
24 Zit. nach Reinke-Kunze, 1994, S. 102
25 Zit. nach ebd., S. 104
26 E. Wegener, 1960, S. 167
27 Ebd., S. 168

28 Ebd.
29 Zit. nach Reinke-Kunze, 1994, S. 108
30 E. Wegener, 1955, S. 140
31 E. Wegener, 1960, S. 173
32 Ebd., S. 175
33 Zit. nach Reinke-Kunze, 1994, S. 112
34 E. Wegener, 1960, S. 183
35 Zit. nach Krause, S. 125
36 Zit. nach Reinke-Kunze, 1994, S. 39
37 Zit. nach E. Wegener, 1960, S. 184

Geschichte der Polarforschung – der Zauber des Eises

1 Nansen, S. 41
2 Zit. nach Brunner, S. 96 f.
3 Zit. nach ebd., S. 217
4 Zit. nach ebd., S. 95
5 Zit. nach ebd., S. 218
6 London, S. 133 f.
7 Ritter, S. 188
8 Ebd., S. 30
9 Ebd., S. 81
10 Interview in: Süddeutsche Zeitung, 20. Oktober 2020
11 Moster, S. 30
12 Zit. nach Sandberg/Bache, S. 69

Geschichte der Polarforschung – Wissenschaft ohne Rekordjagd

1 Zit. nach Krause, 2010, S. 35
2 Weyprecht, S. 1
3 Ebd., S. 3
4 Ebd., S. 2
5 Ebd., S. 5
6 Zit. nach Lüdecke, S. 224
7 Ebd., S. 225

Die letzte Grönlandreise – Vorgeschichte und Vorexpedition, 1929

1 E. Wegener, Plan und Ziel der Deutschen Grönland-Expedition Alfred Wegener. In: E. Wegener, 1941, S. 13
2 Zit. nach Wutzke, 1988, S. 184
3 Vorbemerkung zu K. Wegener, S. 111
4 E. Wegener, 1960, S. 190
5 Ebd.
6 Ebd.
7 E. Wegener, Plan und Ziel der Deutschen Grönland-Expedition Alfred Wegener, in: E. Wegener, 1941, S. 19
8 Zit. nach E. Wegener, 1960, S. 188
9 Ebd., S. 187
10 Zit. nach Lüdecke, 1995, S. 166. Die in Punkt 3 erwähnten Motoren sollten in die Motorschlitten eingebaut werden.
11 Zit. nach Georgi, S. 248/249, Fußnote
12 Ebd.
13 Ebd. In anderen Texten Wegeners ist nicht von 500 PS, sondern von 150 PS die Rede.
14 E. Wegener, 1960, S. 192
15 Zit. nach ebd., S. 195
16 Ebd.
17 Ebd.
18 Ebd.
19 Ebd., S. 198
20 Ebd., S. 201

Die letzte Grönlandreise – die Hauptexpedition, 1930/31

1 Ebd., S. 202
2 Vgl. Pfäffli, S. 86 ff.
3 Georgi, S. 25
4 E. Wegener, 1960, S. 205
5 Zit. nach ebd., S. 207
6 Zit. nach E. Wegener, 1941, S. 22
7 Ebd., S. 23
8 Zit. nach E. Wegener, 1960, S. 207 f.
9 Ebd.
10 Ebd., S. 209 f.
11 Ebd., S. 210
12 Ebd., S. 211
13 Ebd.
14 Ebd., S. 214
15 Ebd., S. 217
16 Zit. nach E. Wegener, 1941, S. 32
17 Zit. nach E. Wegener, 1960, S. 224
18 Transporte, in: E. Wegener, 1941, S. 37
19 Ebd., S. 48
20 Georgi, S. 35
21 Zit. nach ebd., S. 25 f.
22 Zit. nach E. Wegener, 1960, S. 227
23 Ebd., S. 228
24 Ebd., S. 233
25 Ebd., S. 232
26 Transporte, in: E. Wegener, 1941, S. 38
27 Zit. nach E. Wegener, 1941, S. 56
28 Curt Schif, Propellerschlitten, in: E. Wegener, 1941, S. 64
29 Zit. nach E. Wegener, 1960, S. 242
30 Ebd., S. 242 f.
31 Ebd., S. 244
32 Curt Schif, Propellerschlitten, in: E. Wegener, 1941, S. 81
33 Ebd., S. 73
34 Zit. nach E. Wegener, 1960, S. 249
35 Zit. nach E. Wegener, 1955, S. 50
36 Zit. nach E. Wegener, 1960, S. 250
37 Georgi, S. 61
38 Ebd., S. 72
39 Ebd.
40 Zit. nach ebd., S. 29. Hervorhebung im Original
41 Ebd., S. 82. Hervorhebung im Original
42 Zit. nach ebd., S. 75 f. Hervorhebung im Original
43 Ebd., S. 96
44 Ebd.
45 Zit. nach E. Wegener, 1960, S. 254
46 Ebd.
47 Ernst Sorge, Überwinterung in »Eismitte«, in: E. Wegener, 1941, S. 166
48 Ebd.
49 Ebd., S. 166 f.
50 Georgi, S. 96, Fußnote
51 Zit. nach E. Wegener, 1960, S. 256
52 Fritz Loewe, Ende der letzten Herbstschlittenreise, in: E. Wegener, 1941, S. 159 f.
53 Ernst Sorge, Überwinterung in »Eismitte«, in: E. Wegener, 1941, S. 167 f.
54 Fritz Loewe, Ende der letzten Herbstschlittenreise, in: E. Wegener, 1941, S. 163
55 Ernst Sorge, Überwinterung in »Eismitte«, in: E. Wegener, 1941, S. 168
56 Ebd., S. 169

Die letzte Grönlandreise – der Winter in »Eismitte«, 1930/31

1 Georgi, S. 128
2 Ernst Sorge, Überwinterung in »Eismitte«, in: E. Wegener, 1941, S. 170
3 Ebd.
4 Georgi, S. 135
5 Ebd., S. 134
6 Ebd., S. 133
7 Ebd., S. 137
8 Ebd., S. 151
9 Ebd. Hervorhebung im Original
10 Ebd., S. 163
11 Zit. nach ebd., S. 162
12 Ebd., S. 170
13 Ebd., S. 177
14 Ebd., S. 179
15 Ebd., S. 180
16 Ebd., S. 181
17 Ebd., S. 194, Hervorhebung im Original
18 Ebd., S. 187
19 Ebd., S. 206
20 Ebd., S. 194

Das Grab im Eis

1 Zit. nach Wessel
2 Ebd.
3 Ebd.
4 Die Auffindung Alfred Wegeners, in: E. Wegener, 1941, S. 185
5 Georgi, S. 223
6 Loewe, 1956, S. 8
7 Die Auffindung Alfred Wegeners, in: E. Wegener, 1941, S. 186
8 Ebd.
9 Ernst Sorge: Die Suche nach Rasmus, in: E. Wegener, 1941, S. 189
10 Ebd., S. 190
11 Ebd., S. 191 f.
12 Vorbemerkung zu K. Wegener, S. 111
13 E. Wegener, 1941, S. 18 f.
14 Zit. nach Lüdecke, 1995, S. 249, Fußnote
15 Ebd., S. 232
16 Zit. nach ebd., S. A50
17 Zit. nach ebd., S. 249, Fußnote
18 Ebd.
19 Zit. nach Friedman/Jacob, S. 114
20 Lüdecke, 1995, S. 229
21 Zit. nach E. Wegener, 1960, S. 224
22 Zit. nach Lüdecke, 1995, S. 229
23 Alfred Wegener, Denkschrift über eine Inlandeis-Expedition nach Grönland, in: Georgi, S. 252
24 K. Wegener, Vorwort, in: E. Wegener, 1941, S. 5
25 Zit. nach Lüdecke, 1995, S. 231
26 Zit. nach ebd.
27 Kurt Wölcken, Eisdickenmessungen der Westgruppe, in: E. Wegener, 1941, S. 228

Was bleibt

1 Schwarzbach, S. 7
2 Interview mit Dr. Michael Paul, 28. Mai 2020
3 Paul, S. 36
4 https://www.umweltbundesamt.de/themen/nachhaltigkeit-strategien-internationales/arktis/rechtlicher-institutioneller-rahmen-der-arktis/das-seerechtsuebereinkommen-der-vereinten-nationen#seerechtsubereinkommen-sru
5 Paul, S. 41
6 Ficker, S. 241

7 Wolfgang Freund: Außenaufnahmen: Zur Zusammenarbeit von Arktisforschung und Abenteuerfilm am Beispiel von Arnold Fancks Grönlands Expedition 1932 für seinen Film S.O.S. Eisberg, in: Friedman/Jacob, S. 128

8 Lüdecke, 1995, S. 232

9 Zit. nach https://de.wikipedia.org/wiki/Heinrich_Harrer#Haltung_zum_NS-Regime

10 Zit. nach Schwarzbach, S. 41

ZEITTAFEL

zur Nordpolarforschung und zu Alfred Wegeners Leben

Um 983 Erik der Rote gelangt zur Westküste Grönlands.

1000 Leif Erikson erreicht das heutige Labrador und Neuschottland (Nova Scotia).

1492 und **1495** Der Portugiese João Fernandes Lavrador durchsegelt die Gewässer zwischen Neufundland, dem nach ihm benannten Labrador und Grönland.

1497 Der Venezianer Giovanni Caboto (John Cabot) gelangt auf Befehl Heinrichs VII. von England an die Küste von Labrador.

16. Jahrhundert Sein Sohn Sebastiano Caboto (Sebastian Cabot) segelt 1508/09 in die Hudson Bay. Die Suche nach der Nordwestpassage beginnt. Der Engländer Martin Frobisher gelangt 1578 zu der nach ihm benannten Frobisher-Bucht. John Davis erreicht 1587 72° 12' nördlicher Breite. Henry Hudson wird von seiner meuternden Besatzung 1611 in der Hudson Bay ausgesetzt. Danach wird die Suche nach der Nordwestpassage zunächst aufgegeben. Bei dem Versuch, die Nordostpassage, den Seeweg im Nordpolarmeer entlang der nördlichen Küsten Eurasiens, zu durchsegeln, scheitern englische und niederländische Seefahrer wie Hugh Willoughby (1533) und Willem Barents (1594, 1595 und 1596/97) im Packeis.

1733–1743 Vitus Bering erforscht die sibirische Nordküste und die Beringstraße, Alaska, die Aleuten und die Kurilen.

1806–1813 Karl Ludwig Giesecke erforscht die West- und Ostküste Grönlands.

1818 Start der Expedition von John Ross und William Edward Parry zur Suche nach der Nordwestpassage. Weitere Expeditionen von Ross folgen 1819–1820 und 1821–1823. Er entdeckt die Parry-Inseln. 1829 folgt eine weitere Expedition mit dem Dampfschiff *Victory*. Ross muss vier Winter im Packeis ausharren und wird 1833 gerettet.

1845 Die dritte Forschungsreise des britischen Polarforschers Sir John Franklin startet. Ihr Ziel ist es, die Nordwestpassage erstmals vollständig zu durchsegeln. Sie scheitert, alle Teilnehmer kommen ums Leben.

1853–1855 Elisha Kent Kane versucht, durch den Smithsund den Nordpol zu erreichen.

1865 Auf der ersten Versammlung Deutscher Meister und Freunde der Erdkunde am 23. und 24. Juli, dem ersten deutschen Geografentag, fordert August Petermann eine deutsche Nordpolarexpedition.

1868 Carl Koldewey erforscht des Meer zwischen Grönland und Spitzbergen. Gründung der Deutschen Seewarte in Hamburg.

1869–1870 Paul Hegemann mit der *Hansa* und Carl Koldewey mit der *Germania* versuchen, an der Ostküste Grönlands möglichst weit nach Norden vorzudringen. Schlittentrupps der *Germania* erreichen 77° 01'.

1872–1874 Die Österreichisch-Ungarische Nordpolexpedition unter Carl Weyprecht und Julius Payer versucht, zwischen Nowaja Semlja und Spitzbergen zum Nordpol zu gelangen.

1878/79 Adolf Erik Nordenskiöld gelingt die erste Durchfahrt durch die Nordostpassage, die Route hat für die Schifffahrt damals jedoch keine Bedeutung.

1879 George Washington DeLong bricht in San Francisco mit dem Schiff *Jeannette* und zweiunddreißig Mann Besatzung zu seiner Nordpolarexpedition auf. Er friert aber im September 1879 ein. Nur wenige Männer überleben.

1880 Am 1. November wird Alfred Wegener in Berlin geboren.

1882–1883 Das erste Internationale Polarjahr wird ausgerufen.

1883 Adolf Erik Nordenskiöld versucht, Grönland zu durchqueren, scheitert aber.

1886 Robert E. Peary scheitert ebenfalls beim Versuch, Grönland zu durchqueren.

1888 Der Norweger Fridtjof Nansen durchquert als erster Mensch Grönland. Er nutzt dabei Skier.

1892 Der Amerikaner Robert E. Peary und der Norweger Eivind Astrup durchqueren ebenfalls Grönland.

1892–1893 Erich von Drygalski erforscht den Store-Quarajaq-Gletscher am Umanak-Fjord.

1893–1896 Fridtjof Nansen versucht bei seiner *Fram*-Expedition, den Nordpol zu erreichen.

1897 Salomon August Andrée versucht, den Nordpol mit dem Wasserstoffballon *Örnen* zu überfliegen. Die Expedition scheitert; Andrée und seine Begleiter erfrieren.

1899 Wegener legt sein Abitur am Köllnischen Gymnasium in Berlin ab. Er studiert Naturwissenschaften, vor allem Astronomie und Meteorologie, in Heidelberg, Innsbruck und Berlin. Promotion 1904.

1900 Der italienische Polarforscher Umberto Cagni und drei Begleiter erreichen am 24. April den nördlichsten bis dahin von einem Menschen betretenen Ort bei 86° 34' N, 64° 30' O.

1903–1906 Roald Amundsen gelingt erstmals die komplette Durchfahrt der Nordwestpassage auf dem Frachtsegler *Gjøa*.

1906 Wegener stellt mit seinem Bruder Kurt einen Weltrekord im Ballonfahren auf: 52,5 Stunden. Robert E. Pearys Versuch, den Pol zu erreichen, scheitert. Er muss bei 87° 6' N umkehren.

1906–1908 Wegener nimmt an der Ostgrönlandexpedition von Ludvig Mylius-Erichsen teil.

1909 Wegener habilitiert sich in Marburg. Er wird Privatdozent dort, ab 1917 ist er außerplanmäßiger Professor. Angeblich erreicht Robert Edwin Peary am 6. April als erster Mensch den Nordpol. Dasselbe reklamierte aber Frederick Cook für sich: Er habe den Pol schon am 21. April 1908 erreicht.

1911 Wegener verlobt sich mit Else Köppen.

1912 Am 6. Januar hält Wegener einen Vortrag über die »Herausbildung der Großformen der Erdrinde (Kontinente und Ozeane) auf geophysikalischer Grundlage« vor der Geologischen Vereinigung in Frankfurt am Main. Vier Tage später hält er ihn in Marburg unter dem Titel »Horizontalverschiebungen der Kontinente«.

1912–1913 Wegener nimmt an der Grönland-Durchquerungsexpedition des Dänen Johan Peter Koch teil.

1913 Heirat von Alfred Wegener und Else Köppen.

1914–1918 Erster Weltkrieg: Wegener wird im Oktober und November 1914 verwundet. Danach kein Fronteinsatz mehr, sondern meteorologische Tätigkeit.

1914 Geburt von Wegeners erster Tochter Hilde.

1915 Erstausgabe von Wegeners *Die Entstehung der Kontinente und Ozeane*. Deutlich erweiterte Auflagen erscheinen 1920, 1922 und 1929.

1918 Wegeners zweite Tochter Sophie Käte wird geboren.

1919–1924 Wegener ist Abteilungsleiter an der Deutschen Seewarte Hamburg, dazu außerplanmäßiger Professor an der Universität Hamburg.

1920 Wegeners dritte Tochter Hanna Charlotte wird geboren.

1924 Wegener wird Professor an der Universität Graz. Er nimmt die österreichische Staatsbürgerschaft an.

1926 Symposium zur Kontinentalverschiebungstheorie der American Association of Petroleum Geologists in New York ohne Wegeners Teilnahme. Die Theorie wird nahezu einhellig abgelehnt. Angeblich überfliegt der US-amerikanische Polarforscher Richard Evelyn Byrd gemeinsam mit Floyd Bennett am 9. Mai den Nordpol. Das ist nicht gesichert, anders als das Überfliegen des Nordpols am 12. Mai durch Umberto Nobile, Roald Amundsen und Lincoln Ellsworth mit dem Luftschiff *Norge.*

1929 Vorausexpedition in Grönland von Wegener mit Johannes Georgi, Ernst Sorge und Fritz Loewe.

1930–1931 Deutsche Grönland-Expedition Alfred Wegener. Wegener stirbt vermutlich um den 16. November 1930 an einem Herzschlag auf dem Inlandeis.

WEITERFÜHRENDE LITERATUR

Hans Benndorf: Alfred Wegener. Gerlands Beiträge zur Geophysik 31 (1931), S. 337–377

Jens Bisky: Berlin. Biographie einer großen Stadt. Berlin 2019

Gerd Braune: Die Arktis. Porträt einer Weltregion. Berlin 2016

Bernd Brunner: Die Erfindung des Nordens. Kulturgeschichte einer Himmelsrichtung. Berlin 2019

Wilhelm Dilthey: Einleitung in die Geisteswissenschaften. Gesammelte Schriften. Bd. 1. Göttingen 1990

Otto Emersleben: Robert Edwin Peary. Ein amerikanischer Traum vom Pol. Biografie. Berlin 1991

Philipp Felsch: Wie August Petermann den Nordpol erfand. München 2010

Heinrich von Ficker: Alfred Wegener. In: Meteorologische Zeitschrift 48 (1931), S. 241–245

Fergus Fleming: Neunzig Grad Nord. Der Traum vom Pol. Hamburg 2003

Alexander Friedman/Frank Jacob (Hrsg.): Die Arktis. Geschichte, Politik, Rezeption. Würzburg 2020

Achton Friis: Im Grönlandeis mit Mylius-Erichsen. Die Danmark-Expedition 1906–1908. Leipzig 1910

Wolfgang Frisch/Martin Meschede: Plattentektonik. Kontinentverschiebung und Gebirgsbildung. 4. Auflage, Frankfurt am Main 2011

Arved Fuchs: Die Umrundung des Nordpols. Bielefeld [o. J.]

Johannes Georgi: Im Eis vergraben. Erlebnisse auf Station »Eismitte« der letzten Grönland-Expedition Alfred Wegeners. 5. Auflage, München 1938

André Gide: Die Falschmünzer. München 1970

Esther Gonstalla: Das Eisbuch. Alles, was man wissen muss, in 50 Grafiken. Sonderausgabe für die Bundeszentrale für politische Bildung, Bonn 2022
Mott T. Greene: Alfred Wegener. Science, Exploration and the Theory of Continental Drift. Baltimore 2018
Kurt Hassert: Die Polarforschung. Geschichte der Entdeckungsreisen zum Nord- und Südpol von den ältesten Zeiten bis zur Gegenwart. 3. Auflage, Leipzig/Berlin 1914
Gottfried Hofbauer: Alfred Wegener. Driftende Kontinente und unbewegliche Geologen, www.gdgh.de/Berichte/B9 (15. November 2005), S. 17
Rudolf Hohl: Wandernde Kontinente. Leipzig 1985
Johan Peter Koch: Die geplante dänische Expedition nach Königin-Luise-Land und quer über das Inlandeis Nordgrönlands 1912/13. In: Petermanns Geographische Mitteilungen 58 (1912), 1, S. 265 f.
Ders.: Durch die weiße Wüste. Die dänische Forschungsreise quer durch Nordgrönland 1912–13. Berlin 1919
Reinhard A. Krause: Daten statt Sensationen. Der Weg zur internationalen Polarforschung aus einer deutschen Perspektive. Berichte zur Polar- und Meeresforschung 609/2010. Bremerhaven 2010
Reinhard A. Krause (Hrsg.): Die Tagebücher Alfred Wegeners zur Danmark-Expedition 1906/08. Berichte zur Polar- und Meeresforschung 699/2016. Bremerhaven 2016
Jo Lendle: Alles Land. München 2011
Fritz Loewe: Alfred Wegeners letzte Schlittenreise. Zu Alfred Wegeners 75. Geburtstag. In: Polarforschung 4 (26), 1956, S. 8
Jack London: Goldrausch in Alaska. Aus den Geschichten um »Alaska-Kid«. Köln 2012
Cornelia Lüdecke: Die deutsche Polarforschung seit der Jahrhundertwende und der Einfluß Erich von Drygalskis. Berichte zur Polarforschung 158/1995. Bremerhaven 1995
Dies.: Vor 100 Jahren: Grönlandexpedition der Gesellschaft für Erdkunde zu Berlin (1891, 1892–1893) unter der Leitung Erich von Drygalskis. In: Polarforschung 60 (3) 1992, S. 219–229
Stefan Moster: Das Fundament des Eisbergs. Eine arktische Sehnsucht. Hamburg 2022
Fridtjof Nansen: In Nacht und Eis. Die norwegische Polarexpedition 1893–1896. Hrsg. von Detlef Brennecke. Stuttgart 2000

Charles Officer/Jake Page: Die Entdeckung der Arktis. Übers. von Sabine Schulte. Berlin 2002
Michael Paul: Der Kampf um den Nordpol. Die Arktis, der Klimawandel und die Rivalität der Großmächte. Freiburg/Basel/Wien 2022
Robert E. Peary: Die Entdeckung des Nordpols 1908–1909. Hrsg. von Detlef Brennecke. Stuttgart/Wien 2002
Lea Pfäffli: Das Wissen, das aus der Kälte kam. Assoziationen der Arktis um 1912. Dissertation ETH Zürich, 2019
Geoff Powter: Der schmale Grat – 10 historische Abenteurer zwischen Wahnsinn und Wagemut. Übers. von Klaus Pemsel. München 2007
Christine Reinke-Kunze: Aufbruch in die weiße Wildnis. Die Geschichte der deutschen Polarforschung. Hamburg 1992
Dies.: Alfred Wegener. Polarforscher und Entdecker der Kontinentaldrift. Basel/Boston/Berlin 1994
Markus Rex: Eingefroren am Nordpol. Das Logbuch von der Polarstern. München 2020
Christiane Ritter: Eine Frau erlebt die Polarnacht. Berlin 1977
Klaus Rohrbach: Alfred Wegener. Erforscher der wandernden Kontinente. Stuttgart 1993
F. Roßmann: Alfred Wegener. In: Zeitschrift für angewandte Meteorologie. Das Wetter. 48. Jg. (1931), S. 257–263
James Salter: In der Wand. Übers. von Beatrice Howeg. Berlin 1999
Sigri Sandberg/Anders Bache: Polarliebe. Leidenschaftliche Briefe und Geschichten aus dem ewigen Eis. Hamburg 2020
Martin Schwarzbach: Alfred Wegener und die Drift der Kontinente. Stuttgart 1980
Robert Seidel: Eine Geschichte der Theorie der Plattentektonik, https://de.richarddawkins.net/articles/eine-geschichte-der-theorie-der-plattentektonik-teil-1-7
Alfred Wegener: Die Entstehung der Kontinente. Vortrag gehalten auf der Hauptversammlung der Geolog. Vereinigung in Frankfurt/Main am 6. Januar 1912. In: Geologische Rundschau 3 (1912), S. 276–292
Ders.: Die Entstehung der Kontinente und Ozeane. 2., gänzlich umgearbeitete Auflage. Braunschweig 1920
Ders.: Die Entstehung der Kontinente und Ozeane. 4., gänzlich umgearbeitete Auflage. Braunschweig 1929

Else Wegener (Hrsg., Mitwirkung Fritz Loewe): Alfred Wegeners letzte Grönlandfahrt. Die Erlebnisse der deutschen Grönlandexpedition 1930/1931 geschildert von seinen Reisegefährten und nach Tagebüchern des Forschers. 12. Auflage, Leipzig 1941

Dies.: Alfred Wegener. Tagebücher, Briefe, Erinnerungen. Wiesbaden 1960

Dies.: Wladimir Köppen. Ein Gelehrtenleben für die Meteorologie. Große Naturforscher. Stuttgart 1955

Kurt Wegener: Einiges aus den wissenschaftlichen Ergebnissen der Deutschen Grönland-Expedition Alfred Wegener. In: Die Naturwissenschaften 1933, Vol. 21, S. 111–115

Engelhard Weigl: Alexander von Humboldt: Zwischen Weimar und Paris. In: Instrumente der Neuzeit. Stuttgart 1990, https://doi.org/10.1007/978-3-476-03323-9_11

Günther Wessel: Der Traum eines großen Poeten. Die Lange Nacht über Alfred Wegener. Deutschlandfunk Kultur und Deutschlandfunk, 23. Januar 2021

Carl Weyprecht: Grundprincipien der arktischen Forschung. Bremen 1875, https://doi.org/10.3931/e-rara-75538

Ulrich Wutzke: Der Forscher aus der Friedrichsgracht. Leben und Leistung Alfred Wegeners. Leipzig 1988

Ders.: Alfred Wegener. Kommentiertes Verzeichnis der schriftlichen Dokumente seines Lebens und Wirkens. In: Berichte zur Polarforschung 288 (1998)

INTERVIEWS

Dr. Peter Böthig, Literaturwissenschaftler und Leiter des Kurt-Tucholsky-Literaturmuseums im Schloss Rheinsberg und des Alfred-Wegener-Museums in Zechlinerhütte, 10. Juni 2020

Prof. Dr. Antje Boetius, Meeresbiologin und Professorin der Universität Bremen, Leiterin des Alfred-Wegener-Instituts in Bremerhaven, 15. Mai 2020

Dr. Cornelia Lüdecke, Meteorologin und Wissenschaftshistorikerin, 8. Mai 2020

Prof. Dr. Martin Meschede, Professor für Geologie an der Universität Greifswald und Präsident der Deutschen Geologischen Gesellschaft – Geologische Vereinigung, 22. Mai 2020

Dr. Michael Paul, Politikwissenschaftler und Senior Fellow der Stiftung Wissenschaft und Politik, 28. Mai 2020

Cynthia Sassenroth, 11. Mai 2020

BILDQUELLEN

S. 2, 275, 276, 284/285, 286 (beide), 287 und 288: Archiv für deutsche Polarforschung / Alfred-Wegener-Institut

S. 277: Bildarchiv Foto Marburg

S. 279: bpk

S. 280/281: akg-images / Natural History Museum, London/ Science Photo

S. 282: akg-images / Universal Images Group

S. 283: akg-images Library

DANK

an all diejenigen, die mir so bereitwillig Auskunft gaben, sich von mir interviewen ließen, meine Fragen geduldig und immer wieder beantworteten, die mich mit Literaturtipps und Hinweisen versorgten und mir zuhörten.

BILDTEIL

Alfred Wegener im Jahr seiner Rekordfahrt
im Ballon, 1906.

Gustav Thostrup (li.) und Alfred Wegener bei der Heimkehr von der Mylius-Erichsen-Expedition nach Nordostgrönland, 1907.

Die Geschwister Alfred (li.), Kurt und Tony Wegener sowie Else Köppen
bei einer Ballonfahrt im April 1912.

Wegener im Juli 1912 unterwegs nach Danmarkshavn an der Ostküste. Dort startete Ende April 1913 die Grönlanddurchquerung.

Vor der Grönlanddurchquerung 1913. Alfred Wegener
im Überwinterungsquartier auf dem Storstrømmengletscher.

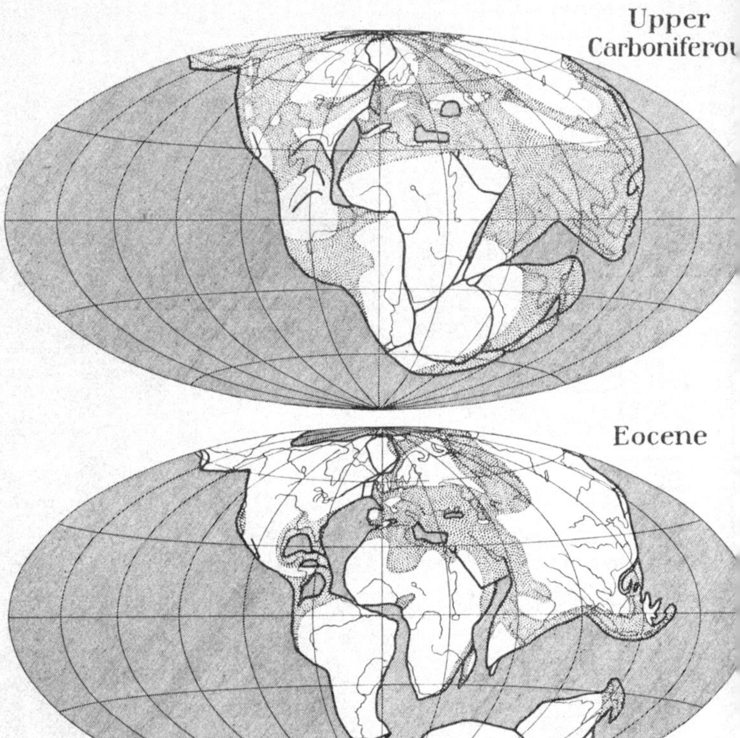

FIG. 1.—Reconstructions of the map of the world for three periods according to the Displacement Theory. Lined—Ocean; dotted—Shallow seas; present-day outlines and rivers only for the purpose of identification. Latitude and Longitude arbitrary (being that of contemporary Africa).

6

Wie sich die Kontinente verschieben: vor etwa 300 Mio. (Karbon), 50 Mio. (Eozän), etwa 5 Mio. Jahren (Quartär).

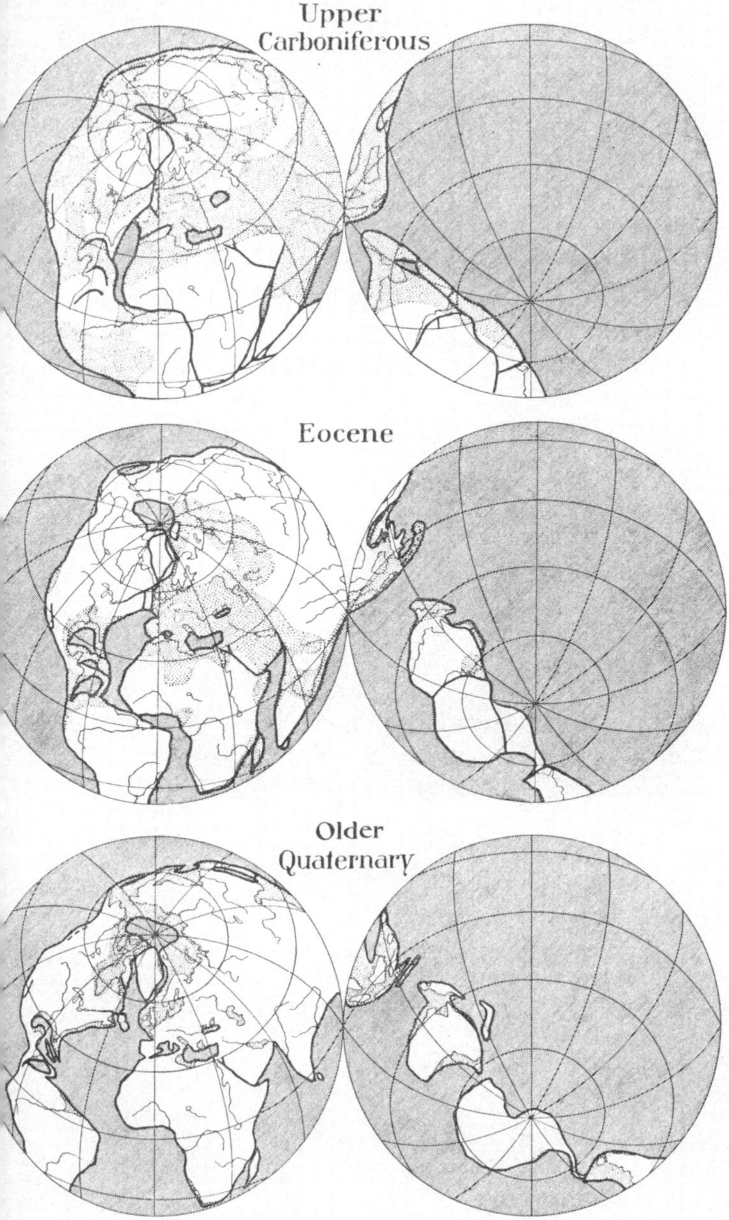

FIG. 2.—The same reconstructions as in Fig. 1, but in another projection.

7

Abb. aus einer frühen englischen Ausgabe von
Die Entstehung der Kontinente und Ozeane.

Alfred Wegener um 1925 als Professor für Meteorologie und Geophysik in Graz. Porträt eines unbekannten Fotografen.

Das bürgerliche Leben im Gelehrtenhaushalt in Graz: Die Familien Köppen und Wegener im Garten des gemeinsamen Hauses, 1926.

Bei der Vorexpedition 1929: Johannes Georgi, Alfred Wegener, Fritz Loewe, Ernst Sorge (von li. nach re.).

Der Meteorologe, Glaziologe und Polarforscher Johannes Georgi lebte 1930 mehrere Monate allein in »Eismitte«.

Seite 284/285: Grönlandexpedition 1930: Blick vom Kamarujuk-Gletscher auf den Fjord. Links auf dem Schlitten Alfred Wegener.

Grönlandexpedition 1930. Gepäcktransport auf den Kamarujuk-Gletscher.
Islandponys ziehen einen Schlitten im Gletscherbruch.

Alfred Wegeners Grab im Eis: Seine Skier und ein Kreuz markierten den Sterbeort 189 Kilometer von der Westküste entfernt.